西政文库·青年篇

西部农村民间金融发展与政策规制研究

邱新国 著

商务印书馆
The Commercial Press

图书在版编目（CIP）数据

西部农村民间金融发展与政策规制研究 / 邱新国著. —北京：商务印书馆，2021
（西政文库）
ISBN 978-7-100-19374-0

Ⅰ.①西… Ⅱ.①邱… Ⅲ.①农村金融－研究－中国 Ⅳ.①F832.35

中国版本图书馆CIP数据核字（2021）第005876号

权利保留，侵权必究。

本书系国家社会科学基金项目"西部农村民间金融发展与政策规制研究"（10XJY024）的最终结项成果。

西政文库
西部农村民间金融发展与政策规制研究
邱新国　著

商　务　印　书　馆　出　版
（北京王府井大街36号　邮政编码 100710）
商　务　印　书　馆　发　行
三河市尚艺印装有限公司印刷
ISBN 978-7-100-19374-0

2021年2月第1版　　　开本 680×960　1/16
2021年2月第1次印刷　　印张 19　1/4

定价：128.00元

西政文库编委会

主　任：付子堂

副主任：唐　力　周尚君

委　员：（按姓氏笔画排序）

　　　　龙大轩　卢代富　付子堂　孙长永　李　珮
　　　　李雨峰　余劲松　邹东升　张永和　张晓君
　　　　陈　亮　岳彩申　周尚君　周祖成　周振超
　　　　胡尔贵　唐　力　黄胜忠　梅传强　盛学军
　　　　谭宗泽

总　序

"群山逶迤，两江回环；巍巍学府，屹立西南……"

2020年9月，西南政法大学将迎来建校七十周年华诞。孕育于烟雨山城的西政一路爬坡过坎，拾阶而上，演绎出而今的枝繁叶茂、欣欣向荣。

西政文库以集中出版的方式体现了我校学术的传承与创新。它既展示了西政从原来的法学单科性院校转型为"以法学为主，多学科协调发展"的大学后所积累的多元化学科成果，又反映了学有所成的西政校友心系天下、回馈母校的拳拳之心，还表达了承前启后、学以成人的年轻西政人对国家发展、社会进步、人民福祉的关切与探寻。

我们衷心地希望，西政文库的出版能够获得学术界对于西政学术研究的检视与指引，能够获得教育界对于西政人才培养的考评与建言，能够获得社会各界对于西政长期发展的关注与支持。

六十九年前，在重庆红岩村的一个大操场，西南人民革命大学的开学典礼隆重举行。西南人民革命大学是西政的前身，1950年在重庆红岩村八路军办事处旧址挂牌并开始招生，出生于重庆开州的西南军政委员会主席刘伯承兼任校长。1953年，以西南人民革命大学政法系为基础，在合并当时的四川大学法学院、贵州大学法律系、云南大学法律系、重庆大学法学院和重庆财经学院法律系的基础上，西南政法学院正式成立。中央任命抗日民族英雄，东北抗日联军第二路军总指挥、西南军政委员会政法委员会主任周保中将军为西南政法学院首任院长。1958年，中央公安学院重庆分院并入西南政法学院，使西政既会聚了法学名流，又吸纳了实务精英；既秉承了法学传统，又融入了公安特色。由此，学校获誉为新中国法学教育的"西南联大"。

20世纪60年代后期至70年代，西南政法学院于"文革"期间一度停办，老一辈西政人奔走呼号，反对撤校，为保留西政家园不屈斗争并终获胜利，为后来的"西政现象"奠定了基础。

20世纪70年代末，面对"文革"等带来的种种冲击与波折，西南政法学院全体师生和衷共济，逆境奋发。1977年，经中央批准，西南政法学院率先恢复招生。1978年，经国务院批准，西南政法学院成为全国重点大学，是司法部部属政法院校中唯一的重点大学。也是在70年代末，刚从"牛棚"返归讲坛不久的老师们，怀着对国家命运的忧患意识和对学术事业的执着虔诚，将只争朝夕的激情转化为传道授业的热心，学生们则为了弥补失去的青春，与时间赛跑，共同创造了"西政现象"。

20世纪80年代，中国的法制建设速度明显加快。在此背景下，满怀着憧憬和理想的西政师生励精图治，奋力推进第二次创业。学成于80年代的西政毕业生们成为今日我国法治建设的重要力量。

20世纪90年代，西南政法学院于1995年更名为西南政法大学，这标志着西政开始由单科性的政法院校逐步转型为"以法学为主，多学科协调发展"的大学。

21世纪的第一个十年，西政师生以渝北校区建设的第三次创业为契机，克服各种困难和不利因素，凝心聚力，与时俱进。2003年，西政获得全国首批法学一级学科博士学位授予权；同年，我校法学以外的所有学科全部获得硕士学位授予权。2004年，我校在西部地区首先设立法学博士后科研流动站。2005 年，我校获得国家社科基金重大项目（A 级）"改革发展成果分享法律机制研究"，成为重庆市第一所承担此类项目的高校。2007 年，我校在教育部本科教学工作水平评估中获得"优秀"的成绩，办学成就和办学特色受到教育部专家的高度评价。2008 年，学校成为教育部和重庆市重点建设高校。2010 年，学校在"转型升格"中喜迎六十周年校庆，全面开启创建研究型高水平大学的新征程。

21 世纪的第二个十年，西政人恪守"博学、笃行、厚德、重法"的西政校训，弘扬"心系天下，自强不息，和衷共济，严谨求实"的西政精神，坚持"教学立校，人才兴校，科研强校，依法治校"的办学理念，推进学校发展取得新成绩：学校成为重庆市第一所教育部和重庆市共建高校，入选首批卓越法律人才教育培养基地（2012 年）；获批与英国考文垂大学合作举办法学专业本科教育项目，6 门课程获评"国家级精品资源共享课"，两门课程获评"国家级精品视频公开课"（2014 年）；入选国家"中西部高校基础能力建设工程"院校，与美国凯斯西储大学合作举办法律硕士研究生教育项目（2016 年）；法学学科在全国第四轮学科评估中获评 A 级，新闻传播学一级学科获博士学位授权点，法律专业硕士学位授权点在全国首次专业学位水平评估中获评 A 级，经济法教师团队入选教育部"全国高校黄大年式教师团队"（2018 年）；获第九届世界华语辩论锦标赛总冠军（2019 年）……

不断变迁的西政发展历程，既是一部披荆斩棘、攻坚克难的拓荒史，也是一部百折不回、逆境崛起的励志片。历代西政人薪火相传，以昂扬的浩然正气和强烈的家国情怀，共同书写着中国高等教育史上的传奇篇章。

如果对西政发展至今的历史加以挖掘和梳理，不难发现，学校在教学、科研上的成绩源自西政精神。"心系天下，自强不息，和衷共济，严谨求实"的西政精神，是西政的文化内核，是西政的镇校之宝，是西政的核心竞争力；是西政人特有的文化品格，是西政人共同的价值选择，也是西政人分享的心灵密码！

西政精神，首重"心系天下"。所谓"天下"者，不仅是八荒六合、四海九州，更是一种情怀、一种气质、一种境界、一种使命、一种梦想。"心系天下"的西政人始终以有大担当、大眼界、大格局作为自己的人生坐标。在西南人民革命大学的开学典礼上，刘伯承校长曾对学子们寄予厚望，他说："我们打破旧世界之目的，就是要建设一个人民的新世界……"而后，从化龙桥披荆斩棘，到歌乐山破土开荒，再到渝北校区新建校园，几代西政人为推进国家的民主法治进程矢志前行。正是在不断的成长和发展过程中，西政见证了新中国法学教育的涅槃，有人因此称西政为"法学黄埔军校"。其实，这并非仅仅是一个称号，西政人之于共和国的法治建设，好比黄埔军人之于那场轰轰烈烈的北伐革命，这个美称更在于它恰如其分地描绘了西政为共和国的法治建设贡献了自己应尽的力量。岁月经年，西政人无论是位居"庙堂"，还是远遁"江湖"，无论是身在海外华都，还是立足塞外边关，都在用自己的豪气、勇气、锐气，立心修德，奋进争先。及至当下，正有愈来愈多的西政人，兼顾家国情怀和全球视野，在国外高校的讲堂上，在外交事务的斡旋中，在国际经贸的商场上，在海外维和的军营里，实现着西政人胸怀世界的美好愿景，在各自的人生舞台上诠释着"心系天下"的西政精神。

西政精神，秉持"自强不息"。"自强不息"乃是西政精神的核心。西政师生从来不缺乏自强传统。在20世纪七八十年代，面对"文革"等带来的发展阻碍，西政人同心协力，战胜各种艰难困苦，玉汝于成，打造了响当当的"西政品牌"，这正是自强精神的展现。随着时代的变迁，西政精神中"自强不息"的内涵不断丰富：修身乃自强之本——

尽管地处西南，偏于一隅，西政人仍然脚踏实地，以埋头苦读、静心治学来消解地域因素对学校人才培养和科学研究带来的限制。西政人相信，"自强不息"会涵养我们的品性，锻造我们的风骨，是西政人安身立命、修身养德之本。坚持乃自强之基——在西政，常常可以遇见在校园里晨读的同学，也常常可以在学术报告厅里看到因没有座位而坐在地上或站在过道中专心听讲的学子，他们的身影折射出西政学子内心的坚守。西政人相信，"自强不息"是坚持的力量，任凭时光的冲刷，依然能聚合成巨大动能，所向披靡。担当乃自强之道——当今中国正处于一个深刻变革和快速转型的大时代，无论是在校期间的志愿扶贫，还是步入社会的承担重任，西政人都以强烈的责任感和实际的行动力一次次证明自身无愧于时代的期盼。西政人相信，"自强不息"是坚韧的种子，即使在坚硬贫瘠的岩石上，依然能生根发芽，绽放出倔强的花朵。

西政精神，倡导"和衷共济"。中国司法史上第一人，"上古四圣"之一的皋陶，最早提倡"和衷"，即有才者团结如钢；春秋时期以正直和才识见称于世的晋国大夫叔向，倾心砥砺"共济"，即有德者不离不弃。"和衷共济"的西政精神，指引我们与家人美美与共：西政人深知，大事业从小家起步，修身齐家，方可治国平天下。"和衷共济"的西政精神指引我们与团队甘苦与共：在身处困境时，西政举师生、校友之力，攻坚克难。"和衷共济"的西政精神指引我们与母校荣辱与共：沙坪坝校区历史厚重的壮志路、继业岛、东山大楼、七十二家，渝北校区郁郁葱葱的"七九香樟""八零花园""八一桂苑"，竞相争艳的"岭红樱"、"齐鲁丹若"、"豫园"月季，无不见证着西政的人和、心齐。"和衷共济"的西政精神指引我们与天下忧乐与共：西政人为实现中华民族伟大复兴的"中国梦"而万众一心；西政人身在大国，胸有大爱，遵循大道；西政人心系天下，志存高远，对国家、对社会、对民族始终怀着强烈的责任感和使命感。西政人将始终牢记：以"和衷共济"的人生态度，以人类命运共同体的思维高度，为民族复兴，为人类进步贡献西政人的智慧和力量。这是西政人应有的大格局。

西政精神，着力"严谨求实"。一切伟大的理想和高远的志向，都需要务实严谨、艰苦奋斗才能最终实现。东汉王符在《潜夫论》中写道："大人不华，君子务实。"就是说，卓越的人不追求虚有其表，有修养、有名望的人致力于实际。所谓"务实"，简而言之就是讲究实际，实事求是。它排斥虚妄，鄙视浮华。西政人历来保持着精思睿智、严谨求实的优良学风、教风。"严谨求实"的西政精神激励着西政人穷学术之浩瀚，致力于对知识掌握的弄通弄懂，致力于诚实、扎实的学术训练，致力于对学习、对生活的精益求精。"严谨求实"的西政精神提醒西政人在任何岗位上都秉持认真负责的耐劳态度，一丝不苟的耐烦性格，把每一件事都做精做细，在处理各种小事中练就干大事的本领，于精细之处见高水平，见大境界。"严谨求实"的西政精神，要求西政人厚爱、厚道、厚德、厚善，以严谨求实的生活态度助推严谨求实的生活实践。"严谨求实"的西政人以学业上的刻苦勤奋、学问中的厚积薄发、工作中的恪尽职守赢得了教育界、学术界和实务界的广泛好评。正是"严谨求实"的西政精神，感召着一代又一代西政人举大体不忘积微，务实效不图虚名，博学笃行，厚德重法，历经创业之艰辛，终成西政之美誉！

"心系天下，自强不息，和衷共济，严谨求实"的西政精神，乃是西政人文历史的积淀和凝练，见证着西政的春华秋实。西政精神，在西政人的血液里流淌，在西政人的骨子里生长，激励着一代代西政学子无问西东，勇敢前行。

西政文库的推出，寓意着对既往办学印记的总结，寓意着对可贵西政精神的阐释，而即将到来的下一个十年更蕴含着新的机遇、挑战和希望。当前，学校正处在改革发展的关键时期，学校将坚定不移地以教学为中心，以学科建设为龙头，以师资队伍建设为抓手，以"双一流"建设为契机，全面深化改革，促进学校内涵式发展。

世纪之交，中国法律法学界产生了一个特别的溢美之词——"西政现象"。应当讲，随着"西政精神"不断深入人心，这一现象的内涵正在不断得到丰富和完善；一代代西政校友，不断弘扬西政精神，传承西政文化，为经济社会发展，为法治中国建设，贡献出西政智慧。

是为序。

西南政法大学校长，教授、博士生导师
教育部高等学校法学类专业教学指导委员会副主任委员
2019 年 7 月 1 日

序

本书在充分挖掘和运用已有研究成果的基础上，将西部农村民间金融发展置于西部农村金融市场完善和西部农村经济绩效提升的框架下，从历史与现实、经济与社会、宏观与微观相结合的视角出发，揭示了农村民间金融的发展规律与影响因素，实证了西部农村民间金融的规模、利率及社会福利效应，进而剖析了西部农村民间金融发展不规范的表现、原因与风险，并就西部农村民间金融规范发展给出系统的规制建议。

本书的主要研究结论是：第一，西部农村民间金融的发展水平较低。本书从区域比较的视角研究了民间借贷实际利率、民间金融组织、农户借贷的无息贷款比重的区域差异。研究发现，东西中部三个区域的农村民间金融发展水平逐次递减，西部地区农村民间金融的发展水平整体上低于东部地区，仅少数西部省份的农村民间金融发展水平较高。第二，西部农村民间金融发展不规范，潜藏着巨大的金融风险。内生于农村经济社会环境的西部农村民间金融带有先天缺陷，并且缺少明确的法律地位再加上政府多年的政策限制，造成民间金融在组织管理、资金运作、业务运营、风险控制等诸多方面存在不规范性。发展不规范的西部农村民间金融对市场利率、农村金融市场效率以及货币政策效果都造成了一定的影响。更严重的是，农村民间金融发展不规范易滋生和累积各类金融风险，甚至引发系统性区域民间金融风险，影响社会和谐稳定。第三，西部农村民间金融交易网络对农村民间金融的风险传染和扩散产生了重要影响。西部农村民间金融交易网络通过资金、人员和信息而互相关联形成复杂网络，民间金融风险的传染和扩散受到传染率、消亡率等网络参数以及民间金融网络结构的影响。因此，在风险防范上要重点关注西部农村民间金融交易网络中心节点的风险。

本书的主要观点是：第一，西部农村民间金融发展具有显著的社会福利效应。西部农村民间金融发展的社会福利效应表现在农民收入增加、农村收入差距缩小及农民幸福感增强三个方面。通过对分地区的数据进行实证分析发现，东中西部农村民间金融对农民收入都存在促增效应，其中东部最强，中部最弱。在此基础上，把民间金融区分为农户民间融资、农村企业民间融资以及城镇民间融资并考察它们对西部农村内部收入差距的影响，研究发现西部农村非农户民间融资和城镇民间融资均显著缩小了农村内部收入差距，而农户民间融资的影响不显著，并且城镇民间融资与农村非农户民间融资对缩小西部农村内部收入差距存在着显著的协同效应。利用微观调查数据进行有序 probit 回归，研究发现西部农村民间金融显著增强了农村居民的主观幸福感，这种效应在中部和东部地区同样存在，同时社会网络与民间金融对居民主观幸福感提升存在着显著的协同效应。第二，西部农村民间金融规范运行依赖于农村社会经济网络。农村民间金融通常发生在一个村庄共同体内，共同体内的每个个体都通过一定的社会规范和社区规则镶嵌其中，形成了基于乡村社会网络的社区信任。西部农村民间金融的规范运行依赖于构建在农村社会经济网络上的村庄信任机制、隐形担保机制以及信息收集和传播机制。在西部农村民间金融交易的空间范围逐步扩大的情形下，有效控制风险的关键在于将农村民间金融组织结构的构建、征信调查与信用评级以及贷款发放及管理都融入农村社会网络之中，以充分发挥农村社会网络的信任机制、隐形担保机制以及信息收集和传播机制的作用。第三，西部农村民间金融的规范发展需要科学的制度设计和政策规制。西部农村民间金融发展不规范影响了货币政策效果并累积了一定的金融风险进而可能冲击社会和谐稳定，但其又具有积极的经济功能，并对农村居民的社会福利改善起到良好的促进作用。基于此，必须对西部农村民间金融进行科学的制度设计和政策规制。

本书的主要政策设计是：第一，推进西部农村民间金融规范发展的监管主体和监管模式创新。现有农村民间金融监管主体的混乱（主体重叠、主体虚设、主体多样）是对监管主体进行创新设计的主要原因。要按照金融监管横向功能性配置和纵向结构性配置相结合、金融监管适当分权的原则，建立中央政府、地方政府、行业协会三位一体、各有侧重、互相协调的监管主体结构。此外，要根据西部农村民间金融的组织形式、业务流程、运行机制的差异选择并实施多样化的西部农村民间金融监管模式和监管强度。第二，推进西部农村民间金融规范发展的法律制度创新。在依据民间金融发展现状和司法实践明确界定农村民间金融非法与合法的界限的基础上，要从各类农村民间金融组织的市场准入、市场交易、市场退出三方面对西部农村民间金融进行差异化的法律制度创新设计。第三，推进西部农村民间金融规范发展的财政政策、金融政策及产业政策设计。西部农村民间金融规范发展的财政政策设计要从财政投资、税收优惠、转移支付三个方面进行。西部农村民间金融规范发展的金融政策设计侧重于综合运用各种金融政策工具和手段为西部农村民间金融的发展创造一个公平健康的金融政策环境，主要从法定存款准备金政策、再贷款政策和利率政策三方面进行设计。西部农村民间金融规范发展的产业政策设计要从产业组织政策、产业结构政策以及产业布局政策三个方面进行。

鉴于本人研究能力的不足，本书还存在一些有待改进的地方，我将在以后的研究中持续关注"民间金融"这一研究课题，不断探索！

目　录

第一章　绪论 ... 1
一、研究的问题及背景 ... 1
二、研究的思路及目标 ... 4
三、研究的假设及方法 ... 5
四、研究的内容及资料 ... 6
五、研究的创新及发现 ... 8

第二章　农村民间金融发展的理论基础 ... 10
一、典型理论的借鉴 ... 10
　（一）金融发展理论 ... 10
　（二）农村金融发展理论 ... 19
　（三）制度变迁与创新理论 ... 22
二、国内外研究综述 ... 23
　（一）关于农村民间金融形成原因和运行逻辑的研究 ... 23
　（二）关于农村民间金融发展规模和利率的研究 ... 27
　（三）关于农村民间金融发展的经济效应的研究 ... 28
　（四）关于农村民间金融风险及规范发展的研究 ... 30

三、前人成果的启示 31

第三章　西部农村民间金融发展的概念框架 33
一、西部农村民间金融的概念界定 33
（一）民间金融的内涵 33
（二）与民间金融相关概念的辨析 36
（三）西部农村民间金融 38
二、西部农村民间金融的主要形式 39
（一）西部农村民间金融的传统形式 39
（二）西部农村民间金融的现代形式 42
三、西部农村民间金融的生成逻辑 46
（一）西部农村民间金融生成的外在原因：
　　　农村金融抑制的广泛存在 46
（二）西部农村民间金融生成的内在原因：
　　　农村民间金融的自身属性 47
（三）西部农村民间金融生成的逻辑前提：
　　　农村经济社会的天然环境 48
四、西部农村民间金融的运行机理 49
（一）乡村社会网络、声誉与民间金融运行 49
（二）西部农村民间金融规范运行的机制 55
五、西部农村民间金融发展的经济功能 57
（一）优化资金配置，提升经济效率 57
（二）促进金融竞争，完善金融市场 57
（三）促进经济发展，提高农民收入 58

第四章 西部农村民间金融发展的历史演进 59
一、西部农村民间金融发展的演进历程 59
（一）先秦时期的民间金融 59
（二）秦汉时期的民间金融 60
（三）唐宋时期的民间金融 61
（四）明清时期的民间金融 62
（五）民国时期的民间金融 64
（六）新中国成立后西部农村民间金融的发展 66
二、西部农村民间金融发展演进的规律 68
（一）农村民间金融利率先升高后降低 68
（二）农村民间金融的互助性降低而逐利性上升 69
（三）农村民间金融由非组织化到组织化 69
三、西部农村民间金融发展演进的影响因素 71
（一）社会经济因素 71
（二）社会网络变迁 72
（三）政府政策因素 73

第五章 西部农村民间金融发展的现实考察 74
一、西部农村民间金融的发展规模 74
（一）基于居民收支差额的西部农村民间金融规模的测度 74
（二）基于"私营部门"融资缺口的西部农村民间金融规模的测度 77
（三）基于农户民间借贷统计口径的农村民间金融规模 82
二、西部农村民间金融的发展水平：基于区域比较的视角 83
（一）西部农村民间金融的发展水平：基于利率区域差异的分析 83

（二）西部农村民间金融的发展水平：

　　　基于民间金融组织区域差异的分析 85

（三）西部农村民间金融发展水平：

　　　基于农户民间借贷结构区域差异的分析 86

三、西部农村民间金融的利率水平及形成机制 88

（一）西部农村民间金融的利率水平 88

（二）西部农村民间金融利率的形成机制：理论分析 89

（三）西部农村民间金融利率的形成机制：实证分析 95

四、西部农村民间金融的影响因素：基于文化视角的解释 106

（一）文化与西部农村民间金融发展的文献梳理 106

（二）文化与西部农村民间金融发展的作用机制 110

（三）文化与西部农村民间金融发展的实证分析 112

（四）研究结论与进一步研究的问题 137

五、西部农村民间金融发展的特点 139

（一）市场供给主体在民间融资中介机构与其他

　　　个人之间转换 139

（二）资金用途在金融投资与流动资金之间转换 140

（三）西部农村民间融资高利贷比例高，企业对借贷

　　　利率接受度低 140

（四）民间金融机构扩张迅速，违规经营严重 141

（五）民间融资中介机构经营状况恶化，经营风险巨大 143

第六章　西部农村民间金融发展的社会福利效应研究 145

一、西部农村民间金融发展对农民收入增长的影响研究 145

（一）农村民间金融发展影响农民收入的机理 145

（二）农村民间金融发展与农民收入增长：
基于东中西部面板数据的分析.................147
（三）农村民间金融发展与农民收入增长：
基于东中西区域比较的分析.................150
二、西部农村民间金融发展对农村内部收入差距的
影响研究.................151
（一）投资性民间金融对农村内部收入差距的影响：
理论分析.................152
（二）投资性民间金融对农村内部收入差距影响的
实证研究：基于全样本的分析.................155
（三）投资性民间金融对农村内部收入差距影响的实证研究：
基于东中西部的比较分析.................161
三、西部农村民间金融发展对农村居民主观幸福感的
影响研究.................164
（一）西部农村民间金融发展与农村居民主观幸福感.................164
（二）农村民间金融发展与农村居民幸福感：
东中西部的比较分析.................171

第七章 西部农村民间金融发展不规范及风险研究.................175
一、西部农村民间金融发展不规范的表现.................175
（一）组织管理不规范.................175
（二）资金运作不规范.................176
（三）业务运营不规范.................177
（四）内部控制薄弱.................180
（五）风险控制不规范.................181
二、西部农村民间金融发展不规范的根源.................182

（一）民间金融法律缺失 182
（二）形成发展机制使然 183
（三）政府政策倾向 183
（四）金融监管困难 184

三、西部农村民间金融发展不规范的影响 185
（一）利率冲击 185
（二）市场效率冲击 185
（三）货币政策冲击 186
（四）蕴藏金融风险 187
（五）冲击社会和谐稳定 188

四、西部农村民间金融发展不规范的风险 189
（一）西部农村民间金融的风险类型 189
（二）西部农村民间金融风险的传染与溢出 193
（三）西部农村民间金融风险：基于陕西神木县的
　　　案例分析 197

五、西部农村民间金融风险的管理：测度、预警与化解 200
（一）西部农村民间金融的风险测度 200
（二）西部农村民间金融的风险预警系统 202
（三）西部农村民间金融的风险化解 204
（四）西部农村民间金融风险管理案例研究：
　　　基于重庆民丰互助会的分析 205

第八章　西部农村民间金融规范发展的制度创新 208

一、西部农村民间金融规范发展制度创新的原则 208
（一）自由平等 208
（二）安全稳健 210

（三）注重效率 210
二、西部农村民间金融规范发展的监管制度创新 211
　　（一）西部农村民间金融规范发展的监管主体创新 211
　　（二）西部农村民间金融规范发展的监管模式创新 216
三、西部农村民间金融规范发展的法律制度创新 220
　　（一）西部农村民间金融规范发展的法律前提：
　　　　 合理界定合法与非法民间金融的边界 220
　　（二）西部农村民间金融规范发展的市场运行法律制度
　　　　 创新 222

第九章　西部农村民间金融规范发展的政策框架 234
一、西部农村民间金融规范发展的财政政策设计 234
　　（一）西部农村民间金融规范发展的财政投资政策 234
　　（二）西部农村民间金融规范发展的税收政策 238
　　（三）西部农村民间金融规范发展的转移支付政策 239
二、西部农村民间金融规范发展的金融政策设计 240
　　（一）法定存款准备金政策 240
　　（二）再贷款政策 240
　　（三）利率政策 241
三、西部农村民间金融规范发展的产业政策设计 242
　　（一）西部农村民间金融规范发展的产业组织政策 242
　　（二）西部农村民间金融规范发展的产业结构政策 243
　　（三）西部农村民间金融规范发展的产业布局政策 244
四、西部农村民间金融规范发展的配套政策设计 245
　　（一）破产保护制度的完善与创新 246
　　（二）保险与信用担保制度的完善与创新 248

（三）农村社会信用体系的完善与创新 251

（四）农村民间金融转制升级制度的完善与创新 253

参考文献 255

后　记 283

第一章 绪论

农村民间金融的产生可追溯至西周初期[①],是深嵌于农村经济社会环境之中的金融现象。因此,从特定的时空背景出发对西部农村民间金融进行科学探究,是本书的逻辑起点。将西部农村民间金融置于特定的时空背景之下,以此为出发点探究在目前的现实经济社会情境下西部农村民间金融发展的具体问题,产生的原因及影响,提出规范农村民间金融发展的政策措施,具有重要的理论与实践价值。

一、研究的问题及背景

我国是一个农村人口众多,城乡和区域经济社会发展存在严重不平衡的国家。长期存在的城乡和区域间经济社会发展的诸多不平衡严重影响了国民经济持续健康发展和社会的和谐稳定。农村正规金融制度供给的缺乏以及由此形成的城乡金融非均衡发展是造成城乡经济社会发展两极分化的重要原因。[②]

在新中国成立之后的前 30 年里,重工业优先发展战略导致的城市

---

① 叶世昌:《中国金融通史·第一卷》,中国金融出版社 2002 年版,第 15 页。
② 鲁钊阳:《中国城乡金融发展非均衡化的测度及发展趋势》,《经济问题探索》2012 年第 11 期。

倾向的金融政策使得农村金融长期处于被抑制状态，有限的农村金融资源被输送到城市和工业部门。20世纪80年代农村家庭联产承包责任制的推行以及1992年以来农村市场经济体制的建立与发展，使得农村经济释放出了巨大的活力并得到长足的发展，国家也逐步调整了农村金融制度安排，以期改变农村长期的金融抑制状态，为农村经济发展提供充裕的金融支持。然而农村金融改革实践表明，正规农村金融制度的"管道"作用并未根本改变，农村金融市场每年有4万亿元资金流入城市[①]，政府始终通过财政资源的掌控和金融市场的运作来实现城镇化和工业化目标，农村正规金融制度运行绩效不佳并扩大了城乡和地区差距[②]。2003年以来我国对农村金融体制进行了较大的改革，但对农村民间金融的抑制政策并没有改变，直至2008年政府对农村民间金融的政策才做了一定的调整。

另一方面，改革开放后迅速发展的个体及私营经济部门由于受到正规金融部门严重的信贷约束转而求助于传统的社会网络和不断演化形成的"俱乐部"（互助社、行业协会、商会等），由此形成了农村民间金融的广泛存在并不断发展。罗剑朝（2006）、钱水土（2008）、张兵（2012）以及马乃毅（2014）等学者对农户民间借贷参与率的调查显示，60%—90%的农户均通过民间金融渠道进行融资[③]；中国人民银行（2011）对民间融资的资金融入方（企业）和资金融出方（民间融资中介机构）进行的专项调查结果显示，截至2011年5月末，全国的

[①] 陈锡文、赵阳、陈剑波、罗丹：《中国农村金融制度变迁60年》，人民出版社2009年版，第109页。

[②] 冉光和、赵倩：《中国农村金融制度效率的测度及其空间差异研究》，《农村经济》2012年第1期。

[③] 参见钱水土、陆会：《农村非正规金融的发展与农户融资行为研究——基于温州农村地区的调查分析》，《金融研究》2008年第10期；马乃毅、蒋世辉：《不同体制下农户金融需求差异及影响因素分析》，《江苏农业科学》2014年第12期。课题组对重庆、四川、云南、贵州的农户调查发现，农户民间借贷参与率在60%左右。

民间融资总量约3.38万亿元,占当期贷款余额6.7%,占企业贷款余额比重为10.2%。这些调查结果解释了主流的法律、金融与增长文献提出的中国经济增长的金融之谜。[①]

同时,农村民间金融长期处于被限制发展状态,没有明确合法的身份地位,因而大多处于"地下"状态,经营极不规范,蕴含着巨大的风险。媒体不时曝光的标会倒会事件、非法集资案件、企业家跑路事件说明农村民间金融风险始终存在。与此同时,民间金融纠纷案件也逐年上升,2015年全国各级法院审结民间借贷纠纷案件为142万件,同比增长39.2%。西部地区尤其严重,重庆一中院数据显示,2015年1—7月该院受理民间借贷纠纷案件486件,同比增长48%。民间金融风险的爆发,特别是区域性民间金融风险的发生会对经济社会产生严重的冲击,影响经济社会稳定,浙江温州、内蒙古鄂尔多斯、陕西神木等地的民间金融风险案例充分说明了区域性民间金融风险的巨大危害。

通过以上梳理可以发现,农村民间金融发展是改善农村金融市场运行、提高农村资源配置效率、促进农村金融与农村经济协调发展的关键环节。因此,对农村民间金融进行系统研究并给出规范化发展建议具有十分重要的意义。迄今为止,还没有对西部农村民间金融的专门研究,而我国东西部经济社会发展严重失衡,这意味着西部农村民间金融可能有着自身的运行特征和发展规律。基于上述考虑,本书将对西部农村民间金融的发展进行全面的梳理,深入挖掘西部农村民间金融的内在机制,揭示西部农村民间金融发展存在的问题及风险,在此基础上对西部农村民间金融发展给出系统性的规制建议。

[①] 参见 F. Allen, J. Qian, M. Qian, "Law, Finance, and Economic Growth in China", *Journal of Financial Economics*, vol. 77, no. 1, 2005; M. Ayyagari, A. Demirgüç-Kunt, V. Maksimovic, "Formal Versus Informal Finance: Evidence from China", *Review of Financial Studies*, vol. 23, no. 8, 2010。

二、研究的思路及目标

本书的基本思路是以规范西部农村民间金融的发展为准则，在充分挖掘和运用已有研究成果的基础上，深刻认识西部农村民间金融规范发展的重要意义，将西部农村民间金融发展置于西部农村金融市场完善和西部农村经济绩效提升的框架下，从历史与现实、经济与社会、宏观与微观相结合的视角出发，深入剖析基本概念，界定西部农村民间金融发展的内涵，梳理西部农村民间金融的主要形式，揭示西部农村民间金融的生成逻辑和经济功能，构建西部农村民间金融发展的理论框架。在此基础上，综合运用历史分析和实证分析的方法，揭示农村民间金融的发展规律与影响因素，实证西部农村民间金融的规模、利率及社会福利效应，进而剖析西部农村民间金融发展不规范的表现、原因与风险，最后就西部农村民间金融规范发展给出系统的规制建议。

本书的研究目标包括：（1）构建西部农村民间金融发展的理论框架。为此，需要系统回顾现代经济学、金融学以及其他相关学科理论和研究成果，充分尊重西部的经济社会特点。（2）梳理西部农村民间金融的演进历程，对西部农村民间金融的规模、利率及社会福利效应进行实证分析。为此，需要运用历史分析方法考察农村民间金融的长期历史演进规律及特点，科学测度西部农村民间金融的规模，实证西部农村民间金融的利率决定因素、西部农村民间金融发展的收入及个体福利效应。（3）剖析西部农村民间金融发展不规范的表现、根源与风险，揭示风险传染机制。立足于收集的数据和案例资料，结合农村民间金融的产生逻辑，探究其发展不规范的原因，并识别各类民间金融风险，分析西部农村民间金融风险传染的基本特征。（4）对西部农村民间金融规范发展进行制度与政策设计。要实现西部农村民间金融的规范发展，就必须要创新农村民间金融监管制度与法律制度，并且要进行综合政策设计以促进制度创新的实施,为此需要深入研究西部农村民间金融规范发展的财政政策、货币政策、产业政策等以形成综合政策框架。

本书遵循了理论—实证—制度设计—政策运用的应用经济学研究范式。其技术路线为:西部农村民间金融发展的理论框架—西部农村民间金融的历史演进—西部农村民间金融的现实考察—西部农村民间金融发展的社会福利效应—西部农村民间金融发展不规范的根源、影响及风险—西部农村民间金融规范发展的制度创新—西部农村民间金融规范发展的政策框架。

三、研究的假设及方法

依据已有的对农村民间金融的研究成果,本书提出以下基本假设:(1)西部农村民间金融市场主体都是理性经济人,以追求收益最大化和成本最小化为目的,在日常经营和借贷决策中,总是能够依据成本收益对比做出最优决策。(2)西部农村民间金融市场主体进行最优决策受制于外部环境的制约,具体包括经济环境、社会环境、法律环境、制度环境等。(3)经济社会环境的区域不平衡必然导致内生的农村民间金融的区域差异性,这是研究西部农村民间金融发展与政策规制的宏观条件;而各类农村民间金融市场主体长期演化形成的独特的微观机制是研究西部农村民间金融发展与规制的微观基础。当然,在下文的各章具体论题的研究中可能还需要其他的假定,本书会予以专门说明。

运用恰当的方法是研究应用经济研究取得成功的关键环节。根据研究的具体内容,本研究将采用如下研究方法。

(1)定性分析与定量分析相结合的方法。定性分析与定量分析是相辅相成的两种研究方法。本书对西部农村民间金融的内涵、主要形式、生成逻辑以及经济功能的研究采用的是定性分析的方法；在对西部农村民间金融的发展水平、规模、利率、影响等部分的研究采用的是定量分析的方法。

（2）规范分析与实证分析相结合的方法。规范分析是回答"应该是什么"的问题，而实证分析是回答"是什么"的问题。本书在理论部分和对策部分的研究中充分运用了规范分析的方法，同时充分运用了实证分析方法对西部农村民间金融的规模测度、利率决定、经济影响进行了研究，使用的计量经济学方法包括处理面板数据的系统广义矩方法、处理微观调查数据的有序 probit 回归方法等。

（3）其他方法。为了深入考察农村民间金融的嵌入性与发展特征，需要系统梳理农村民间金融的演进过程，本书综合历史分析与制度分析方法，追溯农村民间金融的历史渊源及演进过程，探究其发展演进规律。为刻画西部农村民间金融风险的传染规律，本书运用网络分析方法阐述了民间金融风险的网络传染规律及影响因素。为了揭示西部与东中部农村民间金融的发展差异，本书在农村民间金融的规模、利率、影响等部分的研究中均进行了区域比较分析，以突出西部农村民间金融的发展特征，并运用于报告的制度设计中。此外，本书还运用社会学方法分析了西部农村民间金融的运行机制，运用法律分析的方法开展了法律规制设计研究。

四、研究的内容及资料

本书的研究内容可分为理论研究、实证研究、制度与政策研究三部分共9章。理论研究部分共有3章，包括第一章绪论；第二章农村民间金融发展的理论基础；第三章西部农村民间金融发展的概念框架。实证研究部分包括第四章西部农村民间金融发展的历史演进；第五章西部农村民间金融发展的现实考察;第六章西部农村民间金融发展的社会福利效应;第七章西部农村民间金融发展不规范及风险研究。制度与政策研究包括第八章西部农村民间金融规范发展的制度创新;第九章西部农村民间金融规范发展的政策框架。

本书的研究资料包括四个部分:文献资料、二手资料、一手资料和相关政策法律法规。文献资料包括已有的农村民间金融及相关研究成果。国外文献主要来源于主要学术期刊数据库(SSRN、Science Direct)和世界银行、NBER 等研究机构的论文和报告。国内文献主要来源于中国知网的期刊、博士硕士论文等,中国人民银行以及其他研究机构的报告与专著。这些文献资料是本书理论构建、调查设计、实证分析和创新的基础。

二手资料和一手资料。二手资料主要是农村民间金融相关数据资料,主要来自于政府和统计部门公开的统计资料、特定政府机构和研究机构的调查资料以及主要财经媒体公开报道的案例资料,如国家统计局的相关统计年鉴、中国人民银行的《区域金融运行报告》、农业部的《农村固定观察点统计资料汇编》、中央财经大学的《中国民间金融研究报告》、北京大学社会科学调查中心的中国家庭追踪调查(China Family Panel Studies,简称CFPS)数据库等。另外,课题组还组织调研收集了农户及民间金融机构的一手资料。

政策法律法规。主要包括国家与地方政府关于民间金融监管的政策、法律及法规资料,如《小额贷款公司管理办法》《非存款类放贷组织条例(征求意见稿)》《温州民间融资管理条例》《刑法》《银行业监督管理法》《商业银行法》等,还包括国务院关于民间金融的政令、通知、文件以及最高人民法院的相关司法解释。这些资料是本书进行规制设计的良好基础。

五、研究的创新及发现

依据规范的经济学研究框架，本书对西部农村民间金融的演化历程、发展现状、发展不规范的原因、影响及风险进行了系统研究。研究的主要创新和发现包括以下四个方面：

（1）西部农村民间金融发展具有积极的社会福利效应。本书在研究了西部农村民间金融发展促进了农民收入增长的基础上，进一步把民间金融区分为农户民间融资、农村企业民间融资以及城镇民间融资并考察它们对西部农村内部收入差距的影响，研究发现西部农村非农户民间融资和城镇民间融资均显著缩小了农村内部收入差距，而农户民间融资的影响不显著，并且城镇民间融资与农村非农户民间融资对缩小西部农村内部收入差距存在着显著的协同效应。为了考察农村民间金融对居民主观幸福感的影响，本书利用微观调查数据进行有序 **probit** 回归，研究发现西部农村民间金融显著增强了农村居民的主观幸福感，并且这种效应要强于东部农村民间金融的作用。

（2）西部农村民间金融的规范运行依赖于农村社会网络。农村民间金融交易发生于一定的村庄共同体内，共同体内的每个个体通过一定的社会规范和社会规则互相联结，形成基于乡村社会网络的社区信任。西部农村民间金融的规范运行依赖于构建在乡村社会网络之上的村庄信任机制、隐形担保机制以及信息收集和传播机制。案例分析表明，在西部农村民间金融交易的空间范围逐步扩大的情形下，有效控制风险的关键在于将农村民间金融组织结构的构建、征信调查与信用评级以及贷款发放及管理都融入农村社会网络之中，以充分发挥农村社会网络的信任机制、隐形担保机制以及信息收集和传播机制的作用。

（3）西部农村民间金融风险传染受到民间金融交易网络结构特征的影响。通过案例研究发现，西部农村民间金融交易网络整体上表现出中心—边缘层次和局部的派系化破损结构，这使得农村民间金融风险容易在局部的派系内部传播，但不易在派系间以及中心—边缘层次间扩散。只有当若干个边缘派系同时向中心派系传染风险或中心派系自身累积巨大风险时，西部农村民间金融风险才会大规模爆发并扩散至整个民间金融交易网络，形成区域性农村民间金融风险。

（4）构建了较完备的西部农村民间金融监管框架。针对目前西部农村民间金融机构种类众多而监管主体混乱的状况，我们将农村民间金融监管权统一到中央政府层面的银行监管部门、地方政府层面的金融监管局以及各层次民间金融行业协会三个主体上，并对非存款性农村民间金融机构和存款性农村民间金融机构的监管主体分别进行了配置。在此基础上，对各类西部农村民间金融机构的市场准入、市场退出以及市场交易三个环节分别进行了制度设计。

第二章　农村民间金融发展的理论基础

经济理论的研究需要借鉴已有的研究成果，并将其与现时的客观实际相结合，进而实现对既有理论的创新并达到对客观现实的更好解释。本章对金融发展理论、农村金融发展理论以及制度变迁与创新理论进行了系统梳理，并对已有的农村民间金融相关研究成果做了评述。

一、典型理论的借鉴

(一) 金融发展理论

金融发展理论可以追溯到西方经济理论中关于货币与经济关系的研究，主要理论观点包括："货币面纱论""货币中性论"与"货币非中性论"。第一次系统阐述二者关系的是熊彼特的《经济发展理论》(1912)，熊彼特首次在理论上刻画了货币、信贷等货币因素对创新以及经济发展的作用机制。随后，以凯恩斯为代表的政府干预主义，以弗里德曼为代表的货币学派，以卢卡斯为代表的理性预期学派和以拉弗为代表的供给学派均深入阐述了货币与增长的关系。这些研究的前提均是西方完备的市场经济体制，随着20世纪50年代发展经济学的兴起，部分学者在研究发展中国家的经济增长问题时，对这些国家的金融系统在经济增长中的作用进行了深入分析，形成了所谓"金融发展理论"。

1. 早期的金融发展理论

格利和肖先后共同发表的《经济发展中的金融方面》（1955）、《金融中介机构与储蓄—投资》（1956）和《金融理论中的货币》（1960），揭开了金融发展理论研究的序幕。在这些论著中，他们系统阐述了经济发展中金融部门的重要性，特别强调了非货币金融中介和金融制度在资源配置中的关键作用，并指出完善的金融制度包括多元化的金融机构、多层次的金融市场和多样性的金融工具。休·帕特里克（1966）在对发展中国家的金融体系进行深入考察后，提出了"需求追随"和"供给引导"两种经济金融相互关系的模式，并阐述了这两种模式下金融体系在资本形成与资本配置中的作用。供给引导模式在经济发展的早期阶段起着关键作用，而需求追随模式在经济发展的更高阶段发挥关键作用。需求引导模式的本质在于强调政府放松对金融体系的管制，让市场机制在社会储蓄动员与金融资源配置中发挥基础性作用。因此在供给引导模式起关键作用的早期阶段，政府放松对金融机构的管制，推进金融市场化进程也具有重要意义。休·帕特里克认为金融部门通过三个渠道提高资本配置效率进而促进经济增长：一是金融中介通过改变资本所有权和构成从而提高资本的配置效率；二是金融中介促使资本从低生产率部门流向高生产率部门从而提高资本的配置效率；三是金融中介通过提高社会储蓄、投资从而加快资本积累速度。Valerie Bencivenga、Bruce Smoth 和 Ross Starr（1966），John Hicks（1969）认为正是金融制度的变革（资本市场的进步）提供了长期永久性的流动性资本从而促进了工业革命的发生。

2. 金融结构论

为金融发展理论奠定坚实基础的是戈德史密斯的《金融结构与金融发展》(1969) 一书。在该书中，戈德史密斯通过分析长达 100 年的跨国数据资料，从金融工具、金融机构和金融结构三个维度研究了金融发展模式在不同经济发展阶段的变迁过程。在运用数量方法对金融结构的长期变化进行深入研究后，戈氏总结了金融结构和金融发展与经济增长的关系，建立了一个新的金融发展理论体系，并强调了金融结构与金融发展对经济增长的引致效应。戈氏的研究为此后的金融研究提供了重要的方法论基础，也自然成为此后产生的各种金融发展理论的渊源。他从两个渠道分析了金融发展对经济增长的影响机制：一是储蓄和投资分离对经济运行的影响。他认为在金融产生之前储蓄和投资是混淆在一起的，经济主体的投资只有在无收益的财富储藏式自我储蓄达到一定规模时才能实现。金融的出现使储蓄和投资分离。金融工具一方面可以促使储蓄向投资转化，使投资者的投资摆脱自身收入和积累能力的限制；另一方面通过增加储蓄的收益从而刺激储蓄的增长。同时，金融中介机构可以引导资金在供需双方间做跨时空转移，并实现供需双方在资金数额上的匹配，从而提高社会资金的使用效率。二是金融结构演进对经济增长的促进效应。戈氏认为金融机构和金融工具的多样化直接扩展了市场主体的投资机会集，从而提高了全社会的储蓄水平和储蓄向投资的转化效率，直接提升了资本形成速度和水平。同时，居民的选择行为引致的市场竞争效应促使资金流向高收益的投资项目和部门，提高了金融部门的资源配置效率。

通过总结各国的金融发展历史，戈德史密斯指出各国金融发展轨迹在所有制上表现出了相同的发展趋势。那些以国有金融占主体的国家（地区），政府对金融的参与程度会逐渐削弱，私有化程度明显增强。这对于民间金融的发展具有重要的制度导引作用。

3. 金融深化理论

1973年，罗纳德·麦金农的《经济发展中的货币与资本》和爱德华·肖的《经济发展中的金融深化》的出版，标志着金融发展理论的真正形成。两人通过分析发展中国家的货币金融体系以及经济增长状况，几乎同时发现发展中国家普遍存在的"金融抑制"现象是阻碍资本积累的主要原因，通过实行"金融深化"战略可以促使资本形成。麦金农和肖认为区别于西方发达国家完善的市场体系，广大发展中国家的经济特征是：市场机制不完善、资本市场落后、经济金融市场分割，特别是存在严重的金融抑制现象，具体表现为经济货币化程度低，金融二元性①，政府严格管制致使实际利率严重偏低等。金融抑制一方面损害了储蓄者的利益，降低了金融体系资金动员的能力；另一方面通过向借款人提供实质性补贴使得金融资源供不应求，国家实行信贷配给。同时，大量中小企业和住户被排斥在正式金融市场之外，他们的资金需求只能通过内部积累实现。针对金融抑制造成的一系列问题，政府应该取消对金融活动的干预，消除金融抑制，以促进金融市场化进程，形成金融发展与经济增长的良性循环。金融深化论认为，要消除金融抑制现象，发展中国家必须大力发展金融市场，扩大金融活动的广度和深度，以充分吸收闲置资金，提高金融资本存量；取消管制，放开利率，实行金融自由化，充分发挥金融中介的功能，提高储蓄投资转化的规模和效率。不难发现，金融深化理论的核心是实行金融自由化，充分发挥市场机制在金融体系中的基础性作用即可实现金融与经济的良性发展循环。麦金农还强调了民间金融在农村地区的重要作用，认为高度组织化的银行业在向欠发达国家的农村地区的小额借款人提供服务方面是很不成功的，经济中其他部门的融资则必须由放款

---

① 金融二元性指现代金融机构与传统金融机构并存，即一方面存在着现代化管理的国外大银行的分支机构和一些国有银行，另一方面存在着规模小且落后的如钱庄、当铺等传统金融机构。

人、当铺和资金合作社等民间金融组织的资金来满足，要允许多种形式的金融机构的存在。所以，麦金农和肖对民间金融产生的制度根源和发展方向做了初步的解释。

4. 金融约束理论

金融深化理论的提出在广大发展中国家中产生了广泛积极的影响，促使发展中国家开始了普遍的金融自由化改革。但是，在非洲和拉丁美洲一些国家进行的金融改革并没有取得预期效果，形成金融与经济的良性循环，反而对经济发展造成了很大的伤害。在此背景下，Hellmann、Murdock和Stiglitz（1996）依据金融自由化的经验和教训，以发达国家金融市场为研究对象，运用信息经济学工具提出了信贷配给理论，也就是金融约束论。他们认为，金融市场中借贷双方的信息不对称使得实际利率水平和信贷数量偏离了市场均衡水平，这导致信贷配给的普遍存在。因此，要解决因信息失灵而导致的金融市场交易制度难以有效运行的问题，必须由政府提供有约束力的权威制度来保证市场机制的充分发挥。所谓金融约束，就是指政府供给一系列金融制度为民间部门创造租金机会，特别是金融部门通过租金效应和激励作用规避潜在的逆向选择和道德风险，以提高金融市场效率（王群琳，2006）。

可以看到，金融约束论并未从根本上否定金融深化理论，也承认金融深化促进经济增长的基本观点。所不同的是，金融约束论认为在存在市场缺陷（不完全竞争市场）的条件下，政府如何对金融部门进行选择性干预，以促进金融深化，提高金融运行效率，减少盲目和过度金融自由化所带来的经济风险。就此而言，金融约束论是对金融深化理论的补充。因为发展中国家的农村金融市场不是一个完全金融市场，因此金融约束论被认为是适合农村金融发展的理论，也可以解释发达国家和已经实行了金融自由化的国家（地区）普遍存在的民间金融活动。

5. 金融功能论

金融功能论突破了此前金融发展理论研究视角的局限，首次从微观视角来研究金融发展的原因及金融发展对经济增长的作用机理。从成本视角分析，金融制度的产生（金融机构、金融市场、金融契约）是为了节省金融交易中特定的信息成本和交易成本；随着经济的不断发展和技术的不断进步，信息成本和交易成本也在不断变化，这就导致金融机构、金融市场也随之变化，以达到最小化信息成本和交易成本的目的（Debreu，1959；Arrow，1964）。虽然金融机构和金融市场在不断发生变化，但金融体系的功能则保持稳定。Levine（1997）认为金融体系的基本功能是在不确定性的环境下实现资源的跨时空配置，通过资源的高效配置促进资本形成和技术创新并以此促进经济增长。博迪和默顿（1995）更强调了金融体系的风险管理、信息生产以及经济激励的功能。

6. 内生金融理论

从金融结构论的提出到金融约束论的问世，标志着金融发展理论已成为一个较为完整的理论体系，这些理论也在指导发展中的金融自由化实践中发挥了重要作用。但是，由于发展中国家的市场不完全性、信息不对称问题等的普遍存在，这些改革实践的效果并未达到理论预期。因此，在 20 世纪 80 年代内生增长理论兴起后，一批经济学家利用内生增长理论框架研究了金融发展问题，形成了内生金融发展理论（Romer，1986；Lucas，1988；Levine 等，1992；Boyd 和 Smith，1992；Schreft 和 Smith，1998；Durra 和 Kapur，1998；Boot 和 Thakor，1997；Greenwood 和 Smith，1997）。他们突破麦金农和肖的理论框架中金融部门外生给定的假设，将金融部门纳入内生增长模型中进行动态均衡分析，揭示了金融中介和金融市场是如何内生形成的，以及内生框架下金融发展与经济增长的关系。在这些模型中，借鉴微观经济学的最新研究成果，将不确定性、信息不对称和监督成本等不完全竞争因素纳入分析，发展形成了内生金融中介模型和内生金融市场模型。与此前的理论相比，内生金融发展理论的假设更接近于现实，因此其政策主张也更接近于现实。Boot 和 Thakor（1997）认为金融机构和金融市场利用各自的优势吸引不同类型的借款人。当事人通过金融机构对生产者予以监督，能够解决道德风险问题，而金融市场具有的搜集、分析信息的优势有助于投资决策质量的提高，解决逆向选择问题。Pagano（1993）基于 AK 模型分析认为金融发展可通过提高储蓄—投资转化率、资本配置效率和私人储蓄率影响经济增长。King 和 Levine（1993）通过跨国面板数据实证了金融中介与经济增长的关系，认为金融中介不仅追随经济增长，在一定程度上还领先于经济增长。Greenwood 和 Jovanovic（1990）、Ross Levine（1992）、Greenwood 和 Smith（1997）通过在金融发展模型中引入固定的金融中介进入费（交易费用）发现了金融发展与经济增长间的门槛效应，只有经济发展，市场交易规模增加，导致单位固定成本下降到一定程度，此时金融机构和金融市场才会受到当事人的偏爱，从而促进金融机构和金融市场的发展。门槛效应很好地解释了发达国家与发展中国家金融发展水平存在的差异。

7. 法与金融理论

法与金融理论是 20 世纪 90 年代后期在美国兴起的一门由金融学和法学交叉而形成的新学科，主要研究法律及法律制度对金融体系的形成与发展以及金融功能的影响。正如 Boot 和 Thakor（1997）的研究所证实的那样，金融市场和金融机构均有各自的金融功能可以吸引不同的借款人，它们的功能是互补的，也意味着金融结构本身无法解释经济增长。拉博塔等（Laporta 等，1997、1998、1999）、Levine（2000）等人的研究进一步发现，金融促进经济增长的机制在于金融服务质量的提高和金融功能的充分发挥，而包括法律体系在内的制度环境是金融服务质量提升和金融功能充分发挥的前提。从这个意义上看，要实现金融促进经济增长的功能，更应该关注金融体系所处的法律制度环境而不是金融体系本身。1998 年来自哈佛大学和芝加哥大学的四位学者 La Porta、Lopez-de-Silanes、Shleifer 和 Vishny（LLSV）发表了 Law and Finance 这篇奠基性论文，标志着法与金融理论的产生。其主要理论观点包括，法律是重要的，对外部投资者的保护可以解释金融体系中的诸多要素，而法律制度的本质很大程度上取决于法律起源，普通法优于大陆法；法律传统会随着外部条件的变化而做出适应性调整，普通法的适应性调整能力更强，所以更有利于金融发展；法律的起源并不是核心的决定因素，政治才是第一位的因素（Rajan 和 Zingales，2003；Pagano 和 Volpin，2001）；区域和疾病等禀赋因素对金融制度产生影响，禀赋越差的国家（地区）金融越不发达。贝克等人（2001、2003、2004）、卡普兰等（2003）的实证结果不同程度地支持了上述观点。科菲（1999）质疑了法律渊源和经济发展之间的因果关系，其他一些学者（Licht、Goldschmidt 和 Schwartz，2001）认为其他的一些外在因素（文化传统）比法律传统能更好地解释国家之间投资者保护的差异。总体而言，法律制度对金融发展和经济增长是至关重要的，而政治、宗教、文化也影响了金融发展与经济增长。然而，制度本身的路径依赖、移植、传播和学习功能在对金融发展的影响上还有很多疑问没有解答，其中就包括"中国之谜"——在公认的缺乏有效的法律制度支持的情况下中国经济创造了繁荣的奇迹，所以，在逻辑上一定还有没被关注的制度因素在起作用。对于民间金融的发展而言，其背后的习俗、文化、信任等非正式制度可能起着重要作用。

8. 金融可持续发展理论

20 世纪 90 年代后期可持续发展理论被理论界普遍关注，一些学者将可持续发展的理念与金融发展相结合，从而开创了金融可持续发展理论。白钦先（2001）认为金融发展的关键是提高金融运行质量。随后，冉光和等（2004）从产业经济学的视角出发，将金融产业发展与可持续发展理论相结合，提出了金融产业可持续发展理论。依据金融产业可持续发展理论，作为一个独立的产业，金融业的发展应该遵循产业发展的一般规律以及可持续发展的原则，金融产业主体在开发利用金融资源的过程中应该保持金融资源的代际平衡和良性循环。金融产业可持续发展的目标可以分为两个部分，一是金融产业部门自身要实现可持续发展，也就是金融产业部门要追求自身利益的最大化；二是实现可持续发展的金融产业部门要充分发挥金融促进经济增长的功能，从而实现国民经济的可持续发展。金融产业实现可持续发展和国民经济实现可持续发展是互为前提和基础的，实践中需要协调好二者的关系，完善金融产业和国民经济可持续发展的良性机制。值得注意的是，金融产业的过度发展以及金融资源的过度开发将损害国民经济的整体利益，最终将阻滞金融产业和国民经济的可持续发展。显而易见，农村民间金融作为金融体系的一个重要组成部分，也需要具有可持续发展的能力和机制，事实上我国农村民间金融的发展受制于所处的制度环境，这直接制约了农村民间金融功能的充分发挥并阻碍了农村民间金融的可持续发展。

回顾金融发展理论，我们发现金融发展理论的演进是随着经济发展实践而逐步完善的。其演进逻辑表现在：一是研究方法由前期的定性分析演变为后期的定量分析，包括数理模型的推理和实证方法的使用；二是研究视角由完全市场扩展到不完全市场，研究的前提假定也逐步逼近经济现实，研究结论更具有现实意义；三是研究的目标由宏观现象逐渐演变为微观机理；四是金融发展理论受到西方经济学发展的影响，对经济发展和金融发展的原因追溯到了制度层面。当然，研究的重心始终围绕着金融与经济二者之间的关系。由于不完全市场的客观存在，保持政府对金融市场的适当干预是保持金融稳定，提高金融市场效率的必然要求。而随着经济金融环境的变化，寻找到合适的政府干预手段是保持金融市场有效运行的关键。特别是政府对不同地区和时段的农村民间金融采用何种干预和规制方式，既是我们开展此项研究的目标，其本身也构成金融发展理论的重要部分。

（二）农村金融发展理论

1. 农业信贷补贴论

受到凯恩斯政府干预主义的影响，农业信贷补贴论（Subsidized Rural Credit Paradigm）在20世纪50—70年代成为农村金融领域的主流理论。农业信贷补贴论通过分析农业生产的特征，认为农业生产受自然环境条件的影响极大，具有高风险性，同时农业生产的回报率又很低，因而农户拥有的生产剩余也较少，农村内部整体上缺乏资金剩余。从风险—收益角度考量的商业性金融机构自然将传统农业经济排除在金融服务范围之外。因此，缺乏资金剩余的农村无法从内部解决自身的融资困境，政府应该通过补贴的形式从外部向农村输入资金，即设立专门的政策性金融机构来为农业生产提供政策性金融服务，以促进农村经济的发展并缓解农村的贫困状况。但是，由于储蓄动员不足，资金回收率低，且低息信贷资金容易流向具有更多社会资本和政治资本的富裕人群和精英人群，难以实现向穷人的收入再分配目标，农村经济并未摆脱贫穷困境。实践证明，农业信贷补贴政策损害了农村金融市场的可持续发展能力，故而也不能促进农业生产的发展。

2. 农村金融市场论

由于农业信贷补贴论的失败以及一些微型金融组织在农村实践的成功，Adams（1984）提出了农村金融市场论（Rural Financial Systems

Paradigm）并被广泛接受。该理论从根本上否定了农业信贷补贴论的前提假设，认为农户也具有储蓄能力，因此不必通过专门的政策性金融机构从外部向农村输入资金。农户和农村企业愿意储蓄并能支持市场利息，按照市场机制向农户提供信贷资金是市场发展的必然要求。所以，农村金融机构应该通过市场利率吸收储蓄，提高其资金动员能力。同时，该理论还认为民间金融的存在具有一定的合理性，应当同时利用正规金融市场和民间金融市场。农村金融市场论纠正了政策性金融体系对农村金融市场的扭曲和资金配置的低效状况，但是高成本和低担保使得正规金融机构难以向农户和小微企业提供充分的信贷资金支持，因此完全市场化的农村金融政策导向不能彻底缓解农户的融资困境，在一定程度上，农村仍然需要政府的适当介入为农户提供必要的信贷支持。

3. 不完全竞争市场理论

完全市场化的农村金融体系在实践中的不足以及 20 世纪 90 年代金融危机的发生，都从实践上否定了市场机制的完全有效性，政府的适当干预是金融市场稳定有效的必要前提，指导农村金融实践的不完全竞争市场理论应运而生。该理论认为，完善的制度结构是政府介入农村金融市场达到克服市场缺陷目标的前提。因此，对农村金融市场的非市场要素的介入，必须排除阻碍农村金融市场有效运行的障碍。具体而言，打破获得优惠贷款的垄断，使得优惠贷款真正面向广大农户；放开贷款利率以弥补金融机构的高成本；通过借款人的组织化（小组贷款、互相担保）提高信贷市场效率（Stiglitz 和 Weiss，1981；Stiglitz，1989；张晓山、何安耐，2002）。不完全竞争市场理论在构建稳定有效的农村金融市场中取得了成功。必须注意的是，不完全竞争市场理论不同于信贷补贴论和金融约束论，它强调政府干预的目的是克服农村金融市场缺陷所带来的问题。

4. 局部知识论

针对不完全竞争市场论,一些学者从哈耶克的局部知识分析范式(local knowledge)出发,提出了解决不完全竞争和信息不对称问题的局部知识论,支持了农村金融市场论。该理论认为,根据局部知识分析范式,市场竞争有助于市场主体充分挖掘各种市场信息,进而消除信息不完全和信息不对称的状况,因此解决不完全竞争和信息不对称问题的关键不是增加政府干预,而是通过制度设计提高农村金融市场的竞争程度(Hayek,1968、1969)。具体而言,可以通过促进农村金融机构的多样性水平,进而提高农村金融市场的竞争程度,以此解决或缓解农村金融市场的信息不对称问题,促使不完全竞争市场向完全竞争市场演进(冯兴元、何梦笔,2004)。事实上,农村合作金融机构、民间金融机构、村镇银行、小额贷款机构等恰好是农村金融市场中局部知识最佳发现者,他们之间的适当竞争,对提高农村金融市场资源配置效率有着非常积极的意义。同时,由政府介入形成的借款人的组织化也可以充分利用分散的局部知识,从而降低信息不对称的程度。特别注意的是,民间金融机构在克服信息不对称问题上有着独特的优势,在农村金融市场中尤其值得关注。

通过梳理农村金融发展理论,我们发现农村金融市场理论、不完全市场竞争理论和局部知识论在农村金融市场体系建设中有着重要的理论意义。政府对农村金融市场的适当介入是必要的,而多样化的农村金融机构对克服农村金融市场的信息不对称,促进竞争性农村金融市场的形成,提高农村金融资源的配置效率具有重要的现实意义。特别地,农村地区的民间金融组织是有效的农村金融市场不可缺少的一个组成部分。

（三）制度变迁与创新理论

新制度经济学将制度内生化，以此解释长期经济增长。以科斯、诺斯、阿尔钦、威廉姆斯等为代表的新制度学派建立了制度变迁理论。诺斯认为，制度变迁的动因在于潜在利润的存在，当外在条件变化导致潜在利润出现时，新的制度安排将会被创立，从而将外部利润内部化，总收入增加。进一步的，诺斯和托马斯提出了双层制度安排模型。制度安排包括基础性制度安排和次级制度安排，前者由政府作为制度供给者提供，具有强制性、稳定性、滞后性的特点；后者通常是由个体在潜在利润诱导下自发施行的，是非正式制度，其供给成本和变迁成本均较小，具有灵活性、非强制性的特点。次级制度安排之所以存在，根本原因在于基础性制度安排无法满足现有需求，存在制度供给的缺口，并且这种次级制度安排常常会背离基础性制度安排，其造成的压力会成为基础性制度安排发生变迁的一个动力。只要制度供给缺口存在，那么非正式的次级制度安排就不会自发消亡，哪怕遭到政府的严格限制。

林毅夫（1989）从"供给—需求"角度将制度变迁分为强制性制度变迁和诱致性制度变迁，诱致性制度变迁是由个人或一群人在响应获利机会时自发倡导、组织和实行的。而强制性制度变迁由政府命令和法律引入和实行。诱致性制度变迁的发生必须要有来自制度不均衡的获利机会，而引起制度不均衡的因素包括四个方面，即制度选择集合变化、技术变化、制度服务的需求改变以及其他制度安排改变。由于理性的有限和交易成本的存在，制度变迁过程将更可能从一个制度安排开始，逐渐地传到其他制度安排上去，制度变迁的过程类似于一种进化的过程。非正式制度安排的执行取决于社会的互相作用，创新者的费用主要来自他周围的社会压力（来自社会的侮辱、排斥和暴力等），因此，个人通常不愿违反现有的非正式制度安排，非正式制度安排显示出比正式制度安排更难以变迁的特征。然而，当一个社区或群体的流动性更大时，来自社会压力的约束就越小，非正式制度变迁也就越容易发生。

农村民间金融是由于农村金融体系中正规金融制度供给不足而引致的诱致性制度变迁，也是一项非正式制度安排，它是内生于农村经济的。由于农村小农经济的长期存在，农村民间金融的某些形式也长期存在。随着农村经济市场化进程的推进，农村社区的流动性将会变大，这种非正式制度的执行效率可能会降低，因此农村民间金融的形式也将会发生适应性变迁。

二、国内外研究综述

基于全球农村民间金融存在的广泛性，近年来，学者们更多地把目光投向农村各种民间金融，农村民间金融已成为国内外学术界讨论的热点议题之一，而伴随着浙江温州、内蒙古鄂尔多斯、陕西神木等地民间金融区域性风险的爆发，国内对农村民间金融的研究更具有极强的现实意义。通过梳理相关文献，目前对农村民间金融的研究主要集中于以下几个方面：一是对农村民间金融形成原因和运行逻辑的研究；二是对农村民间金融发展水平的研究；三是对农村民间金融发展的经济效应的研究；四是对农村民间金融风险及规范发展的研究。

（一）关于农村民间金融形成原因和运行逻辑的研究

围绕着农村民间金融的形成原因和运行逻辑，学者们从金融抑制、信息不对称、交易成本、社会文化等方面对此进行了解释。沿着 H. T. 帕特里克（1966）和麦金农与肖（1973）"金融抑制"的思路，Floro 和

Yotopouios（1991）、Fry（1995）、Anders（2002）认为民间金融是对政策扭曲和金融抑制的理性回应，杜朝运（2001）、官兵（2005）、史晋川等（1998）、史晋川和叶敏（2001）、金雪军（2001）、金烨和李宏斌（2009）等学者认为，我国的金融抑制政策导致正规金融不能满足农村中小企业和居民的融资需求从而促使民间金融产生。Angelini等（2007）对发展中国家的研究表明，农村民间金融组织在农村金融市场领域中较大的成本优势是市场竞争条件下农村民间金融自发生成的主要原因。张庆亮（2001）、邓大才（2004）、苏士儒（2006）认为农村民间金融是农村金融需求诱致下的必然结果。Stiglitz 和 Weiss（1981）提出的开创性的 S-W 模型为我们从信息经济学角度理解非正规金融形成的内生性提供了理论框架。Hoff 和 Stiglitz（1990）、Berger 和 Saunders（1999）和林毅夫（2003）沿着 S-W 模型对农村民间金融的内生性问题做出了解释。林毅夫、孙希芳（2005）认为民间金融在收集中小企业的"软信息"方面所具有的优势是其广泛存在的根本性原因，金融抑制只是一个强化因素，民间金融的存在会提高整个信贷市场的运行效率。顾海峰（2013）认为，信贷配给是民间金融的内生基础，民间金融将历经由内生金融向外生金融的演变过程，最终实现从需求主导型的市场引致性内生金融制度到供应主导型的政府强制性外生金融制度的转变。姜旭朝、丁昌峰（2004）从经济发展与金融发展二者关系角度对农村民间金融的产生给出了解释，他们认为现代经济形式的多样性和地区经济发展的不平衡性，以及金融形式和金融结构发展的不平衡性是现代民间金融发展的主要原因。丁俊峰等（2005）通过理论分析认为民间信用内生性生命力是其存在和发展的根本依据和动力，民间信用是不可或缺的市场要素。程昆等（2006）、王曙光、邓一婷（2009）从农村所处社会环境出发，分析了乡土社会资本与社会网络、信任关系以及文化传统对民间金融产生和发展所起的作用。虞群娥、李爱喜（2007），李元华（2012）从共生关系角度进行分析，认为民间金融与民营经济的共生依存关系是农村民间金融产生发展的基础。李富有、李建军（2008）认为，民间金融存在和快速发展的深层动因是政府金融抑制与自选择机制。徐璋勇、郭梅亮（2008）从政府强制介入和农村乡土文化两个层面分析了民间金融发展的机制。邵传林等（2012）则给出了一个相对综合的解释框架，认为官方正规金融有效供给不足、农村微观主体的融资需求膨胀、地方政府机会主义行为、权力当局政策偏好转变以及民间金融独特的履约机制是农村民间金融兴起的主要因素。赵丙奇（2013）构建了基于贝叶斯法则的声誉修正模型，认为基于弱关系的民间借贷声誉形成机制和担保机制保证了民间借贷的有效运行。陈氚（2014）则从人类学和社会学角度探讨了民间金融的存在逻辑，其影响因素包括阶层结构、政治资源、政党制度、种姓制度、社会关系网络、文化传统、制度的路径依赖等。卓凯（2006）认为非完全契约性质的民间金融交易所依赖的治理机制包括抵押品化的"社会资本"的治理效应、重复博弈与信誉机制、关联交易与违约成本、联合贷款与连带责任和非法暴力机制。吴少新、王国红（2007）认为农村民间金融植根于农村社会秩序和文化，因而具有高效的履约机制（信任机制、担保机制、惩罚机制、信誉机制）和自生能力。

大量文献通过对农户民间借贷调查数据的分析从微观层面讨论了农户民间借贷行为。史清华等（2003、2004、2005），李锐、李宁辉（2004），周小斌（2004），李春（2005），周天芸、李杰（2005），霍学喜、屈小博（2005）等较早对农户借贷行为进行了研究。相关文献主要从借贷发生频率、借贷规模、借贷资金来源、借贷资金运用结构等方面对农户借贷行为进行了较为系统的分析（曹力群，2002；温铁军，2001；Duong 和 Izumida，2002；史清华等，2002；李春，2005；霍学喜等，2005；李晓明等，2006）。关于影响农户借贷行为的因素，早期研究主要关注农户自身特征、家庭经营状况、农村金融市场发育以及借贷利息率、贷款期限、借贷环节的抵押和担保等因素（何文广，1999；史清华等，2002；周小斌等，2004；周天芸等，2005；颜志杰等，2005；方文豪，2005；李锐等，2007；钱水土，2008）。最近的研究则更关注社会、法律、制度、地理等各方面环境因素对农户民间借贷的影响，如金烨、李宏彬（2009）研究发现法制环境、社会政治地位均会影响农户的借贷行为；曾文学、张帅（2009）发现农户家所在地与金融机构的距离会影响农户的借贷需求；汪卫芳（2013）认为民间借贷的可得性受地缘关系等隐性成本的影响；杨汝岱等（2011），胡枫、陈玉宇（2012）发现农户的社会网络对农户借贷行为起着积极的促进作用（提高可得性及额度），是农户平衡现金流、弱化流动性约束的重要手段，但其规模和作用随社会转型和经济发展而趋于弱化。童馨乐等（2011）对社会关系的作用进行了细致考察，认为政治关系和邻里关系仅对农户有效借贷机会具有显著影响，而农民专业合作组织关系和正规金融机构关系对农户有效借贷机会与实际借贷额度均具有显著影响。马永强（2011）分别考察了农户有息借贷和无息借贷的影响因素，结果显示信贷约束、低利息成本是吸引农户选择民间无息借贷的重要因素，信贷约束是吸引农户选择民间有息借贷的重要因素，但民间有息借贷的高利率、高风险抑制了农户对该借贷类型的选择。同时，农户有息供给决策重视需求方经济因素，无息供给决策则更关注的是"关系"。张兵等（2013）则发现民间金融市场上的零息借款和高息借款是受到不同类型信贷配给农户的资金来源。此外，一些学者研究了农户的心理、金融意识、风险偏好对农户借贷的影响（孔荣，2009；谭燕芝，2015）。大多数文献均认为经济不发达地区的农户借贷依赖于民间借贷，但牛荣、罗剑朝等（2010）对陕西省的调研结果表明，农户对资金的需求主要是来自正规金融渠道的农村信用社。

（二）关于农村民间金融发展规模和利率的研究

1. 关于农村民间金融发展规模的研究

对农村民间金融规模的研究包括两个方面，一是通过农户民间金融交易的参与率来间接反映民间金融的规模，二是通过对农村民间金融的估测直接反映其规模。蒙替尔和阿发诺尔（Montiel 和 Agenor，1994）在《发展中国家的非正规金融市场》一书中估算，我国民间金融占借款总量的 33%—67%；蔡（Tsai，1999、2001）认为我国乡村民间金融信贷总量占正规金融的 25%，民间金融交易参与率占总人口的 20% 左右。国内众多学者对农户借贷情况进行调研所揭示的民间金融交易参与率则差异巨大，参与率较低的如中国健康与养老追踪调查（2013）对全国农户调查的结果为 22.9%，CFPS（2009）对全国农户调查的结果为 25%，钟春平（2007）对安徽的调查结果为 28%，汪卫芳（2012）对浙江的调查结果为 24.5%；参与率较高的如马永强（2006）对全国的调查结果为 64%，马乃毅（2014）对新疆的调查结果为 60%，张兵（2012）对江苏的调查结果为 67%；其他一些学者的调查结果则更高，如钱水土（2008）对浙江的调查结果为 75%，毛金明（2004）对山西的调查结果为 84%，罗剑朝（2006）对陕西的调查结果为 91%。① 郭沛（2002）、中央财经大学课题组（2003）、中国人民银行（2005）分别基于调查数据对全国的民间金融规模进行了估测。李建军（2008、2010）分别通过国民经济核算框架和农村经济主体正规贷款满足率缺口估测了全国的未观测借贷资金规模，孙玉奎、冯乾（2014），李健、卫平（2015a、2015b、2015c）沿用李建军（2010）的方法进行了相关实证分析。冉光和、汤芳桦

---

① 这些数据由课题组根据公开发表文献整理得到，数据的巨大差异可能包含两个方面的原因，一是不同地区农户的民间金融参与程度差异，二是样本选择误差以及其他非抽样误差过大。

(2012),胡宗义等(2012)以全社会固定资产投资中的自筹资金和其他资金占全社会固定资产投资的比例衡量民间金融的相对规模,苏静等(2013)、胡宗义等(2013)、胡宗义(2014a、2014b、2014c)、鲁钊阳(2015、2016)沿用此方法进行了相关实证研究。此外,姚耀军(2009),胡金焱等(2013),张博、胡金焱(2014)利用利率面板数据来衡量民间金融发展水平;姚耀军、陈德付(2005),胡宗义等(2012),苏静等(2013)利用全国农村固定观察点数据来衡量农村民间金融发展水平。

2. 关于农村民间金融利率的研究

王一鸣、李敏波(2005)通过不完全竞争框架从理论上证明了民间金融市场的借贷利率远高于正规市场利率,民间金融市场利率具有顺周期性现象。匡桦(2010),李富有、匡桦(2010),袁力(2015)通过理论分析认为隐形成本的存在推高了民间金融的真实利率水平。在实证研究方面,学者主要使用了温州民间借贷利率数据分析了其影响因素,如姚耀军(2009a)利用温州民间借贷利率月度数据实证分析后发现银行中小企业信贷扩张在短期会显著影响民间金融利率,而周明磊、任荣明(2010)则发现存款准备金率的变动对民间借贷利率影响较大,而信贷投放影响较小。叶茜茜(2011a、2011b)综合梳理温州民间借贷利率数据发现正规金融的信贷资金供给、利率政策、寻租行为、信贷结构的调整以及供给成本与需求特征等都会影响民间金融利率水平,民间金融利率是市场主体对正规金融信贷调控的回应。

(三)关于农村民间金融发展的经济效应的研究

在理论研究方面,潘士远、罗德明(2006)通过构建内生经济增长模型,研究发现民间金融创新程度与民营经济发展水平成倒 U 型关系，民间金融是内生于民营经济发展的。李富有、孙晨辉（2012）通过构造包含金融部门的内生增长模型分析发现民间金融提高了企业的融资能力和利润率。更多的学者运用实证方法研究了农村民间金融的经济效应。姚耀军（2009），钱水土、翁磊（2009），彭佳、朱巧玲（2015）通过实证分析发现民间金融促进了经济增长；胡金焱等（2013）进一步研究发现民间金融主要通过第二产业影响经济增长，而对于第一和第三产业发展并无显著影响；鲁钊阳等（2015）则发现农村民间金融发展促进了产业结构（第三产业比例）的升级。与上述结论相反，邓路等（2014）通过对企业层面数据进行实证分析后发现民间金融对于民营企业的业绩具有负面的影响，从而对经济增长产生负向作用。李锐、李宁辉（2004），高艳（2007），胡宗义等（2012、2014），苏静等（2013），张宁、张兵（2015）通过实证分析发现农村民间金融可有效促进农民收入的增长，缓解农村贫困，但这种增收效应会随着农村居民收入水平的提高逐渐减弱（胡宗义等，2014）。进一步地，胡宗义等（2012）认为这种效应还不足以有效缓解农民内部收入的不平等程度，而张宁、张兵（2015）通过实证分析后认为农村民间金融的亲贫性可以缓解农村内部的收入差距。杜金向（2013）利用农村固定观察点数据分析后发现民间借贷对东中西部农户的收入均为负效应。冉光和、汤芳桦（2012），胡宗义等（2013），张博、胡金焱（2014），鲁钊阳等（2016）实证分析发现农村民间金融缩小了城乡收入差距。但是，孙玉奎、冯乾（2014）的实证结果发现农村民间金融与农村收入分配间的关系并不显著。此外，李健、卫平（2015a、2015b、2015c）实证检验了农村民间金融发展对区域创新能力、全要素生产率的提升作用。马光荣、杨恩艳（2011），曹俊勇、张乐柱（2015）实证分析发现民间借贷对农户创业具有积极效应。

（四）关于农村民间金融风险及规范发展的研究

Stigliz（1987、1990），Besley 和 Coate（1991），Bell 等（1997），Smith 等（1999），Arndt 等（2001），Chakrabarty 和 Chaudhuri（2001）等从担保优势出发认为民间金融具有较低的风险。Calomiris、Rajaraman（1998）指出，民间金融活动中相对充分的信息以及隐性抵押等减少了贷款的违约风险，使得农民小规模和短期投资成为可能，进而有利于经济增长。但是 Tang（1995），Schreiner（2000），Djankov、Simeon、Caralee McLiesh 和 Andrei Shleifer（2007）、王国红、刘兆征（2008）的研究表明，民间金融的存、贷款没有法律保护，可能会导致更高的风险。史晋川（2011）认为民间金融的风险根本源自人格化的交易机制，随着资金用途变化和规模扩张，民间金融交易逐渐突破"三缘"关系界限并逐渐"中介化"，人格化的交易机制不能有效保证借贷合约的履行，民间金融风险因此累积和爆发。张凯、曹露聪（2012）进一步分析认为，农村民间金融道德风险源自交易"中介化"后相关主体间的信息不对称，包括农村民间贷款人与借款人、民间金融中介机构与借贷双方、农村民间金融监管当局与被监管者等。曾志敏等（2012）从社会网络角度阐释了民间金融风险的形成机理，社会网络中的结构漏洞不断扩展和叠加促成了民间金融风险的累积。李世财（2013）认为民间金融风险产生的根源在于交易的"关系化"与非市场化。金富涵（2014），吴国威、杨玲（2016），孙海英（2016）对农村民间金融风险进行了梳理，这些风险包括利率风险、信用风险、流动性风险、操作风险、政策风险、法律风险、倒会风险、规模风险等。卢斌等（2013）从宏观、中观、微观三个层次分析了民间金融风险的传染机制。薛晴、刘湘勤（2014）研究了资源富集地区资源禀赋、产业结构与民间金融系统性风险累积与溢出的关系。方先明、孙利（2015）研究发现金融创新使得民间金融风险能够通过利率差异、金融要素交叉流动和信息交叉传播渗透到正规金融和实体经济。李建军（2013），孙晨辉、李富有（2014），田光宇等（2014），钟士取（2015）等对民间金融风险进行了初步测度，孙晨辉、李富有（2014）在此基础上建立了民间金融风险预警框架。

张杰（2006），苏士儒（2006），高艳（2007），王曙光、邓一婷等（2007、2009），吴少新（2007），张燕等（2008、2009），谭正航、尹珊珊（2011）等认为对民间金融应放松管制，充分发挥其自生能力及农村非正式制度的作用，引导其阳光化发展。刘小红（2013）、熊进光等（2013）、王建文等（2013）、李智等（2013）、徐博（2013）从不同角度分析了对民间金融进行规制的合理性，均认为要对民间金融加强法律规制和政府监管，引导其规范发展。张建伟（2013）认为民间金融规制的最佳策略是地方政府通过民间金融实践进行立法和司法试错实验，从而在动态调整中演化出最优的民间金融制度。彭文平等（2008）分析认为，合会规范化发展的关键是会首（会头）能否从信息中介转变为信贷中介。岳彩申（2013）认为对农村民间金融的规制要由过去的行政控制性规制转换到经济激励性规制，从市场准入、区域竞争、税收减免、价格上限、信息保护、主体身份转换等方面优化法律制度设计，构建差异化、多样性的规制机制。张运书等（2014）认为民间金融具有典型的投机性和庞氏融资特征，存在市场失灵与监管失灵，因此要以商事性民间金融交易行为为监管界限，合理保护适度的融资自由来纠正双重失灵。邱润根（2015）认为对民间金融的法律规制应以强化私权保护、限制金融权力行使为主要目标。

三、前人成果的启示

综上所述，现有文献对农村民间金融的研究较为深入，这些都为本书的研究打下了良好的基础。现有文献的不足主要表现在以下几个方面：一是对农村民间金融产生与发展原因的分析都是静态的，从历史演化角度揭示其存在发展机制将更具逻辑性；二是对农村民间金融规模的估测还不够细致，实证分析中对农村民间金融发展规模的度量没有一致性，很大程度上影响了实证分析的结论；三是缺少对中国农村民间金融发展区域差异的系统分析，中国各地经济社会发展的不平衡决定了农村民间金融发展的地区差异，而这种差异又决定了各地区农村民间金融发展的不同前景；四是对农村民间金融的积极作用的研究侧重于经济增长和收入分配方面，而缺乏对普通农户个体福利的考察；五是对农村民间金融发展的规制还处于方向性、框架性讨论，缺少对农村民间金融政策规制的系统性、操作性研究。本书将在以上几个方面完善现有研究，以深化对农村民间金融的认识，给出更具针对性和操作性的政策规制建议。

第三章　西部农村民间金融发展的概念框架

要深入探究西部农村民间金融发展问题，首先必须构建相应的理论分析框架，不仅需要剖析西部农村民间金融发展的相关概念，还需要从理论上对西部农村民间金融的组织形态、生成逻辑、运行机理以及经济功能做出梳理。本章的主要内容包括基本概念界定、西部农村民间金融的组织形式、西部农村民间金融的生成逻辑、西部农村民间金融的运行机理以及西部农村民间金融的经济功能。

一、西部农村民间金融的概念界定

（一）民间金融的内涵

民间金融是学术界普遍使用的一个概念，但对民间金融并没有一个统一的界定，国外文献一般用"非正规金融"（informal finance）来表述。麦金农（1988）指出发展中国家的金融市场存在明显的分割现象，即金融市场包括现代化的正规银行和证券市场和传统的以典当、私人钱庄等为主体的非正规市场。亚当斯和费奇特（1992）把所有处于中央银行或金融市场监管当局监督之外发生的金融交易、贷款和存款称为民间金融。Krahene 和 Schmidt（1994）依据金融交易的制度基础的区别将金融部门划分为正规金融和民间金融,前者的交易主要依赖社会法律体系,而后者的交易则主要依赖法律以外的非正式制度和规范。Kochar(1997)、Bose(1998)、Seibel(2002)等均沿袭了这种界定。世界银行认为,民间金融可以被定义为那些没有被金融监管当局所控制的金融活动。[①] Kropp(1989),Ivan 和 Michelle(1998),Anders Isaksson(2002),Atieno 和 Rosemary(2001)认为民间金融与正规金融的区别在于其业务活动的开展是否受到国家信用及监管部门的控制。

国内学术界对民间金融的概念则未达成一致,代表性的观点有:一是从金融监管视角出发,将没有被纳入政府金融监管体系之内,不受国家正式制度规制的各种金融组织及其业务活动称为民间金融。江曙霞等(2000)、刘乐山(2002)认为民间金融是没有被纳入银监会和中国人民银行等管理机构日常管理系统的金融组织和金融活动。袁中红等(2002),黄家骅(2003),李新(2008),蒋三庚、蓬金玉(2012)认为,民间金融是指除国家有关机关依法设立的金融机构之外,所有以营利为目的的资金筹措活动。陈蓉(2010)则将民间金融界定为以私人借贷、合会、私人钱庄为代表的未被政府金融监管机构控制的传统金融组织及其资金融通活动的总称。王磊、匡桦(2010)将民间金融(非法定金融)界定为游离于官方监管与主流经济学研究视野之外的金融行为。陈硕(2015)在此基础之上考虑了民间金融的自发性,认为民间金融是游离于政府金融监管体系之外的民间自发形成的从事资金融通活动的金融行为和金融组织。不难发现,袁中红等(2002)、黄家骅(2003)等忽略了某些民间金融组织和活动的非营利

[①] 世界银行将民间金融分为三类,第一类是既非信贷机构,也非储蓄机构从事的融资行为;第二类是专门处理个人或企业之间关系的金融交易;第三类是指在借贷双方之间提供完全中介服务。参见 W. F. Steel, E. Aryeetey, H. Hettige, "Informal Financial Markets under Liberalization in Four African Countries", *World Development*, 25, 1997。

性；陈蓉（2010）则过分看重民间金融的形式而忽略了民间金融本身的演进能力；王磊、匡桦（2010）则人为地将民间金融排除在主流经济学的研究视野之外。

二是从登记注册角度进行划分。姜旭朝等（2004）、高发（2006）认为民间金融是指未在工商行政管理部门登记注册的各种金融组织形式和金融行为，如民间借贷、地下钱庄、合会等。这种界定方式将那些在工商部门注册登记，但没有得到金融业务许可而又从事金融业务的机构排除在民间金融之外，因而缩小了民间金融的应有范围。

三是从所有制或资金供给与需求角度进行界定。李丹红（2000）、王革（2002）从资金来源角度将民间金融界定为所有由民营金融机构或个人提供的金融服务；习怀远（2004）从所有权及控制权的角度将民间金融界定为所有权不归国家所有或其最大股东不是国家的金融机构及其金融活动；姜旭朝（1996）从资金需求（流向）角度将民间金融界定为向民间经济融通资金的所有非公有制经济成分的资金运动。这种界定方式没有厘清"民营""民有"和"民间"的关系，具有很强的时代烙印，在多种所有制共同发展的今天再以此来界定民间金融明显是不合适的。

通过梳理已有文献对民间金融的界定，虽然众说纷纭，但关于民间金融的讨论更多的是侧重于法律和监管角度的。从语义上看，"民间"是与"正规""正式"和"官方""规范"相对应的一个范畴，因此民间即非官方、非正规和非规范的，缺乏国家监管的意思。[①] 根据我们的研究目的，考虑到民间金融的发生本源，本书将民间金融界定为：未被纳入政府金融监管部门（一般为中央银行）日常监督管理的，非由政府主导的资金融通活动及交易制度安排。要明晰民间金融的概念，

---

① 王伯恭主编：《中国大百科大辞典（第五卷）》，中国大百科全书出版社2000年版，第3764—3767页。

还必须注意到以下两点:

第一,民间金融的非规范性。由于从事民间金融的市场主体一般是在正规金融体系内无法得到有效金融服务才转向正规金融体系之外寻求支持,所以民间金融游离在政府金融监管范围之外,没有成熟的金融监管制度对其进行监管,没有统一的统计报表,没有纳入政府金融监管机构的日常管理系统。另外,民间金融与正规金融相似,本质上也是金融契约的交易,而民间金融则表现为私人之间的契约(当然不一定是书面契约,可能表现为非正式契约)。由于没有纳入统一的监管,契约的订立和执行往往表现出非规范性。

第二,民间金融的私人性。民间金融具有所有权的私人性和交易的私人性。其一,从订立民间金融契约的主体来看,民间金融主要发生在自然人之间、自然人与非金融企业之间、非金融企业之间,不包括官方金融机构和行政部门。其二,民间金融一般基于一定的地缘、亲缘和业缘关系,交易双方通常处于同一社会网络之内,对交易对手的品质和经济状况都比较了解,因此民间金融是一种人格化的以个人信用为基础的活动,社会规范、社区信任等非正式制度对民间金融的运行起到了非常重要的作用。而正规金融的运行依赖于法律制度的约束,正规金融背后常常隐含着国家的信用担保,相对于民间金融而言,正规金融的风险相对较低。

(二)与民间金融相关概念的辨析

为了进一步厘清民间金融的内涵,还需要对以下几个相关概念做比较分析。

第一,体制外金融。体制外金融(张杰,1999)与体制内金融相对应,指主要为体制外经济部门(主要为集体经济和私营、个体经济)提供金融支持的非国有金融部门;相应的体制内金融就是为体制内经济（国有经济）部门提供金融支持的国有金融部门。在新起的经济部门（集体经济和私营、个体经济）不能从体制内金融部门获得金融支持时，只能通过各种手段规避政府管制来获得所需资金，体制外金融也就应运而生。显而易见，体制外金融带有明显的所有制特色，在一定的历史时期内对于深入研究我国的金融系统具有积极的理论意义。

第二，民营金融。从所有制和参与主体的角度出发，我国很多学者对民营金融进行了深入探讨（樊纲，2000；张杰，2000；徐滇庆，2001），钱小安（2003）依据金融活动参与主体的不同将民营金融分为狭义和广义两种，前者的参与主体只包括私营资本；后者的参与主体则包括除政府和国有企业之外的其他所有市场主体。姜旭朝（2004）认为民营金融包括所有经营权非国有且经工商行政管理部门批准设立的各种金融组织。可以看出，姜旭朝强调的是经营权和合规性，钱小安则强调的是所有制，前者对民间金融的界定内涵更广，而后者的界定与"体制外金融"具有一致性。

第三，灰黑色金融与地下金融。从地下经济学的概念出发，国内学者提出了灰黑色金融和地下金融的概念（章晓虎，1996；李建华，1998；杨敏科，2004；陈志刚，2009）。由于发展中国家的金融监管部门的严格限制，一些金融活动（当铺、私人钱庄、合会等）转入地下，或者一些正规金融机构为逃避管制，以隐蔽的方式运营，不被政府监督控制，称之为灰色金融或地下金融。而那些与现有法律法规相冲突的，对正规经济金融活动产生直接破坏性影响的隐蔽的金融活动称为黑色金融，如金融诈骗，洗黑钱等。表3-1对相关概念做了一个总结。

表3-1 几个相关概念辨析

概念	对应的概念	界定标准或侧重点
非正规金融	正规金融	是否处于央行和金融监管部门规范和监管范围
民营金融	国有（国营）金融	所有权（经营权）是否国有

续表

概念	对应的概念	界定标准或侧重点
体制外金融	体制内金融	所有权是否国有
灰黑色金融、地下金融		是否具有合法性、公开性
非组织金融	有组织金融	以金融活动和金融机构的组织化、规范化程度为划分标准

注：根据以下文献整理。姜旭朝：《民间金融理论分析：范畴、比较与制度变迁》，《金融研究》2004年第8期；陈蓉：《三农可持续发展的融资拓展》，法律出版社2010年版，第54—57页。

（三）西部农村民间金融

综合以上讨论，本书将西部农村民间金融界定为在西部农村地区发生的未被纳入政府金融监管部门（一般为中央银行）日常监督管理的，非由政府主导的资金融通活动及交易制度安排。在这个概念中，"农村"是与"城市"相对的概念，现有文献并没有做出统一的表述。"农村"首先是一个地理空间范畴，但是农村的经济形态和社会结构在漫长的历史中是不断演化和发展的，并且表现出明显的地域差异性，这对民间金融的产生和演化具有特殊的制度意义。因此，我们借鉴冉光和（2013）的论述，将"农村"界定为与城市相对的，具有一定经济、社会属性和历史特征的地理空间系统[①]。本书的"西部"地理范围与国家统计局的统计标准一致，包括十二个省级行政区，分别是四川、重庆、贵州、云南、西藏、陕西、甘肃、青海、宁夏、新疆、广西和内蒙古[②]。总体上西部地区经济欠发达，西部农村地区经济发展落后，这构成本书研究的重要前提。

[①] 这里只是对农村的内涵进行了界定，具体统计口径如无特别说明均为国家统计局统计标准。

[②] 我国划分为东部、中部、西部三个地区的时间始于1986年，由全国人大六届四次会议通过的"七五"计划正式公布。西部地区包括的省级行政区共12个，分别是四川、重庆、贵州、云南、西藏、陕西、甘肃、青海、宁夏、新疆、广西、内蒙古；中部地区有8个省级行政区，分别是山西、吉林、黑龙江、安徽、江西、河南、湖北、湖南；东部地区包括北京、天津、河北、辽宁、上海、江苏、浙江、福建、山东、广东和海南等11个省级行政区。在后文中若没有特别说明，我们将一直采用这个划分标准。

二、西部农村民间金融的主要形式

（一）西部农村民间金融的传统形式 ①

1. 民间私人借贷

民间私人借贷指不经第三方中介，而由资金供给方和资金需求方直接进行的借贷，是最古老和最低级的农村民间金融形式。早期的民间私人借贷的标的以实物为主，随着农村商品经济的发展，货币借贷发展起来。民间私人借贷的资金来自自有资金，借贷行为通常限于亲戚朋友等熟人社会关系网络之内。民间私人借贷的利息由双方协议达成，既有无息和低息借贷，也有高利贷。无息和低息借贷体现了民间私人借贷的互助性，考虑到乡村普遍的人情成本的存在，通常不收利息或者少收取利息；高利贷体现了民间私人借贷的逐利性，若借方无法偿还高额利息，易引发暴力催债等违法行为，我国对高利贷的规制政策正在放松②。民间私人借贷广泛分布于经济发达的东部地区和经济欠发达的西部地区。

2. 典当行

典当行俗称当铺，是古老的民间金融组织形式。典当指当人以质

---

① 依据各种民间金融形式出现的时间先后顺序将农村民间金融划分为传统形式和现代形式，具体的演进过程在第四章介绍。

② 根据 2002 年颁布的《中国人民银行关于取缔地下钱庄及打击高利贷行为的通知》的有关规定，民间借贷利率超过中国人民银行公布的金融机构同期同档次利率四倍以上的应界定为高利贷行为。2015 年 8 月 6 日公布的《最高人民法院关于审理民间借贷案件适用法律若干问题的规定》中给出了"两线三区"解释，即年息 24% 以下的部分，是法律支持的投资人的合法权利，即司法保护区；年息超过 36% 的部分，即使借款人已经付息，也可以依法要求返还，这一区域为无效区；24%—36% 之间的争议由出借人和借款人自行协商，并尊重既定发生的事实，这一区域为自然债务区。据此规定，年利率在 36% 以上的为高利贷，不受司法保护。

押（抵押）当物给当铺为代价，从当铺取得一定当金并在一定期限内偿付本息的融资行为，其业务实质是短期的小额抵押贷款。我国的典当始于南北朝时期的寺庙经济，在明清时期趋于鼎盛，特别在清末民初时期，处于乡村地区的当铺与钱庄在放贷业务上形成垂直的联结关系，向农村地区提供了资金支持。改革开放后典当业获得了快速发展，2003年之前，典当业被视为非银行金融机构由中国人民银行负责监管，2003年典当业的监管划归商务部负责，从而彻底否定了其作为非银行金融机构的资格。典当融资灵活快捷、手续简便，因而可以为中小微企业和个体工商户提供融资便利。值得注意的是，当铺容易超越其经营范围变成私人钱庄，以超越法律的规定水平发放高利贷性质的贷款。

3. 合会

合会是各种金融会的通称，在国外叫"轮转储蓄与信贷协会"，广泛存在于发达国家和发展中国家。合会在中国具有悠久的历史，是内部成员之间的一种共同储蓄和相互轮番提供信贷的活动。它是在中国传统小农经济和熟人社会的基础上产生的，以地缘、亲缘关系为纽带，以轮转为特征，以互助合作为目的的自发性群众融资组织。在长期的小农经济社会中，合会对调剂资金余缺、防止高利贷剥削、促进农村生产发展起着重要的作用。改革开放之前，由于高度集中的计划经济和对民间金融的严格管制，合会几乎销声匿迹。

改革开放后，随着民营经济的发展以及对资金需求的不断增加，合会在沿海及西南地区又逐渐发展壮大和蔓延。[①] 随着合会规模的不

---

① 合会在20世纪80年代的温州几乎每个村庄都存在。《温州市志》（1998年版）民俗卷对"呈会"条目的介绍是："急需钱用，借贷无门，乃请亲邻戚友呈会。会钱多少视邀会者即头会人需要而定。通常十个会脚（会众）。头会人要宴请会脚，称吃会酒。第二会起，每月定期摇会一次，以骰子点数多者得会。已经得会者，每月将会钱交给头会人，称拔会。呈会月利一分至一分五厘，亦有不计息，故迷信者常祈求神灵保佑其尽早收会。"转引自何广文等：《农村金融学》，中国金融出版社2008年版，第112—113页。

断壮大，会员人数增多，会员之间的信息不对称程度逐渐严重，合会的风险也随之加大。20世纪80年代以来，倒会案件不断发生，典型案件包括1986年浙江乐清倒会案①、1987年福建平潭倒会案、2001年江苏标会倒会案、2004年福建福安倒会案、2010年宁海倒会案、2011年福建福鼎倒会案、2012年福建厦门倒会案等。这些倒会案件严重影响了当地的经济发展和人民生命财产安全，为了规范民间金融的发展，政府于1993年开始，先后出台了一系列政策规范民间金融的发展，并于2012年由最高人民法院下发《关于当前形势下加强民事审判切实保障民生若干问题的通知》，这些政策在一定程度上抑制了合会风险的发生。与民间集资类似，改革开放以来，合会在政策不断收紧的情况下仍能盛行，这充分反映出民间对合会提供的小额信贷的迫切需要。

4. 银背与民间放贷人

银背是较原始的民间金融形式，他们通过促成借贷交易的达成而收取中介费和服务费。当银背资金实力增强时，就逐渐发展成为经营存贷业务、获取利息收益的民间放贷人。曹立群（2001）的调研发现，民间放贷人主要包括两类：一是经营商放贷，即早年经商赚了一定积蓄现在用于放贷吃利息，这类数量比较少；二是养殖户放贷。这类借贷主要还是限于熟人之间。

5. 地下钱庄

作为一种本土化的金融组织，钱庄产生于明清时期，一般由经营规模较大、业务发展成熟的银背发展而来。地下钱庄是指没有得到金融监管部门的金融许可而吸收公众存款并发放贷款的机构或组织，是组织化程度较高的民间金融组织形式。新中国成立后，钱庄在严格的

---

① 乐清倒会风波导致非正常死亡30余人，非法拘禁523起。

政策限制下几乎完全消失。20 世纪 80 年代钱庄曾在民间资本充裕的浙江温州得到发展，但《银行管理暂行条例》（1986）关闭了私人资本进入金融行业的门槛，至 1989 年钱庄被金融监管部门完全禁止。此后私人钱庄转入地下经营，成为地下钱庄。

虽然地下钱庄没有合法地位，但其至今仍然频繁开展货币信贷、外汇买卖等业务。郭斌（2002）、李小鹤（2013）认为地下钱庄在融资额度、融资期限、便捷程度等方面更切合中小企业的实际需求，是中小企业融资的重要渠道。但是，部分私人钱庄从事"非法集资""发放高利贷""洗黑钱""转移赃款"等非法活动，对经济金融秩序造成了很大的冲击和影响。

（二）西部农村民间金融的现代形式

1. 民间集资

民间集资是指市场主体在未经相关监管部门批准的情况下，以支付利息、股息及红利为代价向社会不特定对象进行的募资活动。对于筹资方来说，民间集资简单快捷、筹资规模大、期限较长，但筹资成本高；对于投资者来说，资金的回报率较银行存款高很多，具有很大的诱惑力。[①]民间集资盛行于 20 世纪 80 年代，是当时兴起的乡镇企业、个体私营经济发展过程中从民间获得资金的主要方式，在相当程度上满足了民营经济起步阶段对资金的需求。农村地区民间集资的主要方式包括以资带劳、招股集资以及行政性集资等形式[②]。

20 世纪 90 年代后，由于对民间集资管制较宽松，一时出现了民

[①] 张帆：《民间集资监管的制度研究》，《湖南社会科学》2014 年第 2 期。

[②] 地方政府在民间集资中起着重要作用，如果没有政府的支持大规模的集资是不被法律保护的。1984 年中央 1 号文件就明确指出"鼓励农民向各种企业投资入股，鼓励集体及个人本着自愿互助的原则，将资金集中起来，联合兴办各种企业"。

间集资热，其中一些个人或组织利用集资形式，以高利率和欺骗性手段短期内获得高额资金投向房地产、证券市场甚至从事非法活动，1998年中国人民银行发布了《整顿乱集资乱批改金融机构和乱办金融业务设施方案》，有效整治了当时混乱的民间集资活动。但民间集资在经济发达地区始终活跃，有很强的适应力和生命力。①

2. 农村合作基金会

20世纪80年代中期，随着农村经济体制改革的推进，农村生产经营方式发生了巨大变化，部分地区出于对农村集体资产进行保护和管理的需要，由乡村集体经济组织和农户按照自愿互利、有偿使用的原则自发地创立了农村合作基金会，并在此后推广至广大农村地区。作为互助合作性质的农村金融组织，基金会主要为农业、农民和农村集体经济提供融资服务。在地方政府的参与和支持下，农村合作基金会在各地得到快速发展，至1996年年底，全国一共有约4.5万个农村合作基金会（何广文，2008）。农村合作基金会在一定程度上提高了农村金融资源的配置效率、促进了农村经济的发展。伴随着基金会的蓬勃发展，其经营管理中存在问题逐步显现，很多基金会沦为非法吸存、高利放贷的工具。国务院在1999—2001年对全国范围内的各类基金会进行了彻底清理。

3. 农村资金互助社

农村资金互助社（会）是由农户及农村地区的小微企业为满足自身的融资需求自发出资入股组建的具有互助合作性质的民间金融组织。部分农村资金互助社是在农村专业合作社的基础上组建的，也有部分

---

① 公安部数据显示，2005年到2010年之间，公安机关立案的涉嫌非法集资案件合计有11944起，2014年以来民间非法集资案件呈爆发式增长，2014年和2015年分别新收非法集资案件2806起和5843起，2016年一季度立案数就达到了2000起。

农村资金互助社是在当地政府推动下建立的[①]，有的变相吸收储蓄，有的不吸收储蓄，有的在民政部门登记，也有少部分在工商部门登记，但均没有得到银监会的业务许可。从产生过程看，农村资金互助社的产生是处于金融抑制环境下的农村经济主体自发性的金融创新行为。

自发设立的农村资金互助社自然没有得到监管部门的支持。银监会在《农村资金互助社管理暂行规定》（2007）和《农村中小金融机构行政许可事项实施办法》（2008）中均强调互助社的设立必须经过银监部门的业务许可。由于银监部门远离农村，而互助社也不愿被纳入监管，目前大多数农村资金互助社只是通过工商管理部门注册登记而设立。

4. 小额贷款公司

小额贷款主要是向微型、小型企业或是低收入群体提供的一种额度较小的持续信贷服务。从20世纪90年代中期开始，我们开展了农村小额信贷业务试点工作，试图利用信贷扶贫资金解决贫困户的问题。2000年，在中国人民银行的推动下，农村信用社开始发放小额贷款，小额信贷业务自此全面推广，小额贷款的目标也由"扶贫"扩展到"为一般农户及小微企业服务"。2005年，中国人民银行决定在中西部民间融资较活跃的山西、陕西、四川、贵州和内蒙古进行民间小额贷款试点。同年晋源泰、日升隆两家小额贷款公司正式成立。2008年，银监会和中国人民银行联合发布了《关于小额贷款公司试点的指导意见》，至此小额贷款公司具有了合法的地位。[②]

[①] 如2006年江苏盐城市由民政部门办理登记手续、中国人民银行盐城支行指导建立规章制度，组建了一批较规范的农户资金互助社。

[②] 《关于小额贷款公司试点的指导意见》规定，申请设立小额贷款公司，须向省级政府主管部门（金融办或相关机构）提出正式申请，经过省级政府金融管理机构批准；须在五个工作日内向当地公安机关、中国银监会派出机构和中国人民银行分支机构报送相关资料；省级政府金融管理机构监督管理小额贷款公司并承担其风险处置责任。因此法律上并没有明确小额贷款公司为非银行金融企业。因为小额贷款公司的设立源于农村经济发展的内生要求，其业务开展与经营也非国家和政府主导，所以本书将小额贷款公司也归入农村民间金融范畴。

小额贷款公司发展迅速，至 2015 年，全国共计设立小额贷款公司 8965 家。然而小额贷款公司的业务经营并未达到预期的目标，违规经营和退市事件经常发生，风险控制较差。

5. 其他民间融资中介机构

其他民间融资中介机构包括形形色色的冠以"投资管理""投资咨询""担保""理财"等名称的公司，这类公司在 2010 年以来呈爆发式增长的态势。该类机构在工商登记时的经营业务范围通常限于"投资理财咨询"和"居间"，注册资本从几十万元到上千万元不等，由于缺乏有效监管，大多数公司都从事贷款业务，实质上是更具组织化和规模化的银背和放贷人。在西部地区，鄂尔多斯、陕北、成都是此类机构发展最为典型的区域，在 2012 年民间借贷最鼎盛时期，陕西榆林神木县与府谷县的街道两侧布满了挂牌和未挂牌的投资公司，神木县担保公司和投资公司的数量接近 1000 家，达到"十人九贷"的疯狂程度。① 这类民间融资中介机构的经营模式主要有四种，即纯中介模式、第三方模式、过桥贷款模式和放贷债权再转让模式。

在纯中介模式下，中介机构负责对资金借贷双方进行信息登记审核并予以配对，倘若交易撮合成功，借贷双方签订借贷合同，借款人要提供抵押或担保，中介机构要与借贷双方签订一份三方居间合同并向借款人收取居间服务费。在纯中介模式下中介机构不从事放贷业务，也不承担担保连带责任，其主要义务是协助债务催收并在借款人违约时帮助处置抵押物。由于不承担违约风险，中介机构的收益仅限于居间收入，借款人的融资成本相对较低。

在第三方模式下，借款人的资金需求通常较大，在其向中介机构提出申请后，中介机构会组织多个出借人提供资金。为了降低出借人

---

① http://news.sina.com.cn/c/sd/2013-08-12/152727928300.shtml.

的交易风险，中介机构会引入融资担保机构对借款人提供担保，借款人的融资成本要覆盖出借人的利息、担保机构的担保费以及中介机构的服务费，因此在第三方模式下借款人的融资成本相对较高。

过桥贷款模式是指在借款人的自有资金不足，无法偿还到期的银行贷款时，由中介机构向借款人提供资金偿还银行贷款，待银行贷款重新发放时借款人再将其偿还中介机构。在这种模式下，借款人的资金需求紧急、期限较短（7—30天），融资成本也较高。

在放贷债权再转让模式下，中介机构先向借款人（自然人）放贷形成债权，再将债权进行分拆、包装成不同风险和期限的金融产品，随后以理财产品向出借人（自然人）转让债权。为了降低风险，中介机构会对借款人的每笔放款都收取保障金，在借款人违约时以保障金向出借人进行偿付。中介机构的收入包括保障金以及服务费，借款人的融资成本较高。

除了以上介绍的各种民间金融形式外，互联网金融平台也少量渗透到县域经济中，由于所涉数量较少，在此不做专门介绍。

三、西部农村民间金融的生成逻辑

（一）西部农村民间金融生成的外在原因：农村金融抑制的广泛存在

麦金农（1973）指出了发展中国家存在着广泛的金融抑制，其手段是利率和汇率管制、金融市场严格的市场准入、金融市场分割等。我国由于长期推行重工业优先发展的战略，在资本匮乏的条件下，政府对经济和金融进行了严重干预，实行城市倾向的经济和金融政策，特别是对金融市场实行严格的市场准入政策，导致国有银行垄断了几乎所有的信贷资源。国有银行系统实际上成了私人贷方和国有借方之间的资金输送管道，廉价信贷资金被分配到城市中政府希望优先发展的部门。这种金融抑制下的政府信贷配给和金融资源分配中的所有制歧视，导致广大中小企业和普通居民合理的资金需求得不到满足，这在广大农村地区体现得更为明显。金融抑制直接导致了金融市场的城乡分割，形成二元金融格局或二重农村金融结构。（迈因特，1978；张杰，2003）

另一方面，随着改革开放之后所有制结构的变化，农村的乡镇企业、个体和私营企业等非公经济迅速发展，它们与作为独立生产单位的农户一起，产生了巨大的资金需求，而这些急剧膨胀的资金需求难以在正规金融部门得到满足。因此，巨大的资金供求矛盾促使广大农户及个体户、私营企业、联营企业、乡镇企业等需求其他的金融供给渠道。

（二）西部农村民间金融生成的内在原因：农村民间金融的自身属性

农村民间金融在克服信息不对称、降低交易费用、控制金融风险上的独特优势是其产生和发展的内在原因。农村地区地广人稀、基础设施不发达、农业经济的脆弱性以及农户分散小规模经营等特点，造成正规金融安排高昂的成本。其一是信息不对称造成的交易成本。由于农村社会缺乏正式的信用记录，使得正式金融机构在搜集评估信息时费用高昂，信息不对称问题的存在造成了农村正规金融机构的信贷配给，这进一步导致了有限的金融资源分配的不公平。其二是运营成本。正规金融机构的运营成本包括职工工资、金融基础设施建设成本、监管与被监管的费用等。一方面，由于农村经济规模化经营不足，单笔贷款金额较小，导致每笔贷款的人均费用较高；另一方面，农村地区尤其是西部农村地区，通讯、电力、交通等基础设施落后，这两方面导致正式金融的运营成本高昂。

农村经济相对于城市经济而言具有更大的风险，其主要原因表现在：一是农业生产受气候影响大，意外的天气变化可能造成区域性的农业生产受到影响，进而导致系统性的信贷风险，这在农业经济比重高的地区尤为明显；二是正规金融机构的贷款发放具有一定程度的财政补贴性质，这容易造成农村基层政府和农户合谋导致"策略性赖账"（德不阿杰·瑞，2002），增加正规金融机构的运营风险，这在西部落后地区表现得更为明显。

农村民间金融的属性使得其在降低相关成本上具有明显优势。第一，民间金融的发生范围通常在村庄之内的亲朋和熟人之间，其获取信息几乎不需要成本，而且信息翔实全面，借款人几乎不可能隐瞒信息。所以农村民间金融可以有效克服借贷双方的信息不对称问题，降低交易费用。第二，农村民间金融的组织化程度较低，借贷金额可以完全按照借方需求提供，灵活方便，因此其运营成本很低。第三，农村民间借贷双方都在农村地区，双方在生产生活上具有很大的同质性，虽然不能避免农业生产的系统性风险，但是贷方可以轻易处理借方提供的抵押物（农业生产工具、农作物、土地使用权等），从而有效降低系统性风险。

（三）西部农村民间金融生成的逻辑前提：农村经济社会的天然环境

乡土社会的信任机制和基于农村社会网络的声誉机制是农村民间金融产生的基础，也是其有效运行的保障。在乡土社会中，以家庭为核心的亲缘熟人网络，具有安全可靠、风险共享、互惠互利等经济社会功能，以亲缘、地缘为中心的社会关系网络成为民间经济活动最根本的信用基础。（胡必亮等，2005）

农村社会的静态性和相对封闭性决定了农村社会较稳固的社会关系网络，农户以及以农户为中心的熟人网络都镶嵌在整个村庄社会网络之中，并在一定程度上依赖于这个网络。由于东西部地区市场化程度的差异，这种社会网络的稳定性以及个体对其的依赖性在西部农村表现得更为明显。社会网络内的任何成员都不愿破坏社会网络内的习俗规则，因为成员一旦出现违约或失信之事，必定面临社会声誉和信用损毁，并被排斥在社会网络之外。因此，持续性的农村社会关系网络民间金融履约的内在动力和外部压力，事实上扮演了借贷中"抵押品"的角色。

因此，具有悠久历史的农村民间金融是扎根于乡土社会特定的经济社会结构之中的，在漫长的过程中，农村民间金融的形态随着农村经济社会的发展而不断演化。新中国成立后，正是农村地区广泛的金融抑制导致正规金融部门资金供给的不足，促使农村民间金融利用自身在信息成本、控制风险等方面的特色属性茁壮发展起来。

四、西部农村民间金融的运行机理

（一）乡村社会网络、声誉与民间金融运行

1. 农村民间金融运行的制度环境

农村民间金融发生在一定的乡村地域范围之内，不妨称之为村庄共同体，而村庄里的每一个个体通过一定的与当地文化紧密相联系的社会规范与社区规则嵌入到村庄系统之中，并因此互相之间产生对于彼此的积极预期的一种社区秩序，形成村庄信任。（胡必亮，2006）村庄信任的建构基于一定的地缘和亲缘关系，而宗族在村庄社会网络和村庄信任中具有重要的框架作用。作为村庄共同体中的个体参与者，

一般具有以下特征：一是个体参与者之间的信息完全对称。由于在同一地域之内，个体之间通过日常的生活和生产活动进行交往，彼此之间需要在生产中互相合作和提供帮助①，因此对个体及其家庭相关信息完全掌握。二是个体参与者之间的交易（交往）中隐含着声誉成本。声誉一方面是行为主体过去行为及其结果的综合性信息，同时也是一种特殊的"资产"或"资本"，能给行为主体带来"声誉租金"，从而提高个体参与者在交易中的地位。（符加林，2007）村庄共同体内的个体参与者通过某一特定参与者之前的交易行为对其声誉资本进行评价，声誉资本越高，在交易中竞争优势越高，在资金借贷中起到"抵押"的作用也越大。在特定的村庄共同体内，违约或不良行为将导致声誉资本受损，而这种损失一旦确定，在短期内将很难恢复，从而增加个体参与者之后的交易成本，在极端情况下可能会被永远排斥在社会网络之外，失去在村庄共同体内的交易机会。同时，这种声誉机制还具有某种外部效应，即在村庄共同体内一个家族通常是一个整体，家族内的某个个体的声誉损失会影响村庄共同体对这个家族的评价，从而降低这个家族的声誉资本。所以在村庄共同体内部的借贷违约行为的成本是非常高的，包括传统意义上的"面子成本"。三是村庄共同体②之间通常是互相隔绝的。村庄共同体内部的个体参与者之间由于日常的生产和生活活动而具有较紧密的关系，形成村庄内部社会网络，而村庄之间的生产生活行为缺少交集，彼此之间的社会网络也就不会链接，从而形成互相独立的村庄共同体。正如费孝通（2008）所言，从基层上看去，中国社会是乡土性的。乡土社会的生活是富于地方性的，地方性是指他们的活动范围有地域上的限制，区域间接触少，生活隔离，各自保持着孤立的社会圈子。乡土社会在地方性的限制下成了生

---

① 如婚丧嫁娶、建房、农忙时的互相帮工，借用生产工具等。
② 这里的村庄共同体不是严格意义上的一个行政村。

于斯、死于斯的社会，这是一个熟人的社会，没有陌生人的社会。

2. 农村民间金融的运行过程

农村民间金融的参与者之间的借贷关系本质上是互相之间基于村庄信任缔结的隐形契约。根据 Bull（1987）的界定，隐形契约表达了委托者与代理者之间达成默契的各种非书面的复杂协议，是一种对双方而言心照不宣的、对双方有约束力的制度规则。事实上，很多显性契约的顺利完成依赖于诚信、声誉、村规民俗等隐性契约的约束，法律手段的高交易费用导致其是不得已而为之的举动。（青木昌彦，2001）我们以一个简单的博弈模型来分析隐性契约的执行及基于村庄社会网络的声誉的作用[①]。

（1）博弈环境假设

博弈双方为借款人和贷款人，博弈分为两个阶段。第一阶段，（潜在）借款人决定向（潜在）贷款人提出借款要求，贷款人依据掌握的信息对借款人的声誉做出评价，以决定是否贷款，若同意贷款则进入第二阶段，隐性契约形成；第二阶段，借款人在贷款到期后选择违约或偿还贷款，贷款人则选择继续借款或终止惩罚，博弈结束。在这个过程中，在中国传统的乡村秩序下，贷款人同意贷款则意味着借款人一定的"面子成本"的付出，在获得借款的同时欠下贷款人"人情"，而这需要借款人在以后的其他交易或交往中予以补偿。假设借款资金为 1，约定利息为 r，借款人扣除利息的投资回报为 c，面子成本为 f。

（2）单期博弈

由以上假设可知，这是一个完全信息的动态博弈，博弈的扩展式如图 3-1 所示。

[①] 此部分分析是在邵传林和徐立新（2014）的分析框架上发展得到的。参见邵传林和徐立新：《农村非正规金融的私人治理：一个理论模型》，《西安电子科技大学学报（社会科学版）》2014 年第 2 期。

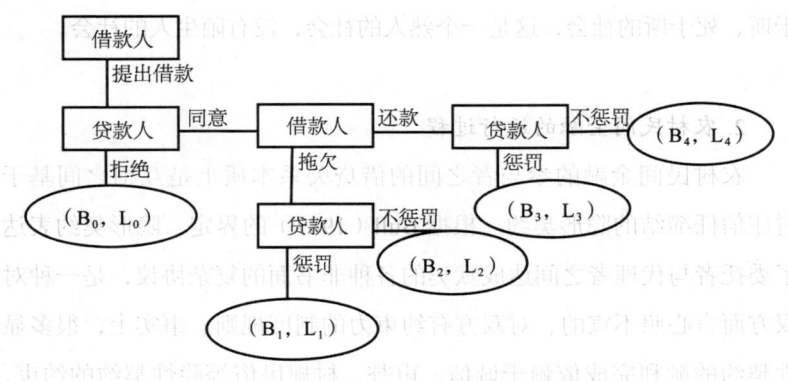

```
借款人
  │提出借款
  ▼
贷款人 ──同意── 借款人 ──还款── 贷款人 ──不惩罚── (B₄, L₄)
  │                │                │
  │拒绝            │拖欠            │惩罚
  ▼                ▼                ▼
(B₀, L₀)        贷款人           (B₃, L₃)
                  │不惩罚
                  ▼
                (B₂, L₂)
                  │惩罚
                  ▼
                (B₁, L₁)
```

图 3-1　借贷双方完全信息动态博弈

我们关注博弈的第二阶段双方的支付。若借款人选择拖欠，而贷款人选择惩罚，此时借款人的支付 $B_1=1+r+c-f-m_2$，贷款人的支付 $L_1=-(1+r-f)-n_2$，其中 n_2 为贷款人施加惩罚的成本，m_2 为借款人由于贷款人的惩罚而受到的损失[①]。若借款人选择拖欠，而贷款人选择不惩罚（表示不会额外惩罚，但会拒绝下一次交易），此时借款人的支付 $B_2=1+r+c-f$，贷款人的支付 $L_2=-(1+r+f)$。若借款人选择偿还，贷款人选择不惩罚，此时借款人的支付为 $B_3=c-f$，贷款人的支付为 $L_3=r+f$。若借款人选择偿还，贷款人选择惩罚，此时借款人的支付 $B_4=r-n_1-f$，贷款人的支付为 $L_4=c-f-m_1$。为便于比较，支付矩阵见表 3-2。

表 3-2　借贷双方支付矩阵

局中人及支付		借款人	
		还款	拖欠
贷款人	不惩罚	$(r+f, c-f)$	$(-1-r-f, 1+r+c-f)$
	惩罚	$(r-f-n_1, c-f-m_1)$	$(-1-r+f-n_2, 1+r+c-f-m_2)$

[①] 这个损失不仅包括直接的物质利益损失，还包括借款人违约的信息被贷款人在村庄共同体内传播所造成的声誉损失，在传统的乡村熟人社会网络内，"面子成本"是受到重视且较为昂贵的。

因为贷款人在第二阶段的选择取决于借款人的选择，因此我们先分析借款人在第二阶段的选择。当 $1+r+c-f-m_2 > c-f-m_1$，即 $1+r > m_2-m_1$ 时，借款人在此时始终会选择拖欠；当 $-1-r+f-n_2 > -1-r-f$，即 $2f > n_2$ 时，贷款人会选择对借款人进行惩罚。此时存在的纳什均衡为（惩罚，拖欠），显而易见，这个均衡并非有效率的均衡，（不惩罚，还款）的总支付要大于纳什均衡的总支付。在这种情况下，借贷双方陷入了典型的囚徒困境之中。事实上，这个均衡的结果并不会发生。因为信息是完全的，贷款人能够在贷前就预期到借款人的拖欠行为；而借款人也能预期到贷款人的行为，所以借款人不会提出借款，交易也就不会发生。

（3）重复博弈

以上是一次博弈的情形，在我们前述的制度环境假设中，村庄共同体内的某一参与者要与其他参与者进行无数次的借贷交易，因为在传统乡村社会内，交易是以家庭为单位的，而家庭在理论上可以无限存续（不排除少数家庭可能会消失），因此某一家庭要与村庄共同体内的其他家庭进行无限次的借贷交易，基于以上分析，我们讨论前述假定下完全信息的重复博弈的子博弈精炼纳什均衡。

在重复博弈的情境下，参与者的收益函数发生了变化。在某次借贷行为中若选择拖欠，则这个信息马上会成为村庄共同体内的公共信息，声誉会发生极大损失，导致其他参与者对其产生"差评"，极端情形下这名参与者将会失去所有的交易机会，被村庄共同体排斥在外，这种声誉损失还将累及参与者的家族。也就是说，某一参与者的一次拖欠行为将会引致其他所有参与者的报复行为。这恰好就是重复博弈中的冷酷触发战略（Grim-Trigger Strategy），即在博弈行为中，任何对合作行为的偏离将招致对方的惩罚且绝不饶恕。我们假定借贷双方均采取冷酷触发战略，一开始双方均采取合作策略，借款者选择偿还贷款，贷款者选择继续交易，只要一方不改变合作策略，另一方也绝不改变策略。但是若交易一方违约，则另一方将永远采取不合作策略。由于重复博弈必然跨期，我们假定两次博弈之间双方的时间贴现系数均为 ρ（$0<\rho\leq 1$）。重复博弈对贷款人的影响是，将比较以后各次交易收益的贴现值之和与一次交易收益的大小，若贴现系数 ρ 足够大，则借款者会选择合作策略以最大化自己的收益（根据表 3-2 此时贷款人的选择也是合作策略）。若双方博弈进行 t 期，则借款人 B 在借贷交易中的总收益为：

$$E[\pi_B] = \sum_{i=1}^{t} \rho^i(c-f) = (c-f)\frac{1-\rho^{t+1}}{1-\rho} \tag{3-1}$$

理论上，我们可以假定村庄共同体和参与者家庭永久存在，t 可以趋于无穷，式 3-1 可以化为：

$$E[\pi_B] = \frac{c-f}{1-\rho} \tag{3-2}$$

若借款人在 n 期违约，则在第 n+1 期将会遭受处罚且失去借贷交易机会，此时借款人的总收益为：

$$\begin{aligned} E[\pi_B'] &= \sum_{i=1}^{n-1} \rho^i(c-f) + (1+r+c-f-m_2)\rho^n \\ &= (c-f)\frac{1-\rho^n}{1-\rho} + (1+r-m_2)\rho^n \end{aligned} \tag{3-3}$$

则借款人不选择机会主义行为的约束条件是：$E[\pi_B] \geq E[\pi_B']$，解得：

$$\rho \geq \frac{1+r+f-c-m_2}{1+r-m_2} \tag{3-4}$$

因此，只要贴现系数满足以上条件，则在现实村庄共同体参与者重复博弈的情形下就可以有效抑制借款人的拖欠行为。分析式 3-4 可知，面子成本越大，要求的贴现系数也就越大；贷款收益 c 越大，要求的贴现系数越小；贷款利率 r 越大，要求的贴现系数越小；被惩罚的损失 m_2 越大，要求的贴现系数越大。综上所述，当贴现系数满足式 3-4 时，借贷参与者将会对长远利益更加关注从而选择冷酷触发战略构成无限次囚徒困境重复博弈的子博弈精炼纳什均衡。可以发现，村庄共同体的地域限制以及基于乡村社会网络的声誉机制使得借贷参与者摆脱了一次博弈的囚徒困境，双方均选择长期合作行为，使得农村民间金融能够长期有效运行，提高了村庄共同体内所有个体的福利水平。

（二）西部农村民间金融规范运行的机制

1. 社会网络与村庄信任机制

在基于血缘、地缘和人缘的村庄共同体中，所有个体均包含在以自己为中心的圈层结构之中，这个圈层结构由内向外呈差序格局分布。所有的个体及圈层结构互相交错，形成了以村庄共同体为边界的社会网络。在这个社会网络内，所有成员之间会持续进行各种交流和交易，并在此过程中逐渐形成个体自身的声誉。声誉的形成依赖于个体在过去交易中的交易对手的主观评价，也就是说，某人被认为是可信任的，源自一个曾经与该人做过交易的可信赖的人的评价和传播。毫无疑问，最可信的信息源自参与者的亲身交易，其原因是：（1）廉价性，因为信息已经沉淀在发生的交易中，自己不需要再付出搜寻成本；（2）人们总是更相信自己的信息，因为这种信息更丰富、详细、全面和直观；（3）保持持续关系的两个个体为了保持将来的交易机会更倾向于维持彼此的信任关系；（4）持续的关系经常会偏离纯粹的经济动机，特别是在一个相对封闭的社会网络中，还包含有强烈的信任期待以及避免机会主义行为。（Granovetter，1985）因此，在静态和封闭的村庄共同体内，经过个体参与者之间长期的交易行为，个体之间形成了牢固的信任关系，作为村庄共同体中社会网络的节点，所有个体间的信任关系就构成了村庄信任机制。这是农村民间金融规范运行的基础。

2. 有形担保和隐形担保机制

农村民间金融的规范运行还有赖于村庄共同体内特殊的担保机制。

第一，农村社会具有便于农户处置的有形担保物，这些有形担保物包括农地使用权、农业生产工具和设备以及农作物等。对于正规金融机构而言，这些有形物品的处置成本费用极高，不具有抵押的经济性，但对于处同一个地域范围的农户而言，这些抵押物均可自己使用或出售，因而是良好的抵押物。第二，除了有形的抵押物外，隐形担保机制更具有约束力。在相对静态和封闭的农村社会网络中，每个个体均镶嵌于社会网络之上，并且依赖于这个社会网络。由于小农经济的脆弱性，个体和家庭不可避免地会遭受各种意外冲击，遭受意外损失的个体和家庭需要社会网络内的其他成员提供帮助以渡过困境；为了能在自身遇到危机时得到网络内其他成员的支持，个体参与者就必须在其他成员遇到危机时提供帮助。因此，社会网络是个体间的一种互助保障机制。个体对社会网络的依赖导致个体不能轻易违约或采取机会主义行为，因为一旦声誉受损，个体乃至其家庭就有可能被排除在社会网络之外，不仅失去了所有的借贷交易机会，还失去了依赖的保障机制。

3. 有效的信息收集和传播机制

在村庄共同体中，个体成员之间会因为生活和生产而频繁交流。在互助性的生产活动中，个体成员的家庭资产、生产收入和对外债务等经济信息会极便利地被其他个体成员所掌握，因而可以为借贷交易提供良好的信用能力评估；另一方面，网络内亲戚、朋友、邻居间的生活交往和频繁的语言交流，为信息的传播提供了快速的通道，特别地，对于个体的失信行为等"坏事"，会通过成员间的"闲言碎语"快速地在社会网络内传播，导致个体的声誉受损。一般地，在村庄共同体内，信息传播得越快，传播范围越广，则对个体参与者的约束就越有效。

五、西部农村民间金融发展的经济功能

(一) 优化资金配置，提升经济效率

在农村普遍存在金融抑制、农村正规金融部门供给不足、农村经济部门资金需求得不到满足的情况下，农村民间金融的兴起弥补了农村资金供给缺口。在金融抑制的情况下，国有银行信贷资源配置存在严重的所有制歧视，有限的信贷资源以管制的低利率水平贷放给了经济效率低下的国有经济部门，造成资金配置扭曲，经济效率低下；另一方面，在整个经济系统中极具活力的个体、私营等民营经济部门却无法得到正规金融部门的资金支持，只能依靠内源性融资和其他渠道获得经营发展所需资金。农村民间金融通过为个体和私营部门提供资金支持，一定程度上缓解了经济系统资金配置扭曲的状态，提高了整体经济运行效率。农村民间金融依靠其乡土社会独特的信任机制和社会网络声誉机制，可以有效降低交易成本、控制金融风险，为农村地区经济主体提供良好的金融服务。同时，农村民间金融也为农村的闲置资金提供了一个比储蓄存款更高的投资机会，促进闲置资金流向生产领域，提高了资金的配置效率。

(二) 促进金融竞争，完善金融市场

正规金融部门对金融资源的垄断除了造成金融资源配置扭曲，经济运行效率低下之外，还由于缺乏竞争，导致正规金融部门服务质量偏低。民间金融的兴起以及其对民营经济部门的良好支持和完善服务，对正规金融部门形成了极大的冲击和竞争压力，促使其提高服务质量。在国家政策的引导下，国内大中型银行金融机构也陆续开展了针对中

小企业的融资服务和小额贷款业务,有力地改善了中小企业的融资困境。农村民间金融以独特优势为广大农户和小微企业解决了融资需求,这既有利于对农村信用合作社、农村商业银行等正规金融机构形成竞争压力,促使其改善金融服务,也形成了满足农村各经济主体融资需求的多元化的农村金融市场格局。农村民间金融与正规金融互相竞争、优势互补的良好机制,对农村金融市场提高运行效率,更好地为农村经济提供高质量的金融服务具有极其重要的意义。另外,区别于正规金融机构信贷利率管制的状况,民间金融的利率形成更倾向于市场化机制,更真实地反映了信贷资金的供求状况,因此民间金融的发展对利率市场化进程还具有一定的引导作用。

(三)促进经济发展,提高农民收入

农村民间金融利用内嵌于乡村社会的关系网络,以其机动灵活、方便快捷的特色很好地契合了农户、个体和私营企业的小额性、迫切性、经常性的融资需求,为广大农村地区提供了丰富的资金支持。特别是在西部农村地区,经济发展水平较东部地区更加落后,由于人均收入水平更低,正规金融部门对西部农村的金融支持力度更弱,因此西部农村民间金融的存在和发展对西部农村经济成长更具有积极意义。民间金融的资金支持促进了农户家庭经济以及农村个体、私营经济的发展,为农村闲置劳动力提供了更多的就业机会,提高了农户的农业经营收入和工资收入。总之,西部农村民间金融的存在和发展对缓解农村贫困、促进农村经济增长、提高农民收入都具有非常重要的意义。

第四章 西部农村民间金融发展的历史演进

要对西部农村民间金融进行深入研究，探究其产生发展的规律，必须对其产生发展的过程进行历史分析，从而揭示其内在的演进规律和影响因素，并将这些结论映射到对西部农村民间金融的现实分析之中，以达到历史分析和现实分析的有机统一，唯有如此，对其的规制设计和政策引导才会达到较好的效果。本章将就西部农村民间金融发展的演进历程、演进规律以及影响因素展开系统研究。

一、西部农村民间金融发展的演进历程

(一) 先秦时期的民间金融

从已有的文献看，我国古代借贷的最早记载出现在西周。史载武王灭商后"分财弃责，以振穷困"，说明分贫赈穷的借贷在西周初期就得到统治者的提倡。同时作为礼的重要内容的宗法制度也要求各子支"异居而同财，有余则归之宗，不足则资之宗"，这为当时的借贷具有救济功能提供了道德保证。当然也有借贷是收取利息的。《周礼》记载泉府在对外借贷时，根据借贷对象分为两种形式：针对消费性支出的，只规定偿还期限而不收取利息；针对经营性支出的，要收取利息，并

且国家并未规定利率上限①。

春秋时期，民间金融在性质和规模上都有了很大的变化。春秋时期的借贷传承西周时期以临时救济为主，同时也有了高利贷的萌芽。之所以仍以缓人之急的救济功能为主，少收利息，主要原因有二：一是为了争取民心以巩固自己的统治，这一时期的实物借贷很多仍不收利息，西周时周王散利借贷以赈民的特权此时下移到诸侯卿大夫的手中，以私家为施贷主体的借贷越来越占统治地位。二是宗周礼乐文化充分利用了民间互助互济的习俗，春秋时虽礼崩乐坏但未消失殆尽，所以春秋时的实物借贷虽附有各种条件，但很少收取利息。②

战国时期，商品经济有了很大发展，财产私有进一步深化，贫富差距随之加剧，宗族制度瓦解，血缘观念为实利观念所取代，如顾炎武所言"春秋时尤遵礼重信，而战国则绝不言礼与信矣"③。货币的产生特别是金属货币的使用推动了借贷活动的发展，出现了货币借贷的新形式，从而扩大了借贷规模。以上诸因素导致战国中后期以谋取利息为主要功能的高利贷的盛行。地主、富商、官僚贵族等有产者均成为高利贷者，此时齐国商业发达，高利贷者也最多。至此，高利贷就成为我国封建社会主要的民间信用形式。④

（二）秦汉时期的民间金融

秦代史料对借贷鲜有记录，但秦代赋税繁重，秦汉时期商品经济进一步发展，小农经济与市场联系更加紧密，故借贷不可或缺；另一方面，汉代要求赋税以货币形式交纳，这使得小农对货币借贷更为依

---

① 叶世昌：《中国金融通史·第一卷》，中国金融出版社2002年版，第15页。
② 徐祗朋：《周代借贷性质的演变》，《松辽学刊》2000年第2期。
③ 顾炎武：《日知录》卷十三《周末风俗》。
④ 魏悦：《先秦借贷活动探析》，《中国社会经济史》2004年第2期。

赖。汉代有了后世农贷的早期形式"赈贷",所贷者为种子、牛、犁、口粮等,不收息或收取低利息。但农贷数量有限,广大小生产者的经济基础脆弱,一有意外极易成为高利贷的盘剥对象。汉文帝时晁错对此做了深刻分析:遇到水旱之灾,加上政府的急征暴敛,有一点农产品的农民就会半价而卖,没有的则"取倍称之息",即求助于两倍利息的高利贷,到期无力偿还者就会"卖田宅鬻子孙"以还债。①

西汉初期长安即已形成专门的放款市场——子钱市场,高利贷资本称为"子钱",高利贷者称为"子钱家",而工商业者、地主、达官贵族大多兼营高利贷,高利贷成为一个获取暴利的行业。至东汉时,抵押放款已经盛行。②

南北朝时期寺院扩张,寺院经济实力雄厚,寺院放贷也甚为流行。南宋陆游的《老学庵笔记》认为南朝的长沙寺库就是后来的长生库,是寺僧专为放债取利而成立的质库。所以,南朝寺院中的质库是中国最早经营抵押放款的金融机构。③

(三)唐宋时期的民间金融

从隋朝开始,官府发给各地官员"公廨钱",公开以商业利润和高利贷收入作为官府的行政费用。唐代官府与民间俱盛行放贷,但特别的是,官方不再只扮演济助贫困的传统式慈善者角色,它在各色本钱的运用上,不脱敛财本色,也不免具强制性,其苛刻处,较之民间高利贷主犹过之。源自南北朝时的寺院质库得到进一步发展,到晚唐寺院融资出贷,济助民生,逐渐发展为区域性的放贷中心。除了官府与

---

① 《汉书》卷二四上《食货志上》。转引自《中国金融通史·第一卷》,中国金融出版社 2002 年版,第 67 页。
② 叶世昌:《中国金融通史·第一卷》,中国金融出版社 2002 年版,第 90 页。
③ 叶世昌:《中国金融通史·第一卷》,中国金融出版社 2002 年版,第 127 页。

寺院外，私人质库、柜坊、邸店、寄附铺、行肆等拥有大量财富的商业机构不同程度介入借贷业务，都有朝金融业发展的趋势。从借贷形式看，唐代除质库（典当）、质举（抵押贷款）外，还出现了最早的互助性借贷机构——钱会。①由此可见唐朝民间金融业相当发达。

宋代的民间金融形式更具多样化和复杂化，官民借贷并举。王安石变法中有青苗法和市易法，前者是农业贷款，后者有商业贷款职能，向商人提供抵押贷款。高利贷广泛存在，遍布城市和乡村。在广南西路的化州小城，"以典质为业者十户"，其中九家是福建人。农村高利贷更为活跃，客户、第四五等下户、下层亭户和小茶园户等，无一不是高利贷侵袭掠夺的对象。所谓"凡有井水处即能歌柳词（柳永），凡有人烟处，就有高利贷的活动"②。广泛存在的民间借贷有生产性借贷和消费性借贷，前者利息高于后者，且利息不受"倍称"所限。民间金融的专业化发展，促使宋代出现了专门经营质库的经理人即质库掌事，还出现了专业信用中介机构长生库和抵当所。

（四）明清时期的民间金融

进入明朝以后，唐宋时的质库演化为当铺，当铺（典当业）的发展进入了鼎盛时期。明代当铺都为私营，已发展成为完全独立的金融机构，是明代最主要的金融机构。当时出现了地域性的商帮经营当铺，典型的就是徽商，经营的当铺已跨省设立分支机构。明代中期以后典当业的繁盛达到"天下当户，虽穷乡僻壤，无处无之，总计不啻数十万户"的程度，大当资本银万两，小当亦不下千两，收民间三分之息。③当铺

---

① 叶世昌：《中国金融通史·第一卷》，中国金融出版社2002年版，第155页。
② 漆侠：《宋代经济史》（下），中华书局2009年版，第1131—1132页。
③ 《客座赘语》卷二《民利》。转引自詹玉荣：《中国农村金融史》，北京农业大学出版社1991年版，第76页。

除经营抵押放款外，还吸收存款、经营货币兑换业务。明末至清代，政府还对典当业专门征税。清代以后，典当业的规模进一步壮大，与钱铺、银号一起成为主要的金融流通行业。乾隆朝已将当铺当作官钱局的后盾，参与国家对货币流通的管理。①

明代还产生了新的金融机构钱铺，或称"钱店""钱肆"，即为钱庄的前身。明清时货币流通以银两、制钱为主，所以钱铺起初的业务主要是货币兑换。此外明朝还有与钱铺经营业务相似的"钱桌""兑店"。乾隆朝后期，商品货币经济进一步发展，钱庄逐渐从银钱兑换业的基础上发展为信贷活动的机构，开始办理存放款业务，并且签发银票、钱票、庄票进入市场流通，履行货币职能。从乾隆朝初期以后，钱庄业得到初步发展，但各地发展水平参差不齐，上海银钱业的发展水平远较内陆其他地区要高，表明在封建社会末期，民间金融业的发展存在着明显的地区差异性。②

清代还产生了账局和票号这两类重要的民间金融组织。账局产生于雍乾之际，由经营中俄贸易的山西商人创办，早期账局主要业务是对工商业者存放款，后期发展汇兑业务。票号大抵产生于道光初年，初时主要为解决山西商人跨地区经营运现的困难，从初期兼营汇兑业务中逐渐脱离出来成为专业汇兑的金融组织。山西票号产生后原先北方账局的汇兑业务就自然由票号承担。票号产生的十年间，即在商业较发达城市重庆、开封、苏州、天津等地开设了分号，为各地调剂资金提供了极大便利，在经营汇兑的过程中，又适应社会经济的发展逐步开展了存放款的信贷业务，使票号成为一个功能完整的民间金融组织。③

---

① 《清高宗实录》卷二二六乾隆九年十月壬子。转引自叶世昌：《中国金融通史·第一卷》，中国金融出版社 2002 年版，第 189 页。
② 张国辉：《晚清钱庄和票号研究》，社会科学文献出版社 2007 年版，第 4—6 页。
③ 张国辉：《晚清钱庄和票号研究》，社会科学文献出版社 2007 年版，第 14—24 页。

(五) 民国时期的民间金融

清末至民国时期，民间金融发展更具组织化形态。除传统的典当、钱庄、私人借贷外，产生于唐代的合会在农村地区兴盛起来。合会是基于地缘和血缘关系的民间信用互助组织，按运行机制不同包括轮会、标会、摇会等，从金融功能分析，其又包括集资类、储蓄类、借贷类、保险类等。合会运作过程一般分邀、齐、转、满四个程序。[①] 合会在民国时期广泛分布于农村地区，在农户融资中具有重要地位。据实业部1934 年调查，22 省 871 县合会报告次数为 1922 次。农村实际合会数目远大于此。新中国成立初期对苏南金山县新泖乡水字宇东村全村 52户进行调查，有 48 户参加合会，占总户数的 92.3%。[②]

钱庄与票号业在清末至民国经历了由盛而衰的过程。以钱庄业最为发达的上海为例，开业钱庄由 1914 年的 28 家增加到 1926 年的 87 家，钱庄资本由 1914 年的 106 万两增加到 1926 年的 1341 万两。而同时期农村地区的钱庄数量逐渐减少，但其在农户中的融资比例仍高于合作社和典当业。随着新式银行的兴起，钱庄业出现了衰落的趋势，钱庄与银行的资本比例由 1912 年的 2 降低到 1920 年的 0.6 左右。[③]

在清朝的最后十年，票号业进一步发展壮大。这首先表现为票号在经营区域上的扩张，其开立地点进一步扩展到西北和东北等相对落后地区，并且在香港、仁川、神户、东京等开设据点。其次，票号的汇兑款额明显增加，以大德通票号为例，1888 年有资本 10 万两，盈余 2.47 万两，到 1908 年资本累积到 22 万两，盈余 18.5 万两，盈余增加了 6 倍多。再次，票号因经手大量汇兑资金，为寻求盈利开始通过钱庄

---

① 俞如先：《清至民国闽西乡村民间借贷研究》，天津古籍出版社 2010 年版，第 339—341 页。
② 徐畅：《合会述论》，《近代史研究》1998 年第 2 期。
③ 詹玉荣：《中国农村金融史》，北京农业大学出版社 1991 年版，第 105—106 页。

放款，并且开展对近代企业的放款业务，支持铁路和矿山开发。但是面对现代银行的冲击，以及票号信用放款的传统，在辛亥革命的冲击下，大量票号因呆坏账而倒闭，票号业自此一蹶不振。①

民国的典当业与银钱业结成相互依存的关系，向广大乡村扩张。银钱业向分布广泛的典当铺放款，典当铺再向广大农村地区提供较充裕的借贷资金。对于分布于农村地区资金实力薄弱的当铺而言，有了银行和钱庄作后盾，资金实力大幅增加，可以最大程度地发挥典当的贷放能力，增加收入，特别是可以大量承做长期及定期放款。对银钱业而言，由于当铺有实物抵押，向典当业的放款较为安全，并且借助于当铺的广泛分布，可以将城市资金贷向广大乡村，扩大本行庄票的流通，增加利息收入。②

随着民国乡村经济的凋敝，原先盛行于乡村的典当、合会日渐衰落，为解决农村资金短缺，当时政府在借鉴西方农村金融经验的基础上，于1934年颁布了《中华民国合作法》，指导农民设立互助形式的民间金融组织——信用合作社。但此种强制性制度设计，不能契合农户的农业生产和生活对资金的需求，在农村地区发挥的作用较小。20世纪30年代中期，信用合作社提供的借款额占农村借款总额的比例，河北为11.9%，山东为4.5%，全国平均为2.6%。③农村民间金融的主要渠道仍是非组织化的私人借贷形式，20世纪30—40年代在湖北、湖南、江西的农户借款中约40%来自于私人借贷，四川宜宾的农户借贷中有57%来自地主和商人。④

---

① 张国辉：《晚清钱庄和票号研究》，社会科学文献出版社2007年版，第174—187页。
② 马俊亚：《典当业与江南近代农村社会经济关系辨析》，《中国农史》2002年第4期。
③ 姚会元：《国民党政府改进农村金融的措施与结局》，《江汉论坛》1987年第3期。
④ 徐畅：《合会述论》，《近代史研究》1998年第2期。

（六）新中国成立后西部农村民间金融的发展

1. 改革开放前的西部农村民间金融发展：从短暂宽松到全面禁止

在社会化改造完成之前，政府对民间金融较为宽容，随后民间金融就被完全禁止了。1951 年 5 月第一届全国农村金融会议指出，农村中信用合作可以有多重形式，信用小组、借贷介绍所、摇会等原始组织都可以有。[①] 1951 年 11 月中国人民银行总行在区行行长会议上指出，积极组织信用合作社，扶助各种合作组织，大力提倡恢复与发展农村私人借贷关系，鼓励私人借贷的恢复与发展。[②] 可见新中国成立之初，国家在农村中提倡私人借贷以弥补农业资金的缺口。放开自由借贷后，高利贷在一些地方出现，于是 1954 年 11 月中国人民银行总行专门召开了反对农村高利贷的座谈会。社会主义改造完成之后，民间金融受到严格限制，大多数形式的民间金融基本消失，仅私人自由借贷还存在，其活动范围与规模相当狭小。

2. 改革开放至 20 世纪 90 年代中期：从兴起到第一次繁荣

改革开放之后，乡镇企业异军突起，个体、私营经济等民营经济成为重要的经济组成部分。但金融改革滞后，信贷资金均通过专业银行系统投向了国有经济部门。在此背景下，经济发达的地区率先出现了各种形式的民间金融，并逐渐扩散到广大农村地区。20 世纪 80 年代中期之后，鉴于乡镇企业以及民营经济在国民经济中的比重逐渐提高而银行信贷资金又供给不足，为了解决社会资金缺口难题，政府对民间金融采取了宽松的态度，民间金融得到了中央政府的认可和鼓励，

[①] 卢汉：《中国农村金融历史资料》（1949—1985），湖南省出版事业管理局 1986 年版，第 155 页。

[②] 卢汉：《中国农村金融历史资料》（1949—1985），湖南省出版事业管理局 1986 年版，第 41 页。

这带来了民间金融在各地的迅速发展，各种形式的合会、基金会、银背、民间集资等民间金融得到发展。农村民间金融的规模越来越大，参与人数越来越多，农村民间金融的组织化程度也越来越高，对民营经济的发展起到了很好的金融支持作用。

3. 20 世纪 90 年代中期至今：从短暂调整到再次兴盛

经过十多年的发展，到了 20 世纪 90 年代，民间金融已经广泛渗透到农村经济中，农村民间金融的参与人群也逐渐脱离了原先的熟人圈，成分愈加复杂，同时民间金融隐含的潜在风险也逐渐显现。随着一些违法事件的发生，中国人民银行将各种民间金融活动界定为非法活动，对农村民间金融进行了治理整顿。中国人民银行在 1998 年发布了《非法金融机构和非法金融业务活动取缔办法》，除了部分小额信贷以及熟人借款之外，其他的民间金融活动均被认定为违法活动。同一时期，国有银行系统进行了经营战略的调整，四大国有银行纷纷从县域经济中撤离分支机构，这进一步减少了农村正规金融的资金供给。在此背景下，虽然被严厉管制，但各种民间金融活动仍较活跃，并转入地下经营，对民营经济的发展提供了一定的资金支持。

进入 21 世纪之后，一方面非公有制经济在国民经济中的比重已经超过国有经济，另一方面政府和监管部门也意识到民营金融存在的内生性以及对经济发展的重要作用。2005 年，国务院发布了《关于鼓励支持和引导个体私营非公有经济发展的若干意见》(《"非公 36 条"》)，首次允许非国有资本进入金融服务业。同年，中国人民银行在《中国区域金融运行报告》中首次对民间金融给予了正面评价。2006 年银监会发布《关于调整放款农村地区银行业金融机构准入政策更好支持社会主义新农村建设的若干意见》(以下简称《意见》)，《意见》明确要在农村增设村镇银行、农村资金互助社以及贷款公司等金融机构，开放农村金融市场。2007 年和 2008 年，《农村资金互助社管理暂行规定》

和《关于小额贷款公司试点的指导意见》先后发布，民间资本纷纷进入农村金融市场，农村资金互助社、小额贷款公司等新型农村金融机构在各地农村纷纷设立，民间资本真正进入农村金融市场。2012年，《浙江省温州市金融综合改革试验区总体方案》（以下简称《方案》）通过，政府决定设立温州市金融改革试验区，这意味着民间金融已被政府和监管部门接受，并被逐渐引入正规金融系统，民间金融将迎来一个全新的发展阶段。

二、西部农村民间金融发展演进的规律

通过梳理民间金融的发展历程可以发现，随着社会经济的不断发展，相应出现的不同形态的民间金融形式，在利率水平、组织化水平和市场化水平上呈现出一定的规律性。

（一）农村民间金融利率先升高后降低

从民间金融发展历程可以发现，民间金融是在原始社会末期，伴随生产力的发展、私有制和贫富分化而产生的。先秦至春秋时期，以赈贫救济为主要功能的无偿性和无息借贷居于主导地位；战国中后期，伴随金属货币的使用，实物借贷变为货币借贷，低息借贷从而演变为以谋取利息收益的高利贷，直到南北朝时期，官府才规定"收利过本"即不得再收债，说明利息长期处于较高的水平。唐代开始，官方所定利率水平由贞观年间的96%降到玄宗年间60%—70%，再降到会昌元年（841）的48%，而实物借贷利率水平普遍更低。①北宋王安石

---

① 罗彤华：《唐代民间借贷之研究》，北京大学出版社2009年版，第232—233页。

变法时青苗法的利率为40%，其时（质库）抵押借贷的利率为24%—48%，信用放贷的利率为36%—60%。南宋政府对利息也有规定，财物借贷利率不超过48%，谷物借贷利率不超过60%。这使得利率降到30%—50%。① 明代当铺取息的通例是月息2分，根据当铺实力，大约在12%—36%之间。② 至清代，当铺利率依据所当金额在18%—36%之间。③ 清末民初，闽西乡间借贷利率在15%—25%之间。④ 长期来看，从唐开始，民间金融利率水平逐渐下降。

（二）农村民间金融的互助性降低而逐利性上升

民间金融产生于原始社会末期，始于宗社内部的互助救济，因而是无息的。随着春秋战国礼崩乐坏，原始宗社制度彻底瓦解，借贷的互助性功能逐渐减少，代之以高利贷的逐利性。从产生时间分析，私人借贷具有一定的互助性；始于唐代、兴盛于清末民初的合会依据其性质不同，兼具互助性和逐利性；而南北朝时产生的典当，明朝出现的钱庄、票号则完全没有了互助性质，属于完全的逐利性质的民间金融组织。私人借贷、合会都建立于一定的圈层结构内，具有人格化交易的特征；而当铺、钱庄、票号的交易逐渐脱离了圈层结构的限制，具有了非人格化交易的特征。

（三）农村民间金融由非组织化到组织化

梳理民间金融发展历程可以发现，民间金融从简单的、无组织形态

---

① 漆侠：《宋代经济史》（下），中华书局2009年版，第1138—1139页。
② 叶世昌：《中国金融通史·第一卷》，中国金融出版社2002年版，第475页。
③ 叶世昌：《中国金融通史·第一卷》，中国金融出版社2002年版，第582页。
④ 俞如先：《清至民国闽西乡村民间借贷研究》，天津古籍出版社2010年版，第290—291页。

的、松散的直接融资形式——私人自由借贷——向复杂的、有组织形态的、较为紧密的间接融资形式演进。民间金融的发展如下图 4-1 所示：

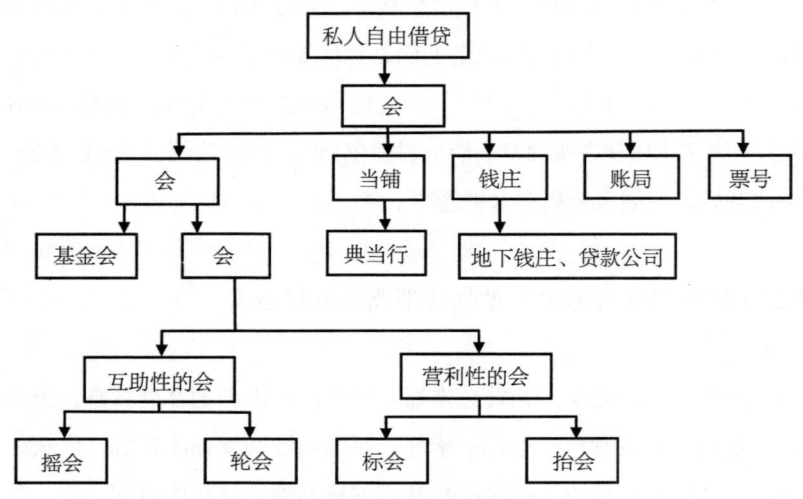

```
                    私人自由借贷
                          │
                          会
    ┌────────┬────────┬───┴────┬────────┐
    会      当铺     钱庄     账局     票号
  ┌─┴─┐      │        │
基金会 会   典当行  地下钱庄、贷款公司
      ┌──┴──┐
   互助性的会  营利性的会
    ┌──┴──┐   ┌──┴──┐
   摇会  轮会  标会  抬会
```

图 4-1 民间金融发展演化关系图

注：本图借鉴了王曙光和邓一婷的框架并做了修改。参见王曙光、邓一婷：《民间金融扩张的内在机理、演进路径与未来趋势研究》，《金融研究》2007 年第 6 期。

由图 4-1 可知，更高级的民间金融组织形态是由最简单的基于乡里圈层结构的私人借贷发展而来的。民间金融的演进包括组织形态的变化和业务功能的多元化与全能化。"会"在民间金融演进中扮演着重要的角色，它是最早的具有组织形态的互助性的民间金融形式，其运行机制是：会主凭借在一定区域内的威信，依靠一定的地缘和血缘关系建立会的组织形式，会的运行按照当地习俗的非正式规则，没有固定的经营场所和正式制度，没有正式的书面契约。所以会是较为低级的民间金融组织形态。随着经济的发展和交易规模、范围的扩大，融资的需求更多元化和规模化，必然要求更高级的民间金融组织形态出现。随后出现的当铺、钱庄、账局、票号等近代主要金融组织形式都顺应了这一历史要求，他们都具有固定的营业场所和规范的组织制度。另一方面，民间金融组织的业务逐渐多元化。如钱庄最初只开展货币兑换业务，后来兼营存贷款业务和汇兑业务；票号最初只开展汇兑业务，后来兼营抵押贷款和信用放款。随着业务的多元化，钱庄、票号均发展为集存贷款、汇兑、兑换业务于一身的业务功能全面的近代金融机构，在功能上已经类似于现代意义上的银行。

三、西部农村民间金融发展演进的影响因素

（一）社会经济因素

金融是经济发展的产物，因此民间金融的产生与发展也是社会经济发展的必然结果。社会经济发展引致的对新的金融业务与功能的需求是民间金融发展与组织形态演进的根本动力。我们以清代账局和票号的产生为例进行分析。乾隆时期，恰克图成为中俄贸易的咽喉，山西商人将茶叶从浙江、福建等地运往恰克图进行皮毛交易。如此长途贸易使得商品流转周期很长，贸易商不可避免地需要信贷资金的支持。为满足贸易发展对新的金融业务的需求，账局在北方城市张家口、库伦等地先后设立，并且开始只开展对工商业者的存放资金业务。到了乾嘉时期，随着商品货币经济的进一步发展和埠际贸易的开展，逐步形成了全国性的商业城市，商业交易范围和规模的急剧膨胀，引致了对不同地区间现金收解和债务清算的金融业务的需求。为满足这一市场需求，一些信誉卓著的商号利用他们自己设立的分号兼营不同地区间的汇兑，至道光年间，兼营的汇兑业务从商号中分离出来，成为专门从事汇兑业务的票号。[①]

另一典型案例是新中国成立至改革开放的 30 年间我国农村民间

---

① 张国辉：《晚清钱庄和票号研究》，社会科学文献出版社 2007 年版，第 19—24 页。

金融的发展实践。由于实行了重工业优先发展的赶超战略，造成了农村地区广泛的金融抑制。但是农村地区的民间金融并没有因此而消亡，其主要原因就是因为农村地区的非国有经济的融资需求因为赶超战略而无法从正规金融渠道得到满足，这一内生的金融需求促使民间金融在政府的管制中一直顽强发展，钱会、银背、集资、私人钱庄等民间金融形式广泛存在于农村地区。

（二）社会网络变迁

社会网络是社会个体成员之间因为相互的联系而形成的相对稳定的关系体系。不同形式的社会网络对民间金融的发展起着重要作用。西周时期，宗族和宗法制度较为完备，宗族网络对民间金融有着重要影响。宗法之礼要求宗主对族人有抚恤义务，这使得初始的借贷具有救济功能而不收取利息或低息。至战国中期，私有制进一步深化，宗族组织逐渐瓦解，血缘观念日趋微弱，从此高利贷成为长期封建社会的主要信用形式。

中国根植于小农经济之上的乡村社会围绕地缘、亲缘关系而形成了不同的圈层结构，越居于核心成员关系越紧密。随着市场化浪潮对农村经济的冲击，此圈层结构的外缘发生变化，传统乡村社会网络发生变化，业缘关系、商缘关系等非地缘、非亲缘关系在社会网络中逐渐占据重要节点，并冲击着初始形成的圈层结构。社会网络的变迁自然会引致农村民间金融组织形式的变化。我国农村民间金融长期以私人自由借贷和合会为主，改革开放后各种新的民间金融组织形式在农村经济相对发达的江浙沿海以及西部发达省份不断涌现，这些新的民间金融形式在一定程度上都突破了传统的乡村社会网络范围[1]。

---

[1] 王曙光、邓一婷：《民间金融扩张的内在机理、演进路径与未来趋势研究》，《金融研究》2007年第6期。

(三)政府政策因素

政府政策也是民间金融发展的重要因素。我国的钱庄在20世纪30年代最终走向衰落的重要原因之一就是民国政府对于金融的控制和垄断。票号在辛亥革命后逐渐消亡的重要原因就是政府不能提供充分的产权保护，迫使票号建立并过分依赖与政府的良好关系。票号的主要业务是为清政府提供大额的军政费用，但随着现代银行的建立，这些业务完全转向银行，票号业务剧减，在辛亥革命后，失去政府支持的票号业逐渐消亡。

第五章　西部农村民间金融发展的现实考察

在历史分析的基础上，本章将对西部农村民间金融的现实运行状况进行研究，这是对西部农村民间金融进行有效规制和引导的现实基础。本章将围绕西部农村民间金融的规模、发展水平、利率和特点展开研究。

一、西部农村民间金融的发展规模

因民间金融未纳入统计监管，且具有地下性和隐蔽性，因此对民间金融的数量进行统计具有一定的难度。目前我国还未建立对民间金融的统计制度和程序，为了考察民间金融的规模，从多个角度对民间金融的规模进行测度并对结果进行比较是一种可行的方法。我们将从居民收支差额、私营部门融资缺口以及农户民间借贷三个角度对西部农村民间金融的规模进行考察。

（一）基于居民收支差额的西部农村民间金融规模的测度

为了掌握我国民间金融的规模，一些学者对民间金融的规模测算进行了有益的探索。主要包括以下几种：一是郭沛依据第三方调查数据推算 2002 年我国农村民间金融规模为 2001 亿—2750 亿元；中央财经大学课题组 2004 年通过对全国微观经济主体（中小企业和个体工商户）的调查，估测 2003 年全国地下金融（地下信贷）的规模为 7405 亿—8164 亿元；中国人民银行的调查结果显示 2005 年民间融资规模约为 9500 亿元，占当年 GDP 的 6.96%，占企业贷款余额的 5.92%；李建军（2008）基于国民经济账户之间的关系，对我国未观测贷款存量和增量进行了测算，结果显示 2007 年我国未观测贷款增量为 5405.1 亿元，未观测贷款余额达到 4.74 万亿元；李建军（2010）对中国未观测信贷规模进一步研究，发现 2008 年中国未观测信贷规模达到 5.4 万亿元；中金公司利用浙江民间借贷的监测数据对全国民间借贷的余额进行了估测，结果显示 2008 年之前民间借贷增长适中，年增长率为 10% 左右，2010 年后的紧缩政策导致民间借贷快速增长，2010 年的民间借贷余额达到 3.2 万亿元，较 2009 年增长了 50%[①]。可以发现，由于样本选择、测算方法和统计口径差异，以上各种测算结果之间存在较大差异。本节将根据李建军的思路，从居民收支差额角度测算未观测经济活动规模，再根据未观测经济和未观测金融活动的联系，测算出未观测金融活动规模。[②] 表 5-1 据此测算了我国 2004—2014 年的未观测经济规模。

表 5-1 2004—2014 年中国未观测经济规模测算表

年份	支出法国民生产总值（亿元）	生产法国民生产总值（亿元）	存款与货币增量（亿元）	经常项目与资本和金融项目余额之和（亿元）	人民币兑美元汇率	未观测经济规模（亿元）
2004	160956.6	159878.3	36215.8	979.2	8.2768	21243.4
2005	187423.5	184937.4	32884.2	1770.9	8.1917	28901.2

---

① 因为中金公司《中国民间借贷分析》对民间借贷的估测假设浙江省与全国的增长速度一致，而浙江省是全国民间借贷最活跃的地区，因此该方法倾向于高估了全国民间借贷的规模。

② 具体方法见李建军：《未观测金融与未观测经济运行》，中国金融出版社 2008 年版，第 47—51 页。

续表

年份	支出法国民生产总值（亿元）	生产法国民生产总值（亿元）	存款与货币增量（亿元）	经常项目与资本和金融项目余额之和（亿元）	人民币兑美元汇率	未观测经济规模（亿元）
2006	222712.5	216314.4	44648.7	2277.3	7.9718	19304.9
2007	266599.2	265810.3	46847.9	2811.5	7.604	28472.8
2008	315974.6	314045.4	57838.6	4474.1	6.9451	30828.6
2009	348775.1	340902.8	71724.4	4606.9	6.831	24592.3
2010	402816.5	401512.8	131058.4	4417.3	6.7695	41644.6
2011	465731.3	472881.6	119626.8	5246.8	6.4588	108756.1
2012	529238.4	518942.1	125739.1	4227.7	6.3125	85407.8
2013	586673	568845.2	122557.9	1763.2	6.1932	91271.9
2014	648493	643974	132376.2	5090.1	6.1442	121746

进一步假设：未观测金融体系流向未观测经济体系的资金与可观测金融体系流向可观测经济体系的资金规模相等，则未观测金融与未观测经济完全相对应；未观测金融与未观测经济的比例和可观测金融与可观测经济的比例相同并且各地区民间融资规模与 GDP 的比例相同，民间金融与未观测金融之比保持在 66.7%[①]。依据上述假设可得到西部农村民间金融的规模（表 5-2）。

表 5-2 2004—2014 年西部农村民间融资规模测算表

年份	社会融资规模（亿元）	未观测社会融资规模（亿元）	民间融资规模（亿元）	民间融资规模与社会融资规模之比	民间融资规模与 GDP 之比	西部地区民间融资规模（亿元）
2004	34113	7258.8	4841.6	0.142	0.036	863.11
2005	28629	3456.9	2305.7	0.081	0.014	405.23
2006	30008	4620	3081.5	0.103	0.017	579.46
2007	42696	6084.9	4058.6	0.095	0.019	766.57

---

① 在中央财经大学课题组《2006 年中国民间金融、地下金融和非法金融调查》中，地下金融包含私人钱庄、标会、基金会等，根据我们的研究界定，我们在测算时将地下金融与民间金融计算口径合并，作为我们测算民间金融的比例，这个比例为 66.7%。

续表

年份	社会融资规模（亿元）	未观测社会融资规模（亿元）	民间融资规模（亿元）	民间融资规模与社会融资规模之比	民间融资规模与GDP之比	西部地区民间融资规模（亿元）
2008	59663	5519.9	3681.8	0.062	0.014	688.55
2009	69802	9256.2	6173.9	0.088	0.02	1208.96
2010	139104	44377.5	29599.8	0.213	0.087	5826.69
2011	140191	29820.7	19890.4	0.142	0.05	4070.42
2012	128286	24760.8	16515.4	0.129	0.035	3508.22
2013	157631	36980.9	24666.3	0.156	0.048	5467.43
2014	173169	36118.3	24090.9	0.139	0.042	5292.12

从测算结果可以发现，在2009年以后，民间融资规模与社会融资规模的比例、民间融资规模与GDP的比例与2009年之前相比都有了大幅度的上升，显示出民间融资在经济运行中的重要性愈发突出。西部地区民间融资规模的变化趋势与全国基本同步，其在全国的比重由2004年的17%提高到2014年的22%。

（二）基于"私营部门"融资缺口的西部农村民间金融规模的测度

借鉴李建军（2010）和李健、卫平（2015）的思路，假定农户、私营企业和个体工商户是农村民间金融市场的资金需求者，农村民间金融的规模就是农户、私营企业和个体工商户从民间金融市场的融资规模。按照融资需求能否从正规金融部门完全得到满足，我们将国民经济划分为两个部门，即融资需求不能完全得到满足的农户、私营企业和个体工商户部门，不妨称之为"私营部门"；以及除去农户、私人企业和个体工商户的其他部门，简称为"非私营部门"，假定非私营部门的融资需求都可以从正规金融机构得到满足。私营部门在融资需求不能由正规金融机构完全满足的情况下将会寻求民间金融部门，进一步假定私营部门融资需求不能由正规金融机构得到满足的部分将会在民间金融市场中得到完全满足。按照上述思路和假定，私营部门融资需求不能由正规金融机构满足的部分（称之为私营部门的融资缺口）刚好就是农村民间金融的规模。私营部门的融资缺口的计算过程详述如下：

假定1：私营部门和非私营部门的单位产出需要相同的融资额，即私营部门的融资总额与产出之比和非私营部门的融资总额与产出之比相等[①]。

假定2：私营部门和非私营部门的融资结构相同，即私营部门短期融资与融资总额的比例和非私营部门短期融资与融资总额的比例相等。

假定3：因为缺乏必要的抵押物、担保以及社会关系，私营部门从正规金融机构只能得到短期贷款。

私营部门的产出由农户、个体工商业和私营企业三个部门的产出构成，农户的产出与农业产值（第一产业产值）近似，个体工商户和私营企业的产值没有公开统计数据，我们依据从业人数来进行估算。

假定4：个体工商户与私营企业的人均产出与非私营部门的人均产出相等。

按照假定4，第二、第三产业的产值由个体工商户、私营企业以及非私营部门组成，依据个体工商户和私营企业的就业人数与第二、第三产业总就业人数的比例可以求出个体工商户和私营企业的产值。正规金融机构的贷款可以分解为三个部分，即非私营部门的短期贷款、非私营部门的中长期贷款以及私营部门的短期贷款（包含农户短期贷款、个体工商户短期贷款和私营企业短期贷款）。

---

① 这是本书和李建军（2010），李健、卫平（2015）的关键区别，我们计算私营部门融资缺口的依据是假定私营部门与非私营部门的融资产出比例相等，这在逻辑上是很合理的。而前述研究均假定私营部门的融资产出比例与正规金融部门总贷款与GDP之比相同，显然这样的假定在逻辑上是模糊的。当然依据我们的假定，可能会高估农村民间金融的规模，因为私营部门的融资缺口在现实中无法由民间金融市场完全满足，但这不妨碍本书是对农村民间金融规模测度的一个尝试。

依据上述思路即可计算出全国的农村民间金融规模。为了进一步测算各地区的农村民间金融规模，我们假定各地的农村民间融资规模与正规金融机构的贷款总额之比相同。计算所涉及的数据来源如下：贷款、产值和就业数据来自历年《中国统计年鉴》和各地的《统计年鉴》，由于个体工商户和私营企业的短期贷款数据在2010年后没有公开，我们按照李健（2015）的思路对2010到2015年的个体工商户和私营企业的贷款数据进行了预测。

综上所述，农村民间金融规模的测定过程和西部农村民间金融规模分别如表5-3和5-4所示。

表5-4中，INFS、INF、FIN分别表示西部短期农村民间融资规模、西部农村民间融资总额以及西部正规金融机构贷款总额。从表5-4可以看到，与表5-3相比，依据融资缺口计算的农村民间融资规模要大于依据居民收支差额计算的结果。从相对规模来看，短期农村民间融资规模与贷款之比经历了先下降后上升的一个过程，而农村民间融资总额与贷款之比则一直处于上升之中。特别是2010年以来，西部农村民间融资的规模增加迅猛，相对比例从0.6增加到1，似乎远超我们的预期，但是通过我们的计算发现，非私营部门贷款与产出之比从2010年的1.83增加到2015年的2.41，据此可以认为我们的测算结果是基本合理的。

表 5-3 农村民间融资规模测定表 （单位：亿元）

年份	农业贷款	私营个体贷款	短期贷款	全部贷款	私营部门产值	总产值	非私营部门短期贷款	非私营部门贷款总额	非私营部门产值	短期农村民间融资规模	农村民间融资总额
2001	4890	655	65748	99371	32361	99776	60204	93827	67416	23354	39494
2002	5712	918	67327	112315	34961	110270	60698	105685	75309	21549	42434
2003	6885	1059	74248	131294	39046	121002	66305	123351	81956	23646	50824
2004	8411	1462	83661	158996	44367	136565	73788	149123	92198	25635	61887
2005	9843	2082	86841	178198	54954	160714	74916	166273	105761	27002	74472
2006	11530	2181	87449	194690	64512	185896	73739	180980	121384	25479	82475
2007	13208	2668	98534	225347	76355	217657	82659	209471	141302	28790	97316
2008	15429	3508	114478	261691	96472	268019	95541	242754	171547	34792	117579
2009	17629	4224	125216	303468	117876	316752	103363	281615	198876	39412	145064
2010	21623	7117	146611	399685	134971	345629	117871	370945	210658	46781	208927
2011	23043	8999	166233	479196	165354	408903	134191	447154	243549	59064	271545
2012	24436	11707	203133	546398	207001	484124	166990	510255	277123	88593	344999
2013	27261	15228	248278	628100	239934	534123	205789	585611	294189	125348	435123
2014	30437	19809	290238	717088	275814	588019	239992	666842	312205	161772	538868
2015	33394	25768	314796	814780	323298	636139	255633	755618	312841	205016	721713

表 5-4 西部农村民间融资规模测定表

年份	重庆(亿元)	四川(亿元)	贵州(亿元)	云南(亿元)	西藏(亿元)	陕西(亿元)	甘肃(亿元)	青海(亿元)	宁夏(亿元)	新疆(亿元)	广西(亿元)	内蒙古(亿元)	INFS(亿元)	INF(亿元)	FIN(亿元)	INFS/FIN	INF/FIN
2001	477	1028	270	504	20	556	297	88	97	356	409	340	4443	7513	17521	0.254	0.429
2002	391	939	253	454	20	530	265	82	92	331	368	307	4030	7937	19314	0.209	0.411
2003	435	1000	272	469	23	572	285	86	102	349	376	320	4290	9220	22127	0.194	0.417
2004	479	1020	296	510	25	612	298	89	118	362	400	332	4540	10961	26317	0.173	0.417
2005	522	1042	325	547	27	616	307	100	123	356	444	360	4768	13150	29641	0.161	0.444
2006	517	937	320	554	25	554	267	89	116	316	432	360	4487	14523	32277	0.139	0.450
2007	596	1063	366	652	28	606	287	98	133	327	494	435	5084	17184	37462	0.136	0.459
2008	726	1301	442	802	32	724	340	123	167	380	612	533	6181	20890	43723	0.141	0.478
2009	879	1552	496	917	30	848	380	143	195	393	710	630	7173	26400	51587	0.139	0.512
2010	1085	1941	576	1087	31	1030	452	173	237	468	911	779	8770	39167	70855	0.124	0.553
2011	1420	2495	750	1379	39	1309	578	238	313	649	1171	1033	11375	52295	87196	0.130	0.600
2012	2424	4198	1276	2299	76	2212	1020	416	533	1169	1985	1814	19422	75632	104168	0.186	0.726
2013	3474	6014	1900	3247	152	3183	1568	641	767	1817	2837	2591	28192	97862	122789	0.230	0.797
2014	4514	7869	2624	4099	280	4212	2189	883	1025	2556	3657	3362	37269	124144	143505	0.260	0.865
2015	5760	10002	3560	5175	466	5519	3188	1201	1318	3359	4626	4302	48475	170647	168417	0.288	1.013

（三）基于农户民间借贷统计口径的农村民间金融规模

农户民间借贷是历史最久的一种民间金融形式，在农户家庭经济中履行着重要的金融功能，是农村民间金融的重要组成部分，在一定程度上也可以反映农村民间金融的水平。

图5-1反映的是农户平均民间借贷规模和民间借贷与农户总借款的比例。不难发现，从1986年到2014年，农户民间借贷规模呈上升趋势，在2005—2007年以及2010—2012年出现了一定的回落；农户民间借贷占总借款的比重基本维持在50%—60%的水平，在20世纪90年代之后这个比重总体上较前期有所下降，在2007年急速下降到了42%，此后又回升到正常区间内。

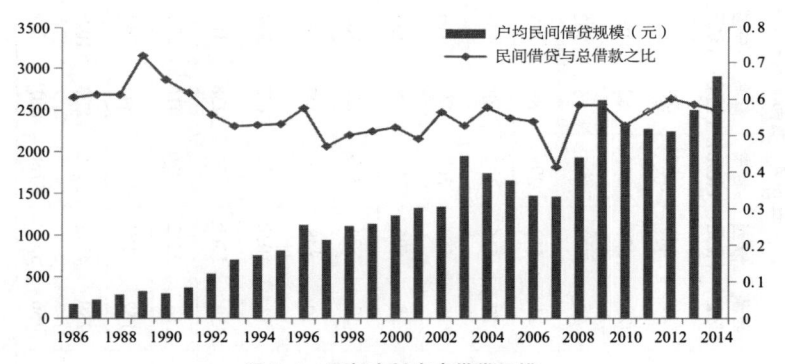

图5-1　西部农村农户借贷规模

注：1986—2009年数据来自农业部农村固定观察点办公室编：《中国农村固定观察点调查数据汇编》，中国农业出版社2010年版；2010、2012和2014三年的数据根据CFPS调查数据整理得到，2011和2013年的数据是相邻年份的均值。

二、西部农村民间金融的发展水平：基于区域比较的视角

（一）西部农村民间金融的发展水平：基于利率区域差异的分析

民间金融发展水平与各地区的经济发展水平、正规金融发展水平密切相关。由于各地区经济、金融发展水平的差异，民间金融发展必然存在区域差异，具体表现为地域结构上的不平衡性。由于迄今没有权威的直接反映各省区农村民间金融规模的数据，我们以各地区民间借贷的利率水平反映各地区的民间金融发展水平和差异。各地区民间借贷利率的差异主要反映了各地区民间借贷的溢价差异（姚耀军，2009）。从平均水平来看，溢价主要取决于民间借贷的市场结构发育程度和民间借贷市场化程度。民间借贷市场结构发育程度越高，民间借贷市场的供给方数量越多，则需求方的融资选择越多，利率溢价越低；民间借贷市场化程度越高，交易双方的信息不对称程度越低，利率溢价越低。综上分析，参照陈志武（2005）的思路，采用民间借贷利率作为度量民间金融发展水平的负向指标是可信的，即民间借贷利率越低，民间金融发展水平越高。考虑到各地区通货膨胀率的差异，扣除通货膨胀率的民间借贷实际利率水平反映了各地区民间借贷利率溢价水平，也表征了各地区民间金融发展水平。各地区民间借贷实际利率水平如图5-2、图5-3、图5-4所示。

由图可以发现，民间借贷实际利率水平较好地反映了各地区民间金融的发展水平。东部、中部和西部地区民间借贷实际利率水平均值分别为11.67%、13.51%和12.64%。整体来看，东部地区民间金融发展水平最高，中部地区民间金融发展水平最低。从西部省份来看，四川、重庆、陕西、西藏的民间借贷实际利率水平较低，这四个地区民间金融发展水平在西部地区居于领先地位。

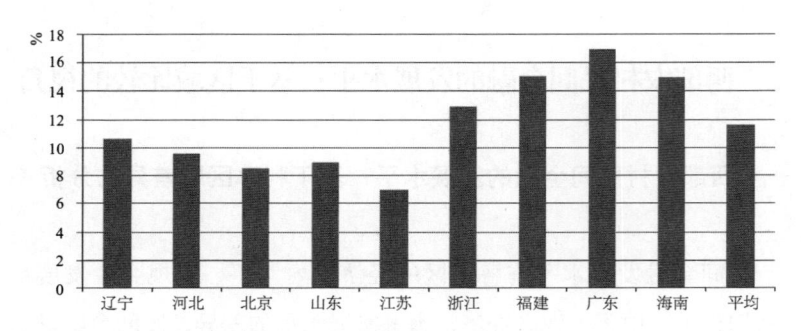

图 5-2　东部地区民间借贷利率水平

注：各地区民间借贷利率名义值是各省份2005—2015年的平均值，数据由各省份2005—2011年《货币政策运行报告》和2011—2015年各期《金融统计与分析》搜集整理；通货膨胀率用CPI度量，数据来自各省份相应年份《统计年鉴》。图中平均值是各省份的民间借贷实际利率算术平均值。

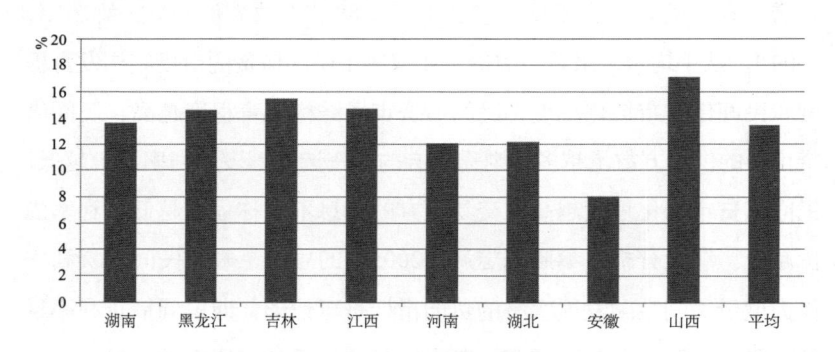

图 5-3　中部地区民间借贷利率水平

注：数据来源同图 5-2。

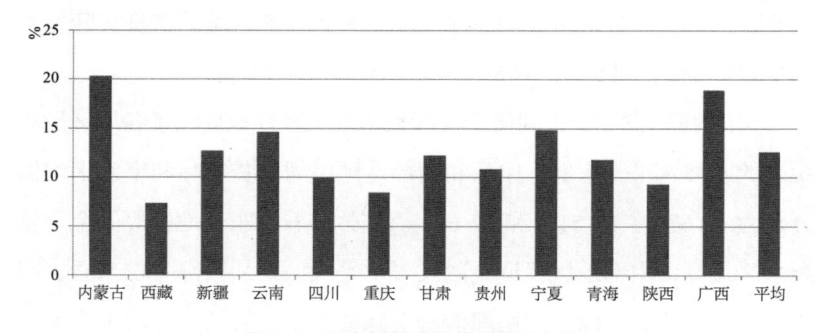

图 5-4　西部地区民间借贷利率水平

注：数据来源同图 5-2。

（二）西部农村民间金融的发展水平：基于民间金融组织区域差异的分析

为进一步揭示西部农村民间金融发展水平，我们选择典型农村民间金融组织——小额贷款公司来进行分析。小额贷款公司的区域分布如图 5-5 所示，从图 5-5 可以发现，三个指标均显示出东部地区、西部地区、中部地区民间金融发展水平依次递减，而且每家实收资本和每家贷款余额显示东部地区金融发展水平远高于中西部地区，这与上文用民间借贷实际利率水平表征的民间金融发展水平的区域差异完全一致，也间接表明这两种反映民间金融发展水平的指标选择是可信的。反映贷款扩张能力的指标贷款余额与实收资本之比显示西部地区与东部地区基本持平，这表明西部某些地区的民间金融发展水平可能已经超过我们的预期。

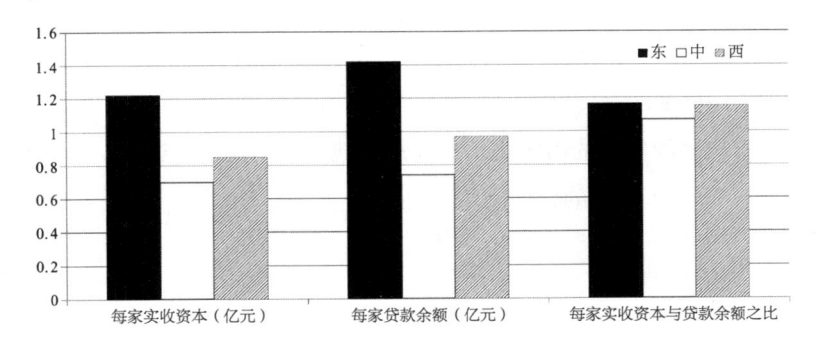

图 5-5 小额贷款公司发展水平地区差异

注：数据根据中国人民银行 2015 年小额贷款公司地区统计数据计算整理得到，各指标均为相应省份平均值。

（三）西部农村民间金融发展水平：基于农户民间借贷结构区域差异的分析

根据本章第一节中的分析，农户民间借贷是农村民间金融的重要组成部分。随着市场化进程的推进，农户私人借贷的运行机制也在发生变化。市场交易行为伴随着人员流动的加剧，传统乡村社会与外部的交流增加，从而形成对传统乡村社会网络的冲击。在这种冲击下，传统乡村社会网络发生解体，传统的熟人社会圈层结构和信任机制逐渐弱化。与此相对应，农户私人借贷的市场化程度将提高，表现为无息借贷的比重将会下降。因此我们认为，农村民间金融越发达，则农户私人借贷中无息贷款的比重越低。图5-6反映了农户无息借贷比重的情况。

由图5-6可以发现，中部地区无息借贷的比重显著高于东西部地区，显示中部地区的农村民间金融发展的市场化水平最低。对东西部进行比较发现，东部地区相对于西部地区，无息借贷比例在逐渐下降，反映了西部地区农村民间金融的发展水平在逐步提高，就平均值而言，西部农户民间借贷的市场化水平与东部地区基本持平。这个结果与本书（一）（二）小节的分析也是一致的。

图 5-6 农户无息借贷比例变化趋势

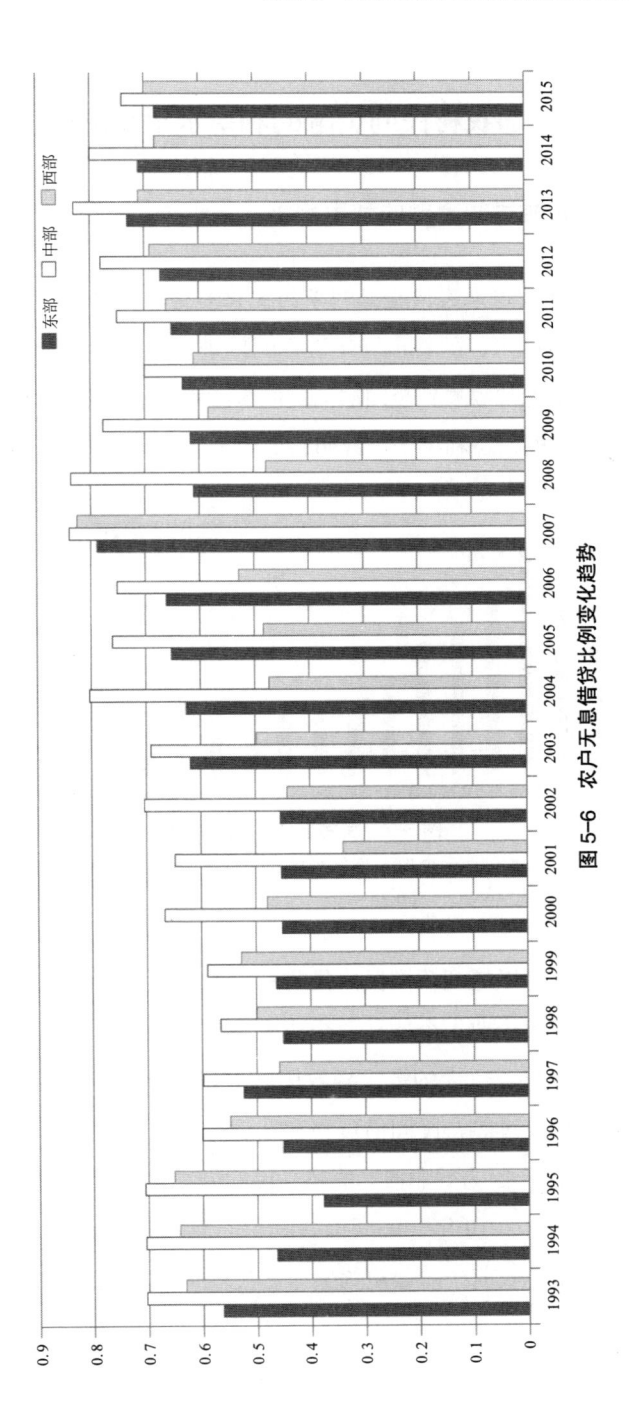

三、西部农村民间金融的利率水平及形成机制

（一）西部农村民间金融的利率水平

1. 改革开放以来民间金融利率的变化趋势

改革开放以来，随着市场化进程的推进，民间借贷利率总体呈下降趋势，由于无法收集到全国层面民间金融利率的长期时间序列数据，我们以温州民间借贷利率予以说明，如图5-7所示。

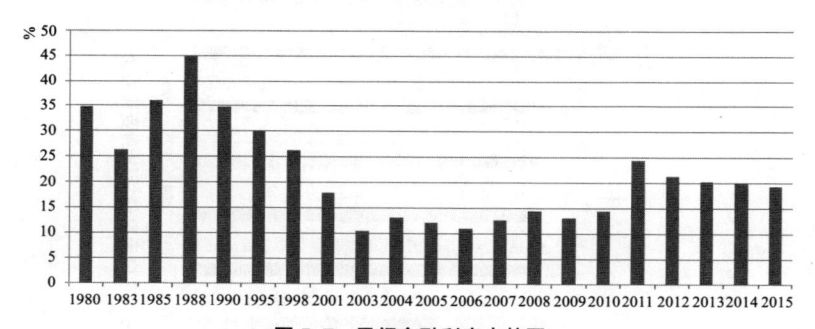

图5-7 民间金融利率走势图

注：2011年之前数据来自于中国人民银行温州中心支行监测数据，2012年之后数据来自温州指数（http://www.wzpfi.gov.cn/）。

从图5-7可以梳理我国民间借贷利率变化的几个关键节点。改革开放初期，乡镇企业、个体私营企业大量兴起，其融资缺口主要由民间金融渠道提供，巨大的需求导致民间借贷利率高企。在20世纪80年代后期，经济过热，民间借贷利率达到历史高点，随后利率呈下降趋势，在2003年因为"非典"影响，民间借贷名义利率达到历史最低点10.6%。直到2010年，民间借贷利率一直都比较稳定。2011年之后，资金面整体较前一阶段更为紧张，民间借贷名义利率始终维持在20%左右的水平。

2. 西部农村民间金融利率水平：基于区域间的差异分析

比较图 5-8 和图 5-7，我们发现在 2005—2015 年间东部地区民间借贷利率与温州民间借贷利率变动趋势是非常接近的，所以以这两种来源的数据反映民间金融利率水平均是可信的。如图 5-8 所示，东中西部的民间借贷实际利率水平变化趋势基本相同，中西部地区民间借贷实际利率始终高于东部地区。在 2008 年之前，东西部地区的民间借贷实际利率水平相差较大，在 2011 年之后，东西部地区的民间借贷实际利率差距逐渐缩小，这说明西部地区民间借贷发展水平在考察期内得到较大提高，与东部地区民间借贷发展水平的差距逐渐缩小。

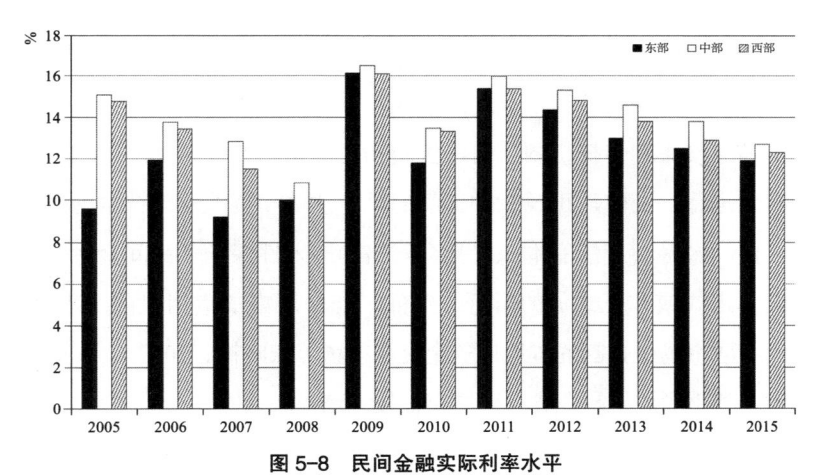

图 5-8　民间金融实际利率水平

注：各地区民间借贷利率名义值是各省份 2005—2015 年的平均值，数据由各省份 2005—2011 年《货币政策运行报告》和 2011—2015 年各期《金融统计与分析》搜集整理；通货膨胀率用 CPI 度量，数据来自各省份相应年份《统计年鉴》。

（二）西部农村民间金融利率的形成机制：理论分析

1. 金融市场的二元化和民间金融市场的本地化

依据市场主体从正规金融部门获得融资的难易程度，我们将经济部门划分为三种，即完全不存在融资约束的部门（记为 A 部门），存在完全融资约束的部门（记为 B 部门），以及融资难易程度处于二者之间的其他部门（记为 C 部门）。A 部门在任何时刻都可从正规金融部门获得所需的融资支持；而 B 部门恰好相反，在任何时刻都不能从正规金融部门获得融资支持；C 部门只在某些时刻可从正规金融部门获得融资支持。因此，B 部门和 C 部门都存在融资约束，具体包括家户经济部门、个体经济部门和私营经济部门，不妨称之为个私经济部门；A 部门不存在融资约束，主要为国有经济部门。由于个私经济部门的融资需求在正规金融部门不能得到完全满足甚至完全不能满足，所以个私经济部门将会在民间金融市场寻求融资支持，以弥补其融资缺口。有基于此，民间金融市场是正规金融市场的必要补充，民间金融市场的规模和利率会受到正规金融市场资金供求关系的极大影响。

民间金融交易依赖本地化的熟人社会网络，正是熟人社会网络之上的信息搜集和传播机制、信任机制和担保机制保证了民间金融市场的有效运行，在缺乏正规金融部门的风险评估和贷款发放技术的条件下，民间金融制度依靠本地化社会网络的嵌入性保证了民间金融交易契约（正式或非正式）的履行，降低了交易双方的信用风险。因此，民间金融市场是分割的本地化资金交易市场（张晓艳，2007），民间金融市场利率形成机制在省际可能存在较大差异。

2. 民间金融市场利率的形成与构成

从上述分析可知，民间金融市场融资主体包括受到不同程度融资约束的 B 部门和 C 部门，由于受到完全融资约束的 B 部门的存在，即使政府对民间金融采取严厉的限制政策，民间金融市场仍始终存在，并发挥着重要的融资作用。而受到部分融资约束的 C 部门的存在，使得民间金融市场受到正规金融市场和宏观政策的极大影响。因此，从民间金融市场的交易结构来看，B 部门是民间金融市场的基本组成部分，体现了民间金融市场的独立性特征；C 部门的融资规模会随着宏观政策和正规金融市场融资条件的变化而变化,是民间金融市场反应性特征的具体表现。

但是,从本质上来看,B部门和C部门都是由于自身的融资条件达不到正规金融部门的门槛而受到正规金融部门排斥,从而成为民间金融市场融资主体的,因此其在民间金融市场进行融资的交易价格必然要高于正规金融市场的交易价格。因此,民间金融市场的资金交易价格应该以区域内的正规金融市场利率为基准,再由交易双方依据区域内民间金融市场的资金供求状况、双方的信任程度、借款人的资信条件等确定资金交易价格。

依据民间金融市场利率的形成过程,可以将民间金融市场利率划分为正规金融市场利率部分以及超出正规金融市场利率的部分,我们将后者称为民间金融相对于正规金融的市场溢价。民间金融的市场溢价至少包括以下三个部分:

(1)垄断租金。民间金融市场是基于一定区域内的地缘、亲缘关系所构建的社会关系网络形成的,具有明显的区域性和分割性,在广大农村地区表现尤为明显。市场分割导致单个民间金融市场具有较为固定的放贷人(民间金融组织),民间金融市场呈现不同程度的垄断状态(陈雨露、马勇等,2009;叶茜茜,2011),区域经济发展水平越低,则资金剩余越少,区域内的放贷人也就越少,放贷人的垄断地位越强。与放贷人的垄断地位相比,借款人在交易中完全处于弱势地位,其主要原因包括:第一,民间金融市场借款人的资金需求具有临时性和急迫性,如因货币政策调整,银行对资信状况不佳的私营企业"抽贷"以及企业的银行贷款到期需要"过桥"贷款进行过渡等,这些融资需求具有数额大、期限短、时限紧的特点;第二,放贷人掌握借款人的私人信息。由于处于一定的社会网络内,放贷人对借款人的财务状况、家庭成员信息、社会关系网络、性格品行等私人信息都了解翔实,借款人无信息优势。因此,处于垄断地位的放贷人就可以针对借款人的个体信息和融资需求进行垄断定价，而借款人面对完全垄断的资金供给市场只有被动接受较高的市场利率。因此，经济越不发达，资金的地域流动性越低，资金剩余越少，民间金融的市场分割程度越严重，市场垄断程度越高，则民间金融市场溢价中包含的垄断租金越高。

（2）制度风险溢价。民间金融处于政府的监管范围之外，这导致民间金融市场的运行依赖于非正式的关系型契约而非政府颁布的法律、法规、政策等正式制度，因此与正规金融相区别，民间金融的市场溢价包含了覆盖制度风险的溢价部分（Bouman，1990）。制度风险包括法律风险、政策风险等。法律风险是指政府对民间金融的监管倾向发生变化，从而调整相关法律制度的阐述（如调整某些民间金融活动的合法与非法界限的阐述），这使得处于法律模糊边界的民间金融活动面临巨大的不确定性。政策风险是指因宏观经济政策变化对民间金融活动带来的不确定性。如政府因经济结构转型升级、淘汰落后产能等政策而对一些行业和企业采取相应规制措施，导致这些行业和企业发展环境恶化，甚至丧失债务偿还能力；伴随产业政策的调整，货币信贷政策也会发生变化，最先受到冲击的就是处于"剩余产能""落后产能"需要调整行业的中小企业，他们面对银行的"惜贷""断贷""抽贷"只能转向民间金融市场进行融资。随着融资环境的恶化，这类企业越来越多地涌入民间金融市场，风险不断累积。

（3）信用风险溢价。由于处于一个共同的社会网络之内，交易双方几乎不存在信息不对称状况，因而传统的民间金融市场信用风险较低。但是，随着经济发展和民间金融市场规模的扩大，民间金融机构增多，借贷双方不可避免地要突破原有的基于地缘、亲缘关系的社会网络边界的限制，这导致民间金融市场失去了有效运行的机制基础，即基于传统社会网络的信任机制、担保机制以及信息搜集与传播机制（杨农等，2013）。在失去传统的有效运行的机制基础，又缺乏现代风险管理技术的情况下，民间金融市场的信用风险将不断累积。

3. 民间金融市场的资金供求及利率影响因素

民间金融市场利率最终取决于民间金融市场的资金供给和需求状况，基于金融市场的二元性，民间金融市场的资金供给（INFSF）应该等于社会资金总供给（SF）减去正规金融部门的资金融出额（FF），民间金融市场的资金需求（INFDF）应该等于个私经济部门资金需求（PDF）减去正规金融部门对个私经济部门的融资额（PFF），具体由公式 5-1 和 5-2 表示：

$$INFSF = SF - FF \qquad (5-1)$$

$$INFDF = PDF - PFF \qquad (5-2)$$

根据公式 5-1 和 5-2，影响民间金融市场资金供给（INFSF）和需求（INFDF）的因素包括：

（1）货币政策。首先，由于货币供应量等于基础货币与货币乘数的乘积，基础货币、货币乘数均受到货币当局货币政策的影响，故而货币当局的货币政策是影响社会资金总供给的重要变量。当货币当局采取宽松的货币政策时（如降低法定存款准备金率、降低再贴现利率、开展中期借贷便利操作等），通过增加基础货币或（和）货币乘数，从而增加社会资金总供给（SF）。其次，在宽松的货币政策环境下，商业银行等正规金融机构的可贷资金充裕，受到部分融资约束的 C 部门将会获得正规金融部门更多的融资额度，从而增加正规金融部门对个私经济部门的融资额（PFF），在个私经济部门资金需求（PDF）不变的条件下，民间金融市场的资金需求（INFDF）将会减少。

（2）个私经济部门的产出。如前所述，个私经济部门包括家户、个体和私营企业，家户部门的融资目的包括消费以及生产经营投入，宏观上消费和生产经营投入都可以看作家户部门收入或产出的函数；个体和私营企业部门的融资目的是生产经营投入，既可能是为了补充流动性资金的不足，也可能是为了进行固定资产投资，已有的调查结果表明，企业进行民间融资的主要目的是补充流动性资金的不足，只有很少的比例用于固定资产投资。① 假设在一定时期内，家户部门基于消费的融资需求和基于生产经营的融资需求与家户部门的总收入之比保持不变，个体及私营企业部门的融资需求与个体及私营企业部门的产出之比保持不变，则个私经济部门的融资需求取决于个私经济部门的总产出。

（3）正规金融部门对个私经济部门的融资额。由公式 5-2 可知，在个私经济部门资金需求不变的条件下，正规金融部门对个私经济部门的融资额直接决定了个私经济部门的融资缺口的大小。

综合对民间金融市场利率构成的分析和对民间金融市场资金供求影响因素的讨论，民间金融市场利率的影响因素包括货币政策、个私经济部门的产出、正规金融部门对个私经济部门的融资额以及正规金融市场利率、资金配置的市场化程度和正规金融机构的贷款余额与存款余额之比，其中前三个因素通过影响民间金融市场的资金供求进而影响利率，后三个因素的影响机制分析如下：

（1）正规金融市场利率。由于民间金融市场的资金需求方是被正规金融市场排斥的资信状况不佳的借款人，因此从贷款人机会成本的角度考虑，处于市场垄断地位的放贷人会以区域内正规金融市场利率作为定价基准再加以风险加成进行定价（李恩平，2002）。因此，民间金融市场利率将随着正规金融市场利率的变化而正向变化。

（2）市场制度环境。市场制度环境从多方面影响民间金融市场利率水平。第一，市场制度环境良好，则资金配置的市场化程度，商业银行在发放信贷的过程中较少受到来自政府部门的行政干预（钱先航，2012；潘敏、魏海瑞，2015），商业银行可以将更多的可贷资金依据市场化原则进行配置，从而增加正规金融部门对个私经济部门的信贷

---

① 如中国人民银行重庆营业管理部对 122 家小微企业的调查显示，2014 年一季度样本企业民间融资中"流动资金"的占比为 68.21%，"固定资产投资"占比为 7.89%；由于银行逐步收紧对民营企业的贷款投放，2015 年四季度，样本企业用于"流动资金"的民间融资额占比达到 95.8%，"固定资产投资"占比为 0。

支持力度，减少民间金融市场的资金需求。第二，市场制度环境良好，则借款人在贷款过程中需要支付的其他交易费用（各种公关费用、行贿成本等）较少（Gupta 和 Chaudhuri，1997；谢平、陆磊，2003），借款人从商业银行等正规金融机构获得资金的实际成本就较低，从而使更多的中小企业可以获取信贷资金，这既减少了民间金融市场的融资需求，也降低了正规金融部门的实际资金价格，进而从两个方面降低了民间金融市场利率水平。第三，良好的市场制度环境也会提高民间金融的市场化程度。良好的市场制度环境意味着对债权人有更完备的司法保护，民间金融契约可以得到更好的执行，信用风险更低。第四，良好的市场制度环境会促进民间金融中介机构数量的增加和运行的规范化，促进区域间民间金融市场的融合，从而降低民间金融市场资金供给方的垄断程度，减少民间金融市场溢价中的垄断租金。因此，良好的市场制度环境会降低民间金融市场的信用风险和垄断租金，从而降低民间金融的市场溢价。

（3）正规金融机构的贷款余额与存款余额之比。正规金融机构的贷款余额与存款余额之比（简称贷存比）可以反映金融市场的资金丰裕程度。贷存比越小，可利用的社会闲置资金越多，理论上民间金融市场的资金供给也就越多，在民间金融市场需求不变的条件下，民间金融市场利率将会降低。

（三）西部农村民间金融利率的形成机制：实证分析

在上述理论分析的基础上，本节我们将使用各地区 2005—2015 年民间借贷利率的非平衡面板数据对影响民间借贷利率水平的主要因素进行分析。我们认为民间金融利率的形成机制在区域间没有差异，所以对民间金融利率影响因素的分析中采用的是全国的省级面板数据。

1. 模型、变量与数据

根据前述对民间金融市场利率形成的理论分析以及数据的可得性，本节选择正规金融机构贷款利率（FR）、法定存款准备金率（RR）、个私部门经济增长率（PG）、正规金融机构对个私部门的资金支持力度（FL）、市场制度环境（IC）、正规金融机构的贷存比（LDR）六个解释变量来实证检验民间金融市场利率的形成机制，计量模型设定如下：

$$\text{INFR}_{i,t} = c + \beta \text{INFR}_{i,t-1} + \alpha_1 \text{FR}_{i,t} + \alpha_2 \text{RR}_{i,t} + \alpha_3 \text{PG}_{i,t} + \alpha_4 \text{FL}_{i,t} + \alpha_5 \text{IC}_{i,t} + \alpha_6 \text{LDR}_{i,t} + \eta_i + \lambda_t + \varepsilon_{i,t} \quad (5-3)$$

各变量的指标选择详述如下：

（1）民间金融市场利率（INFR）。各省份民间金融市场利率数据的缺乏一直是对民间金融利率开展深入研究的障碍。本节依据姚耀军（2009）、胡金焱（2013）的思路，从2005—2015年各地区《金融运行报告》及各期《金融统计与分析》中搜集了各省份的民间借贷利率数据作为民间金融市场利率的代理指标。由于部分地区的金融运行报告中没有民间借贷利率数据，本文共搜集了29个地区2005—2011年的包含147个样本观察值的非平衡面板数据[①]，其中东部地区包括北京、辽宁、河北、山东、江苏、浙江、福建、广东和海南总共9个地区的44个观测值，中部地区包括吉林、黑龙江、山西、安徽、河南、湖南、湖北、江西总共8个省的46个观察值，西部地区包括内蒙古、陕西、青海、宁夏、甘肃、新疆、四川、重庆、云南、贵州、广西和西藏总共12个地区57个观测值。为了消除通货膨胀率的影响，本节将名义值减去居民消费价格指数得到民间借贷利率的实际值。

（2）正规金融机构的贷款利率（FR）。根据前文的理论分析，正规金融机构贷款利率是民间金融市场利率形成的重要基准，民间金融

---

① 数据由各地区2005—2011年《货币政策运行报告》和2011—2015年各期《金融统计与分析》搜集整理。上海、天津的《金融运行报告》没有提供民间借贷利率数据，因而本文的样本只涵盖了29个地区。

市场利率会随着正规金融市场利率的变化而同向变化。本节选择各类金融机构各期限贷款的平均利率来表示正规金融机构的贷款利率。由于没有公开的各地区的平均贷款利率，我们根据各地区《金融运行报告》中的各金融机构贷款利率分类数据，通过加权平均计算得到各地区正规金融机构的平均贷款利率。为了消除通货膨胀率的影响，本节以计算得到的平均利率减去相应的居民消费价格指数得到正规金融机构贷款的实际平均利率。正规金融机构的贷款利率与民间金融市场利率的关系如图 5-9 所示，二者之间存在正相关关系，这与本节的理论分析是一致的。

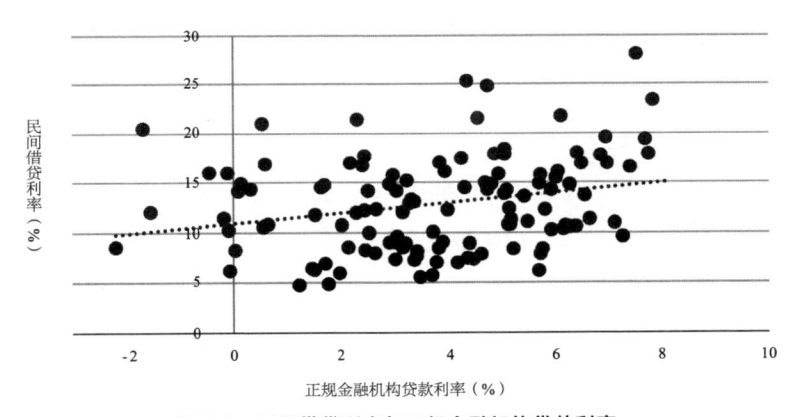

图 5-9　民间借贷利率与正规金融机构贷款利率

（3）法定存款准备金率（RR）。本节选择法定存款准备金率作为货币政策的代理指标，用以刻画货币政策对民间金融市场利率的影响。法定存款准备金率越高，则商业银行的可贷资金越少，社会资金总供给越少，在其他条件不变的情形下，民间金融市场利率越高。本节从中国人民银行网站收集了法定存款准备金率的数据，并就一年内法定准备金率调整的情形依据调整时间计算了加权平均值。法定存款准备金率与民间金融市场利率的关系如图 5-10 所示，二者之间存在正相关关系，这与本节的理论分析是一致的。

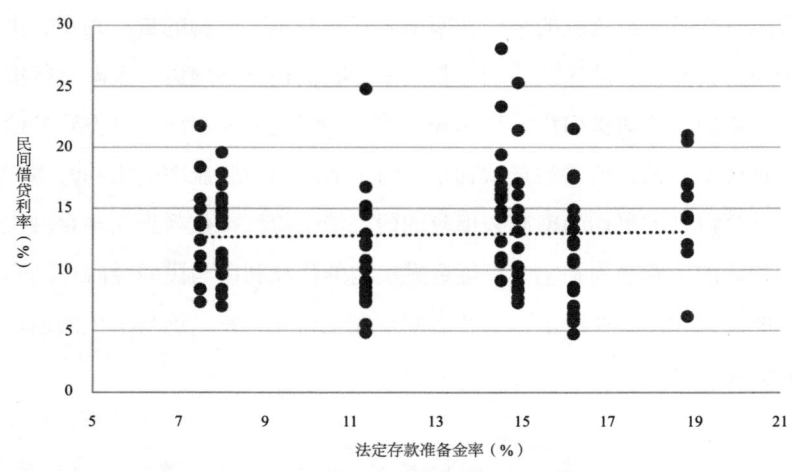

图 5-10　民间借贷利率与法定准备金率

（4）个私部门经济增长率（PG）。个私部门经济规模直接决定了民间金融市场的资金需求，因此个私部门经济增长率越高，则民间金融市场利率也就越高。由于缺乏各地区个体和私营企业的产出数据，本文选择各地区个体工商户和私营企业的就业人数的增长率作为个私部门经济增长率的代理指标。各地区个体工商户和私营企业就业人数数据来自历年《中国人口和就业统计年鉴》，个私部门经济增长率与民间金融市场利率的关系如图 5-11 所示，二者之间存在正相关关系，这与本节的理论分析是一致的。

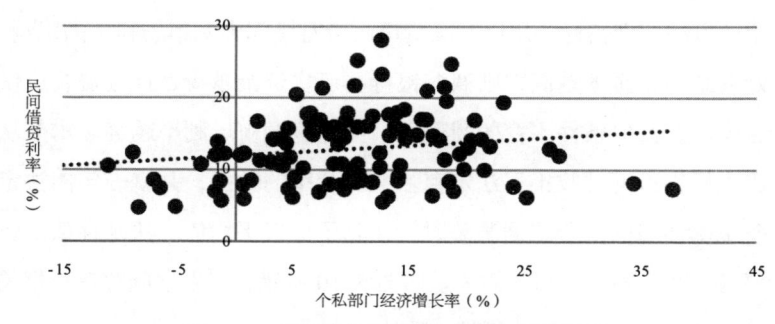

图 5-11　民间借贷利率与个私部门经济增长率

（5）正规金融机构对个私部门的资金支持力度（FL）。正规金融机构对个私部门的资金支持力度越大，在个私部门资金需求不变的条件下，个私部门的融资缺口越大，民间金融市场利率也就越高。考虑到民间金融市场的融资期限大多在一年以内，本节选择正规金融机构对个私部门的贷款占短期贷款的比例来度量正规金融机构对个私部门的资金支持力度，其中正规金融机构对个私部门的贷款以正规金融机构短期贷款中对农户、个体工商户和私营企业的贷款加总得到，贷款数据来自各地区历年的《统计年鉴》，由于缺乏 2011—2015 年的贷款数据，本文对部分地区的贷款数据做了估测。正规金融机构对个私部门的资金支持力度与民间金融市场利率的关系如图 5-12 所示，二者之间存在负相关关系，这与本节的理论分析是一致的。

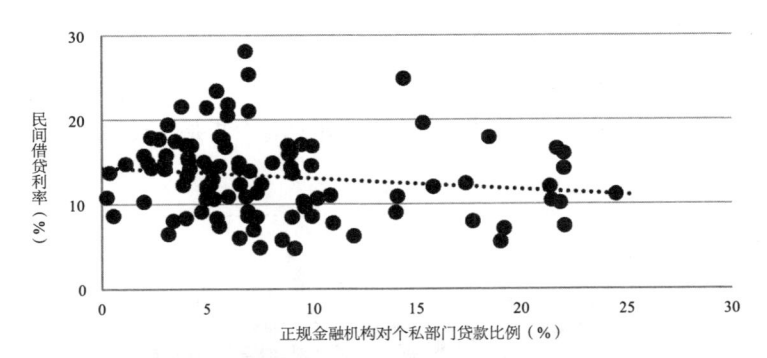

图 5-12　民间借贷利率与正规金融机构对个私部门贷款比例

（6）市场制度环境（IC）。市场制度环境越良好，市场机制越完备，则民间金融市场利率越低。本节选择《中国市场化指数》（2011，2016）报告中的市场化指数这一综合指标作为市场制度环境的代理变量。由于《中国市场化指数》（2016）的指数编制方法与 2011 年的编制方法存在差异，我们依据 2016 年的编制方法对 2005—2007 年的数据进行了调整。市场制度环境与民间金融市场利率的关系如图 5-13 所示，二者之间存在负相关关系，这与本节的理论分析是一致的。

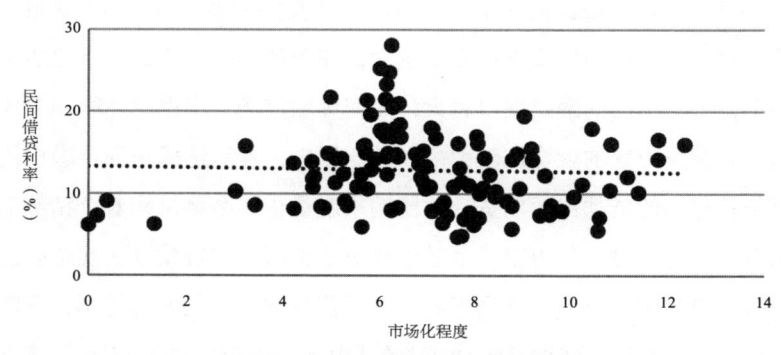

图 5-13　民间借贷利率与市场制度环境

（7）贷存比（LDR）。正规金融机构的贷款余额与存款余额之比（LDR）反映了社会资金的丰裕程度，贷存比越高，表明民间金融市场的资金供给越充足，在民间金融市场资金需求一定的条件下，民间金融市场利率也就越低。正规金融机构的贷款余额与存款余额数据来自各地区历年的《统计年鉴》。贷存比与民间金融市场利率的关系如图 5-14 所示，二者之间存在正相关关系，这与本节的理论分析是一致的。

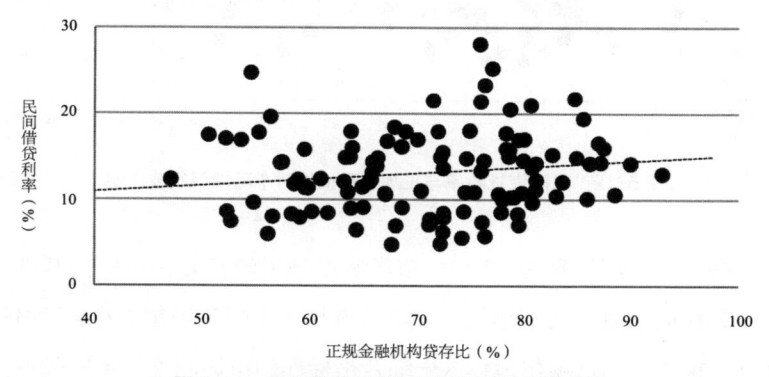

图 5-14　民间借贷利率与正规金融机构贷存比

表 5-5 显示了相关变量的描述性统计结果。为了检验解释变量间可能存在的多重共线性，本节计算了各解释变量间的简单相关系数及 VIF 值，结果表明解释变量间不存在严重的多重共线性。

表 5-5 变量的描述性统计

变量	观察值	均值	标准差	最小值	最大值
INFR	147	12.8694	4.7330	4.7545	28.1
FR	147	3.7315	2.2661	−2.1990	7.8308
RR	147	12.9058	3.7151	7.5	18.83
PG	147	9.92	8.50	11.08	37.75
LDR	147	69.09	13.33	23.27	92.88
IC	147	6.9430	2.2619	0	12.345
FL	126	8.24	5.76	0.23	24.48

注：由于北京、广东、河北、江西、西藏、重庆的《统计年鉴》中没有列出个私贷款的数据，所以 FL 的观测值只有 126 个。

2. 回归分析及结果讨论

本节先对回归方程（公式 5-3）进行了静态面板估计作为基础。Hausman 检验结果表明应该使用随机效应模型进行估计，同时也考虑了个体的时间效应，但结果表明时间效应并不显著，按照文献的通常做法，本节估计了多个方程，估计结果如表 5-6 所示，模型（6）和（7）分别是混合效应模型和固定效应模型的回归结果。由表 5-6 可知，变量 FR 和 RR 的系数在各模型中的估计值均为正，且在 1% 的显著性水平下均显著，这说明正规金融机构的实际贷款利率与民间金融市场实际利率存在显著的正向关系，即区域内正规金融市场实际利率越高，则民间金融市场实际利率也越高；而存款准备金率的调整也会显著影响民间金融市场实际利率的同向变动。这与前文的理论分析是一致的。此外，变量 IC 和 LDR 的系数估计值也符合理论预期，市场制度环境与民间金融市场实际利率在 1% 的显著性水平上存在负向关系，即市场制度环境的改善可以带来民间金融市场实际利率的降低；正规金融机构的贷存比与民间金融市场实际利率在 10% 的显著性水平上存在正向关系，即正规金融机构的贷存比的提高会带来民间金融市场实际利率的同向变动。但是，变量 FL 的系数估计值在各模型中不一致，除模型（3）外与预期均不相符；变量 PG 的系数估计值在各模型中也不显著。这可能是因为静态面板随机效应模型未考虑内生性问题造成的。

表 5-6　静态面板随机效应模型估计结果

变量	（1）	（2）	（3）	（4）	（5）	（6）	（7）
FR	0.981*** （6.10）	0.950*** （5.89）	1.023*** （5.54）	1.051*** （5.79）	1.087*** （6.07）	1.119*** （4.78）	1.047*** （5.70）
RR	0.332*** （3.38）	0.314*** （3.19）	0.368*** （3.33）	0.436*** （3.90）	0.478*** （4.27）	0.545*** （3.75）	0.424*** （3.38）
PG		0.0552 （1.46）	0.0530 （1.20）	0.0684 （1.56）	0.0671 （1.56）	0.127** （2.42）	0.0476 （1.06）
FL			−0.0227 （−0.20）	0.106 （0.89）	0.126 （1.05）	0.0434 （0.45）	0.450** （2.21）
IC				−1.012** （−2.53）	−1.227*** （−2.97）	−1.171*** （−3.68）	−0.335 （−0.34）
LDR					0.1213* （1.94）	0.1104** （2.41）	0.1115 （1.00）
R^2	0.3026	0.3158	0.3333	0.3585	0.3896	0.3641	0.3753
样本数	147	147	126	126	126	126	126

注：①本表未汇报常数项的估计结果；②由于北京、广东、河北、江西、西藏、重庆的《统计年鉴》中没有列出个私贷款的数据，所以 FL 的观测值只有 126 个；③括号内数值为 t 值，*、** 和 *** 分别表示 10%、5% 和 1% 的显著性水平。

因此，为了克服可能的内生性问题，本节将采用动态面板 GMM 估计方法对回归方程进行估计，以揭示各解释变量与民间金融市场实际利率的因果关系。由于时间虚拟变量在回归方程中并不显著，所以最终的回归结果中未包含时间变量，表 5-7 和表 5-8 分别是动态面板差分 GMM 和系统 GMM 的估计结果。

由表 5-7 可知，所有模型均通过了 Sargan 检验，即差分 GMM 估计接受 Sargan 检验"所有工具变量均有效"的原假设；只有模型（4）接受了"扰动项没有二阶序列相关"的原假设，即只有模型（4）的差分 GMM 估计量是一致的。因此，只有模型（4）的差分 GMM 估计是合适的。模型（4）的估计结果显示各变量的系数估计值符号都是符合理论预期的，其中变量 FR、RR 和 PG 的系数估计值均为正且在 1% 的显著性水平下显著，说明正规金融机构贷款实际利率、法定存款准备金率和个私部门经济增长率的提高都可以显著提高民间金融市场实际利率，这三个变量与民间金融市场实际利率之间的正相关关系是稳健的；变量 FL 和 IC 的系数估计值均为负且分别在 1% 和 5% 的显著性水平下显著，说明正规金融机构向个私部门的贷款比率的提高和市场制度环境的改善都可以显著降低民间金融市场实际利率，这两个变量与民间金融市场实际利率之间的负相关关系也是稳健的。

表 5-7 动态面板差分 GMM 估计结果

变量	（1）	（2）	（3）	（4）	（5）
FR	1.282*** （19.67）	1.266*** （20.32）	1.096*** （14.93）	1.069*** （17.45）	1.101*** （18.13）
RR	0.513*** （6.93）	0.471*** （6.05）	0.380*** （4.16）	0.473*** （4.84）	0.604*** （7.82）
PG		0.00337 （0.18）	0.0288*** （2.58）	0.0328** （2.03）	0.0271* （1.90）
FL			−0.881*** （−4.43）	−0.760*** （−3.97）	−0.509** （−2.57）
IC				−1.118** （−2.17）	−1.668*** （−5.01）
LDR					0.2517*** （5.52）
样本数	83	83	79	79	79
AR（1）	−1.3748 ［0.1692］	−1.3002 ［0.1935］	−1.6269 ［0.1038］	−1.6944 ［0.0901］	−1.4371 ［0.1507］
AR（2）	−0.4338 ［0.6645］	−0.3681 ［0.7128］	0.5613 ［0.5746］	0.5852 ［0.5584］	0.5491 ［0.5829］
Sargan 检验	14.0227 ［0.2317］	13.0475 ［0.2902］	11.9391 ［0.3682］	14.1693 ［0.2238］	12.8221 ［0.3051］

注：①由于面板数据的非平衡性，样本退化为 20 个省份共 83 个观测值，FL 的数据缺失导致模型（1）、（2）和（3）的样本数减少为 79 个；②圆括号内数值为 t 值，方括号内数值为 p 值，*、** 和 *** 分别表示 10%、5% 和 1% 的显著性水平。

相较于动态面板差分 GMM 估计，动态面板系统 GMM 估计能够克服前者可能存在的弱工具变量问题，并且估计量更有效率，因此本节同样对回归方程（公式 5-3）进行了系统 GMM 估计，回归结果见表 5-8。由表 5-8 可知，各模型均通过了 Sargan 检验，即系统 GMM 估计接受 Sargan 检验"所有工具变量均有效"的原假设；各模型均通过了扰动项无自相关的检验，即系统 GMM 估计不能拒绝模型中"扰动项没有二阶序列相关"的原假设，系统 GMM 估计量是一致的。因此，表 5-8 中各模型使用系统 GMM 估计是合适的。比较模型（1）至（5）可以发现，各变量的系数估计符号均符合理论预期，且至少在 10% 的显著性水平上显著，表明各变量与民间金融市场实际利率间均存在稳健的相关关系。从模型（5）可知，变量 FR 的回归系数为 1.31，表明正规金融机构贷款的实际利率上升 1 个百分点（贷款实际利率的绝对值增加 1 个百分点），民间金融市场的实际利率将上升约 1.31 个百分点；变量 RR 的回归系数为 0.775，表明法定存款准备金率上浮 1 个百分点，民间金融市场的实际利率将上升 0.775 个百分点；变量 PG 的回归系数为 0.0549，表明个私部门的经济增长率上升 1 个百分点，民间金融市场的实际利率将上升 0.0549 个百分点；变量 FL 的回归系数为 -0.321，表明正规金融机构对个私经济部门的贷款比例增加 1 个百分点，民间金融市场实际利率将下降 0.321 个百分点；变量 IC 的回归系数为 -0.3914，表明市场制度环境提高 1 个单位，民间金融市场实际利率将会降低 0.3914 个百分点；变量 LDR 的回归系数为 0.2358，表明正规金融机构的贷存比上升 1 个百分点，民间金融市场实际利率将会上升 0.2358 个百分点。

表 5-8　动态面板系统 GMM 估计结果

变量	（1）	（2）	（3）	（4）	（5）
FR	1.385*** （16.25）	1.333*** （17.36）	1.290*** （20.97）	1.257*** （14.51）	1.310*** （13.65）
RR	0.727*** （10.25）	0.719*** （11.03）	0.776*** （11.48）	0.779*** （11.30）	0.775*** （10.52）
PG		0.0258*** （4.26）	0.0586*** （5.91）	0.0619*** （5.05）	0.0549*** （4.06）
FL			−0.335** （−2.33）	−0.408*** （−3.26）	−0.321* （−1.86）
IC				−0.553** （−2.12）	−0.3914** （−2.07）
LDR					0.2358* （1.89）
样本数	123	123	106	106	106
AR（1）	−1.7151 [0.0863]	−1.6798 [0.0929]	−1.6755 [0.0938]	−1.7001 [0.0891]	−1.7217 [0.0851]
AR（2）	−0.5225 [0.6013]	−0.5593 [0.5759]	−0.0441 [0.9648]	0.1123 [0.9106]	−0.0725 [0.9422]
Sargan 检验	14.8583 [0.3163]	16.3287 [0.2318]	11.7435 [0.5488]	12.9766 [0.4496]	12.6811 [0.4727]

注：①由于面板数据的非平衡性，样本退化为 26 个地区共 123 个观测值，FL 的数据缺失导致模型（1）、（2）和（3）的样本数减少为 106 个；②圆括号内数值为 t 值，方括号内数值为 p 值，*、** 和 *** 分别表示 10%，5% 和 1% 的显著性水平。

值得关注的是，除市场制度环境（IC）之外，其他变量均为百分数，因此各回归系数的大小就决定了各解释变量对民间金融市场实际利率的影响大小。从模型（5）可知，正规金融机构贷款实际利率的回归系数远大于其他变量的系数估计值，说明正规金融机构的贷款利率在民间金融机构的贷款定价中起着重要的基准作用；存款准备金率的调整也会对民间金融市场实际利率形成较大冲击。而正规金融机构对个私部门的贷款比例与正规金融机构的贷存比对民间金融市场实际利率的影响相对较小，可能的原因是正规金融机构对个私部门的资金支持力度总体较小，因而其对民间金融市场实际利率的抑制作用也比较小；贷存比只是反映了正规金融机构的存贷相对差额，不能精确刻画民间金融资金供给，因而导致其回归系数较小。反映民间金融市场资金需求的变量——个私部门经济增长率——的回归系数只有 0.0549，远小于其他变量的系数估计值，这说明与存款准备金率等其他变量相比，个私部门经济增长引致的资金需求在民间金融市场的价格形成中作用微弱，民间金融市场实际利率的变化更多来自于货币政策的冲击。

综上所述，第一，在民间金融市场实际利率的形成中，正规金融机构贷款实际利率和存款准备金率的调整起着主导性作用，而反映民间金融市场内生需求的个私部门经济增长率的作用很小，这充分表明就本节的样本区间而言，民间金融市场具有典型的"反应性"特征而"自主性"表现不足；第二，正规金融机构对个私部门的融资支持对民间金融市场实际利率的抑制作用比较小；第三，市场制度环境的改善可以显著降低民间金融的市场溢价。

四、西部农村民间金融的影响因素：基于文化视角的解释

（一）文化与西部农村民间金融发展的文献梳理

文化作为一种非正式制度安排，一直受到经济学家的关注（亚当·斯密，1776；马歇尔，1890；哈耶克，1976；Fukuyama，1995）。Guiso、Sapienza 和 Zingalse（2006）认为，包括宗教、习俗、价值以及道德伦理等在内的诸文化因素通过社会世代传承演化而形成，通过影响人们的预期和偏好，从而影响经济与金融绩效。亚当·斯密

（1759）和穆勒（1890）均指出，宗教、价值、信仰、道德品质对经济活动有很大作用；马歇尔（1890）认为英国人所具有的庄重精神使他们容易接受宗教改革，从而诱发工业革命；格雷夫（1997）认为，在缺少法律等正式制度的情况下，信用关系能够带来契约的社会实施，从而促进经济与金融交易；陈志武（2005）更指出，正是依靠文化这一隐形合约执行机制，传统中国在金融落后的情形下依靠宗族血缘网络以及内疚机制等文化因素较好地完成了父子代间的各种隐含金融合约的高效率执行。诺斯（1990）指出，一个社会的历史传统、价值观念以及行为习惯等作为非正式制度约束的文化影响着经济制度的选择与变迁过程。Kanatas 和 Stephanotis（2005）认为文化是经济发展的发动机和金融发展的关键动力，社会文化环境的道德感越强，越有利于形成保护产权的法律环境，金融体系也越发达。

部分文献研究了文化与金融发展的关系。Calderon、Chong 和 Galindo（2001）利用国别数据实证分析了信任与金融发展间的关系，其结果表明，在控制了经济发展水平、人力资本水平以及制度环境后，社会信任水平与金融发展存在显著正相关。Guiso、Sapienza 和 Zingales（2004、2005）的实证研究表明，高社会信任水平有助于提高家庭的正规信贷可得性并降低非正规金融比例，特别地，国家和地区间的社会信任差异可以解释股票市场参与程度。Fisman 等（2017）利用印度的微观数据进行实证分析发现，文化（种族、信仰）上的接近（cultural proximity）有助于缓解借贷间的信息摩擦，从而增加信贷准入和贷款分散，减少抵押品要求，并降低违约概率。Mourouzidou-Damtsa 等（2017）利用欧洲的跨国数据实证分析发现，个人主义和层级（信任）的文化价值与国内银行承担风险的积极性相关，Bussoli 等（2017）和 Yeow 等（2014）也得出类似结论。陈雨露和马勇（2008）的实证分析表明，社会信用文化对金融结构选择和金融运行效率至关重要。马勇（2013）利用跨国数据实证分析发现，社会自律文化与较高的银行绩效、较低的银行腐败、较高的监管效率、更加综合的业务经营方式以及更加独立和一体化的金融监管体制有关。李萌和高波（2014）、李萌和张兴龙（2015）发现，具有特殊信任，风险规避程度高，源于"理性主义"的大陆法系国家，通常建立银行主导的金融体系结构；而具有普遍信任，风险规避程度低，源于"自由主义"的普通法系国家，一般选择市场主导的金融体系结构。中国"家族文化""忧患意识"的文化特征和深受大陆法系影响的法律传统，促使中国选择了银行主导的金融体系结构。

除信任这一文化维度外，也有文献专门讨论了宗教与经济金融绩效之间的关系。沿着韦伯（1904）的研究路径，近来的宗教经济学文献主要集中于讨论宗教对增长、收入和创新的影响（Barro 和 McCleary，2003；Durlauf 等，2012；Campante 和 Yanagizawa-Drott，2015；Sequeira 等，2017；Bénabou 等，2015），而关于宗教对金融行为影响的文献则相对较少，主要集中于宗教信仰对公司行为及金融市场影响的研究。Stulz 和 Williamson（2003）发现天主教国家比其他国家对债权人的保护更少，并且有更少的私人长期债务。Callen 和 Fang（2015）利用国别数据研究了宗教信仰水平与股票崩盘的关系，发现公司总部所在地的宗教信仰水平越高股票崩盘风险越小，其原因是宗教有助于管理者阻止坏消息的传播。Li 和 Cai（2016）利用中国 A 股 2003—2013 年的数据也得到类似结论，即各地区宗教环境通过减弱委托代理问题而降低了股票崩盘风险。Hilary 和 Hui（2009）利用美国的样本数据研究发现位于高宗教信仰水平地区的公司具有更低的风险（资产收益率或股权收益率的波动），此类公司具有更低的有形资本比例和研发投资比例，Jiang 等（2015）、雷光勇等（2016）发现中国的家族企业和民营企业的投资行为也具有类似的宗教信仰效应。然而，Kumar 等（2011）研究发现，宗教信仰诱致的赌博偏好影响了机构投资者的资产选择，即在天主教/新教比例高的地区的投资者体现出更强的持有博彩股票的倾向。此外，潘黎和钟春平（2015）利用世界价值观调查数据对美国家庭的宗教信仰与家庭银行借款程度的关系进行了分析，结果显示个人去教堂次数对家庭银行借款程度有显著的负向影响。

不难发现以上文献中均隐含着个体偏好的作用机制，因此一些学者进一步就宗教信仰对个体风险态度的影响展开了研究。Zingales（2003）发现宗教信仰与好的经济（更高的人均收入和产出）态度相关，Renneboog 和 Spaenjers（2009）也发现具有宗教信仰的家庭可能更节俭和保守。Noussair 等（2013）利用荷兰的样本实证研究发现信教者更厌恶风险，且新教徒比天主教徒更厌恶风险，而 Liu（2010）使用我国台湾的样本研究也发现宗教参与频率与风险厌恶存在显著的正向关系。与以上研究相反，Thornton 等（2016）通过实验研究发现宗教信仰并没有改变个体的风险偏好率。显然，关于宗教信仰与风险偏好关系的讨论远未达成一致的结论。

综上所述，从文化视角解释经济运行绩效特别是金融发展已是学界的一大热点，但基于文化这一变化度量的难度和数据的匮乏，大多数文献是围绕信任这一因素进行研究的，围绕宗教与金融发展的讨论还较为鲜见，而围绕宗教与家庭（民间）融资的研究还几乎未见。事实上，近年来中国的宗教信仰状况发生了较大的变化。世界价值观调查对我国宗教信仰的调查表明，在 1990 年接受调查的 1000 人中，无神论者人数是信教者人数的 8.85 倍，而在 2018 年接受调查的 3036 人中，无神论者人数仅为信教者人数的 2.19 倍。① 正如 Ehrenberg（1977）

---

① 世界价值观调查（World Values Survey，WVS）旨在探讨人们的价值观和信仰及其稳定性（变化），以及它们对世界各国社会政治发展的影响。这一调查始于 1981 年，目前已经进行了 7 轮调查，覆盖了近 120 个国家（经济体）及 95% 左右的全球人口。该调查中关于个人宗教信仰的问题是"您觉得自己是有宗教信仰的人吗？"，回答选项包括"1 有宗教信仰的人""2 没有宗教信仰的人"和"3 坚定的无神论者"。该问题在中国大陆的调查结果是，1990 年（被访人数为 1000 人）选择 1、2、3 的人数分别为 47、487 和 416（有不回答或回答不知道的，下同），而在 2018 年（被访人数为 3036 人）选择 1、2、3 的人数分别是 475、1485 和 1040。数据参见 http://www.worldvaluessurvey.org/wvs.jsp。

的框架所指出的那样，宗教通过影响个体的价值偏好，可能直接或间接地对家庭的融资行为产生影响。基于中国非正规融资在家庭融资中占比较高的事实（徐丽鹤和袁燕，2013），中国的家庭融资可能更易受到非正式制度的影响。因此，具有浓厚文化属性和非正式制度特征的宗教在中国的家庭融资中可能发挥了重要的作用。有基于此，本节将就宗教信仰与家庭（民间）融资问题进行分析，以拓展对宗教信仰与民间金融发展的研究。

（二）文化与西部农村民间金融发展的作用机制

本节认为，宗教信仰至少通过两条路径影响家庭融资，一是通过影响家庭的社会网络进而影响家庭融资；二是通过影响户主的受教育程度进而影响家庭融资。宗教信仰影响家庭融资的社会网络机制。宗教的社会组织属性意味着宗教也是网络驱动的，具有提供社会资源和社会支持的功能。社会网络本质上是个体之间的互动关系，而这种互动关系在具有相似价值观和兴趣的人之间更容易发生（Verbrugge 和 Lois，1977）。宗教信仰可以直接扩大个体的社会网络规模。宗教参与及教会的相关活动为具有相同宗教信仰的人提供了定期接触和交流的机会（Clarke，1988），相似的价值观、社会经济地位（社会阶层、生活方式、教育背景）和相邻的居住地使得他们之间容易形成友谊关系。此外，通过教会中某一成员的中介和联结作用，教会成员与非教会成员间可能会发生随意的社会接触（casual social contact），这促使个体超越原有的宗教社会网络范围而融入更大规模的世俗社会网络（Mcintosh 等，1979）。George 等（2002）和 Koenig 等（2012）均发现了宗教信仰提高社会网络规模的经验证据。Levy 和 Razin（2012）通过实证研究发现，参与集体性的宗教仪式活动有助于建立相互间的亲密关系，提升个体间的信任水平。也有文献发现宗教参与活动频率的增加有助于获取更多的属于同一教会成员的社会支持,这些通常以非正式方式提供的支持包括社会情感支持(如陪伴、信赖)、工具性援助(如金钱、物品)和信息帮助(Maton,1989;Hill 等,2008;Lim 和 Putnam,2010)。因此,本节认为:宗教信仰有助于扩大家庭的社会网络规模,从而提升家庭的融资可得性和融资额度。

宗教信仰影响家庭融资的人力资本机制。宗教信仰通过降低户主的人力资本投资水平,进而促进家庭融资。首先,宗教信仰可能降低教育或人力资本投资的预期收益,从而减少人力资本投资。Esteban 等(2015)在标准的个体偏好前提下,假设具有宗教信仰的人更偏好道德价值而非物质价值,并通过构建包括消费、闲暇和自由的效用模型研究发现:有宗教信仰的人的消费的边际效用更低,这又降低了他们努力工作的激励,从而降低了人力资本投资的预期收益,最终造成人力资本的投资不足。Becker 和 Woessman(2009),Scheve 和 Stasavage(2006)等均发现宗教信仰对劳动供给具有显著的负向影响。Campante 和 Yanagizawa-Drott(2015)的跨国研究也表明,穆斯林斋月时间的地区差异改变了信徒对工作的相对偏好,斋月时间越长的地区其信徒的工作时间也越短。其次,宗教信仰与人力资本投资可能存在的各种冲突减少了人力资本投资。这一冲突首先表现为时间冲突。Ehrenberg(1977)在今生—来世的效用框架基础上,认为来世的效用水平取决于今生的宗教投入(宗教参与的时间、宗教仪式的熟悉程度以及宗教伦理的掌握等),显然,宗教投入会降低人力资本投资的时间。此外,有宗教信仰的家庭教育(有神论)与世俗学校教育(无神论、科学精神、批判精神等)之间还存在着价值观冲突。父母的教育选择会在塑造子女信仰上发挥作用,很多文献讨论了这种文化代际传播的机制(Benabou 和 Tirole,2006;Bisin 和 Verdier,2001;Tabellini,2008)。有宗教信仰的父母会通过家庭教育使得子女的宗教信仰与自己保持一致,这会降低父母对子女进行世俗教育投资的激励。此外,阮荣平等

(2016)指出,在中国的学校中,占比较少的有宗教信仰者可能不能很好地融入到学校环境中,这会对其学习成绩产生负面影响。因此,本节认为:宗教信仰会降低户主的人力资本投资水平,从而提升家庭的融资可得性和融资额度。

(三)文化与西部农村民间金融发展的实证分析

1. 数据来源、变量描述与模型设定

本节研究的数据来自于北京大学中国社会科学调查中心的 CFPS,CFPS 同时包含了个体、家庭和社区三个层次的数据,重点关注中国居民的经济与非经济福利,包括经济活动、教育成果、家庭关系与家庭动态、人口迁移、健康等研究主题。利用科学的抽样技术和调查方法,CFPS 样本覆盖了中国大陆 25 个省/市/自治区,具有广泛的代表性。本节关注的主要变量是家庭融资和宗教信仰,数据年份为 2010 年、2012 年和 2014 年。本节以 2012 年的成人问卷信息为基础,根据问题 RESP1(过去一年,您家哪位家庭成员最熟悉并且可以回答家庭财务的部分问题?)筛选出户主,再按照个人 ID 号、家庭号、村居号将 2012 年成人问卷变量与 2010 年社区变量和家庭变量、2012 年家庭变量以及 2014 年家庭和成人变量逐一匹配,得到实证分析所需的数据集。

为系统刻画家庭的融资行为,本节按家庭融资方式分别构造了融资可得性和融资额两类变量作为被解释变量,前者包括总借款、正规借款、非正规借款、亲朋借款和民间借款,其取值来自问题 T8(过去一年,不包括买房贷款,您家是否通过以下途径借过款?)和 R301(连本带息,还有多少按揭贷款没还清?)的回答。当 T8 的回答包含银行(信用社)借款或 R301 的回答大于 0 时,变量正规借款取值为 1,否则为 0;当 T8 的回答分别包含亲朋借款和民间借款时,将亲朋借款和民间借款分别取值为 1,否则为 0;当变量亲朋借款等于 1 或变

量民间借款等于 1 时，变量非正规借款取值为 1，否则为 0；当变量正规借款等于 1 或变量非正规借款等于 1 时，变量总借款取值为 1，否则为 0。反映家庭融资额的变量包括总借款额、正规借款额和非正规借款额，其取值来自问题 T801（过去一年，不包括买房贷款，您家尚未还清的贷款总额是多少？）、R301（连本带息，还有多少按揭贷款没还清？）和 T802（过去一年，您家通过亲戚朋友或者民间借贷等途径借到的钱中，尚未还清的借款总额是多少？），变量正规借款额的取值等于 T801 和 R301 的答案之和，变量非正规借款额直接来自 T802 的答案，变量总借款额的取值等于变量银行借款额和变量非正规借款额的和。在 10797 户样本家庭中，约有 25.02% 的家庭在过去一年里曾有过借款，其中通过银行、信用社等正规金融机构借款的家庭占借款家庭的比重约为 24.1%，通过非正规方式借款的家庭占比约为 85.25%，而通过亲戚朋友借款的家庭占比达到 81.33%。这与 2010 年 CFPS 的统计结果以及其他调查结论基本一致。（张兵等，2013；马乃毅等，2014）。

由于户主在家庭决策中具有主导性作用，为了揭示个体的宗教信仰对家庭融资决策的影响，本节选取了每个家庭中户主的宗教信仰作为关键解释变量。宗教信仰的数据主要来自问题 M601（请问您属于什么宗教？）和 M602（您大概多长时间参加一次宗教活动/事宜？），M601 的备选答案为：佛教、道教、伊斯兰教（回教）、基督教（新教）、天主教、无宗教和其他。变量宗教信仰归属的取值来自 M601，当回答为"无宗教"时宗教信仰归属为 0，否则为 1；变量佛教、道教、伊斯兰教、基督教、天主教、其他宗教的取值也来自 M601，即当回答为对应宗教时，相应变量取值为 1，否则为 0；变量宗教信仰强度的取值来自 M602，其备选答案为：从不、一年一次、一年几次、一月一次、一月两三次、一周一次和一周几次，本节依据被问者的回答依次将宗教信仰强度赋值为 0、1、2、3、4、5、6；变量佛教信仰强度、道教信仰强度、伊斯兰教信仰强度、基督教信仰强度、天主教信仰强度和其他信仰强度的取值由对应的宗教信仰派别和宗教信仰强度相乘得到，以分别反映各宗教派别的宗教信仰强度。此外，变量宗教设施的取值来自问题 A3（您村/居地界内是否有以下设施？）和 A301（您村/内有多少个"A3 选项"？），本节将 A3 的回答为"庙宇/道观"和"教堂/清真寺"相对应的 A301 的答案相加，得到宗教设施的取值，以反映村/居地界内"庙宇/道观"和"教堂/清真寺"的数量；变量宗教重要性的取值来自问题 M603（不管您是否参加宗教信仰活动/事宜，宗教对您来说重要吗？），其备选答案为很重要、有点重要和不重要，本节依次将宗教重要性取值为 1、2、3，因此宗教重要性是一个负向变量。在 10797 名户主中，具有宗教信仰的人数为 1233，占比约 11.43%，其中佛教信仰人数与具有宗教信仰的总人数之比为 63.58%，因此佛教信仰是我国目前的主体性信仰。所有户主的宗教信仰强度均值为 0.2191，但具有宗教信仰的户主的宗教信仰强度为 1.9042，表明具有宗教信仰的户主参与宗教活动的平均状况接近于"一年几次"。此外，宗教信仰环境的数量也值得关注，其均值达到了 0.8044，说明在样本范围内几乎每个村居都有一处宗教设施。

根据已有研究的思路（金烨和李宏彬，2009；童馨乐等，2011；钟春平等，2010；杨汝岱等，2011；胡枫和陈玉宇，2012），本节还考察了户主的个体及家庭特征对家庭融资行为的影响。户主个体特征变量包括：户主年龄、户主性别、户主婚姻状况、户主社会地位。户主特征可以反映家庭的未来现金流、家庭的风险厌恶程度，如已婚户主相对单身户主意味着家庭拥有更多的未来现金流，女性的风险厌恶程度更高（Palvia 等，2015）。为了考察户主年龄对家庭融资可能存在的非线性关系（中年户主的收入和偿付能力可能更高），本节在回归模型中纳入了户主年龄的平方。本节考察的家庭特征变量包括家庭人均纯收入、家庭经营、家庭社会网络和家庭规模等，为了规避家庭纯收入与家庭融资可能存在的内生性问题，本节选择 2010 年的家庭人均纯收入作为解释变量；家庭个体（私营）经营可能直接增加家庭的融资需求，因此本节也将家庭经营纳入回归模型。此外本节还使用村居规模（人口数量）作为社区特征变量，社区人口规模越大，则家庭越有可能获得非正规融资。表 5-9 和表 5-10 分别给出了本文所涉变量的描述以及各变量的主要描述性统计结果。

本节的研究目标是系统探究宗教信仰对家庭融资行为的影响，为此，本节将家庭融资行为依据融资方式的不同划分为正规融资和非正规融资，前者仅指银行/信用社借款，后者包括亲戚朋友借款和民间借贷，对每种融资行为，本节都从融资可得性和融资额两个方面进行考察。家庭融资可得性是一个二元选择变量，本节将使用二元 Probit 模型来研究宗教信仰对家庭融资可得性的影响。同时，鉴于被解释变量家庭融资额中有很多零值，本节拟使用 Tobit 模型来研究宗教信仰对家庭融资额的影响。本节的简化实证模型设定如下：

$$FFIN = \alpha + \beta RELI + \gamma X + \varepsilon \tag{5-4}$$

表 5-9　变量说明

变量	描述
宗教信仰环境	您村/居地界内的设施数量（庙宇/道观、教堂/清真寺）
宗教信仰归属	宗教信仰（是否有宗教信仰）（0，1）
宗教信仰强度	参加宗教活动频率（0—6）
宗教重要性	宗教重要性（1—3）
佛教	宗教信仰：佛教（0，1）
道教	宗教信仰：道教（0，1）
伊斯兰教	宗教信仰：伊斯兰教（0，1）
基督教	宗教信仰：基督教（0，1）
天主教	宗教信仰：天主教（0，1）
其他信仰	宗教信仰：其他信仰（0，1）
佛教信仰强度(佛教×宗教信仰强度)	

续表

变量	描述
道教信仰强度（道教 × 宗教信仰强度）	
伊斯兰教信仰强度（伊斯兰教 × 宗教信仰强度）	
基督教信仰强度（基督教 × 宗教信仰强度）	
天主教信仰强度（天主教 × 宗教信仰强度）	
其他信仰强度（其他信仰 × 宗教信仰强度）	
总借款	您家借款的途径（银行、亲朋、民间）（0,1）
正规借款	您家借款的途径（银行、信用社等）（0,1）
非正规借款	您家借款的途径（亲朋或民间）（0,1）
亲朋借款	您家借款的途径（亲戚朋友）（0,1）
民间借款	您家借款的途径（民间借贷）（0,1）
总借款额	待偿贷款额与待偿民间借贷额之和（万元）
正规借款额	您家待偿贷款额（万元）
非正规借款额	您家民间借贷待偿额（万元）
社会网络	
春节朋友来访人数	今年春节期间有几家朋友拜访您家
家庭与户主特征	
家庭纯收入	家庭纯收入（万元）
家庭规模	家庭人口数
家庭经营	是否有人从事个体、私营经营（0,1）
户主年龄	年龄
户主年龄平方/100	年龄 × 年龄/100
户主教育水平	学历（1,8）
户主性别	性别（男=1，女=0）
户主婚姻状况	是否在婚或同居（0,1）

续表

变量	描述
户主社会地位	您在本地的社会地位（1，5）
村居人口	您村/居常住人口

注：数据根据 CFPS 整理。

表 5-10 变量的描述性统计

变量	观察值	均值	标准差	最小值	最大值
宗教信仰环境	5921	0.8044	1.5881	0	16
宗教信仰归属	5997	0.1142	0.8958	0	1
宗教信仰强度	5915	0.2191	1.1368	0	6
宗教重要性	5915	2.7605	0.5565	1	3
佛教	5997	0.0726	0.2595	0	1
道教	5997	0.0053	0.0725	0	1
伊斯兰教	5997	0.0074	0.0858	0	1
基督教	5997	0.0218	0.1459	0	1
天主教	5997	0.0035	0.0592	0	1
其他信仰	5997	0.0036	0.0599	0	1
佛教信仰强度	5915	0.1699	0.7171	0	6
道教信仰强度	5915	0.0118	0.1899	0	6
伊斯兰教信仰强度	5915	0.0326	0.4299	0	6
基督教信仰强度	5915	0.1016	0.7449	0	6
天主教信仰强度	5915	0.0121	0.2336	0	6
其他信仰强度	5915	0.0059	0.1341	0	6
总借款	5997	0.2502	0.4332	0	1
正规借款	5997	0.0603	0.2380	0	1
非正规借款	5997	0.2133	0.4097	0	1
亲朋借款	5997	0.2035	0.4058	0	1
民间借款	5997	0.0098	0.0986	0	1
总借款额	5959	2.9920	11.8095	0	400
正规借款额	5912	1.6150	9.2234	0	400

续表

变量	观察值	均值	标准差	最小值	最大值
非正规借款额	5971	1.3915	6.1703	0	300
春节朋友来访人数	5963	3.3582	6.3863	0	100
家庭纯收入	5902	3.2194	4.9472	0.0050	204.2105
家庭规模	5999	3.8423	1.7122	1	26
家庭经营	5998	0.0800	0.2713	0	1
户主年龄	5975	50.4605	12.5727	17	97
户主年龄平方/100	5975	27.0433	13.2481	2.89	94.09
户主教育水平	5971	2.5305	1.2609	1	8
户主性别	5975	0.7559	0.4296	0	1
户主婚姻状况	5929	0.8847	0.3195	0	1
户主社会地位	5970	2.7874	0.9762	1	5
村居人口	5940	4081.26	4576.08	149	51139

注：数据根据 CFPS 整理。

在公式 5-4 中，被解释变量 FFIN 表示家庭融资行为，包括反映家庭融资可得性的虚拟变量总借款、正规借款、非正规借款、亲朋借款和民间借款以及反映家庭融资额的变量总借款额、正规借款额和非正规借款额。本节关注的解释变量是反映宗教信仰的 RELI，分别使用"宗教信仰环境""宗教信仰归属"和"宗教信仰强度"作为宗教信仰的代理变量。向量 X 主要包括了家庭和户主的社会经济特征以及社区的相关信息。

2. 宗教信仰与家庭融资行为的实证分析

（1）基本回归

表 5-11 给出了宗教信仰与家庭融资可得性的回归结果。由表 5—11 可知，除正规借款外，宗教信仰对其他家庭融资方式的可得性均具有显著的正向影响。其中，宗教信仰环境、宗教信仰归属对总借款、

非正规借款、亲朋借款和民间借款的回归系数均显著为正,而宗教信仰强度只对总借款、非正规借款和亲朋借款的回归系数显著为正,其对民间借贷的回归系数为正但不显著。此外,宗教信仰环境对正规借款的回归系数也为正,其对应 p 值也十分接近于 10%。因此,从总体上看,宗教信仰对各种形式的非正规借款的可得性均具有显著的正向影响,而对正规借款(银行借款)不存在显著的正向影响。

其他变量的影响分析如下:户主年龄在各模型中均显著为正,而户主年龄的平方项均显著为负,这说明户主年龄与家庭融资可得性存在着倒 U 型关系,即随着户主年龄的增加,家庭融资可得性先上升后下降,即中年户主(样本户主年龄均值为 50.46)家庭的融资可得性最高;家庭规模在各模型中均显著为正,说明家庭规模对家庭融资可得性具有显著的正向影响,即家庭人口数越多,家庭融资可得性越大,以上结论与已有的经验研究是一致的(张兵等,2013;谭燕芝等,2015)。户主性别只在模型(4)—(6)中显著为正,说明户主性别仅对家庭正规借款的可得性具有显著正向影响。除模型(10)—(12)外,家庭经营的回归系数均显著为正,这说明除亲朋借款外,家庭经营显著提高了家庭融资可得性,亲朋借款不显著与亲朋借款的互助性、非经营性的特征相符。家庭纯收入的回归系数在各模型中则表现出较大的差异性:其在模型(4)—(6)中均显著为正,在模型(1)—(3)和模型(7)—(12)中均显著为负,在模型(13)—(15)中为负但不显著,这说明家庭纯收入显著提高了家庭获得正规借款的可能性,但是对非正规借款的可得性具有抑制作用。其可能的解释是:家庭纯收入越高,家庭陷入财务周转困难的可能性越低,当然越不可能发生非正规借款;另一方面,家庭纯收入越高,则越有可能满足正规金融机构的信贷门槛(如担保品提供),因此越容易获取大额的正规借款。婚姻状况的回归系数在各模型中均为负,但只在模型(6)中显著,注意到在模型(4)和(5)中婚姻项回归系数对应的 p 值十分接近于 10%，这表明婚姻状况对家庭正规借款可得性具有负向影响。户主社会地位的回归系数在模型（1）—（3）和模型（7）—（12）中均显著为负，在模型（4）—（6）中显著为正，在模型（13）—（15）中为正但不显著，这表明户主社会地位对家庭获得正规借款的可能性具有正向影响，而对于总借款、非正规借款和亲朋借款的可得性均具有负向影响，这一结果表明户主社会地位对家庭融资可得性的影响机制与家庭纯收入基本一致，即户主社会地位越高，则越容易获取大额的正规金融机构借款，同时越不需要小额的非正规借款。社区人口的回归系数在各模型均为正，且在模型（1）—（3）和模型（7）—（12）中显著，这表明社区人口对总借款、非正规借款、亲朋借款的可得性均具有显著的正向影响，这一结果与胡枫和陈玉宇（2012）一致。

表 5-12 给出了宗教信仰与家庭融资额的回归结果。由表 5-12 可知，表征宗教信仰的三个变量——宗教信仰环境、宗教信仰归属和宗教信仰强度——在所有模型中的回归系数均为正，且仅在模型（5）和（6）中，宗教信仰归属和宗教信仰强度的回归系数不显著。以上结果表明，宗教信仰环境对家庭正规借款额、非正规借款额和总借款额均有显著正向影响，而宗教信仰归属和宗教信仰强度只对非正规借款额和总借款额有显著正向影响，对正规借款额无显著正向影响。不难发现，宗教信仰对家庭融资额的影响与对家庭融资可得性的影响基本一致，这种正向影响对非正规借款和总借款比较稳健，但是对正规借款则不具稳健性，即社区层面的宗教信仰对家庭正规借款的正向影响是显著的，而个体层面的宗教信仰，无论是宗教信仰归属还是宗教信仰强度，影响均不显著。其他变量的结果与表 5-11 基本一致，在此不再赘述。

（2）分宗教派别回归

表 5-13 和表 5-14 给出了按不同宗教派别的回归结果。由表 5-13

和表 5-14 可知，不同宗教派别信仰及信仰强度对家庭融资的影响存在明显差异。在表 5-13 中，佛教信仰对总借款、非正规借款、亲朋借款、总借款额、非正规借款额的回归系数均显著为正，对正规借款、民间借款和正规借款额的回归系数为正但不显著；道教信仰仅对民间借款的回归系数显著为正，在其他模型中均不显著；天主教信仰对正规借款和民间借款的回归系数显著为正，在其他模型中均不显著；基督教信仰和其他信仰的回归系数在各模型中均不显著。值得关注的是伊斯兰教信仰，其对正规借款的回归系数显著为负，对正规借款额的回归系数也为负，尽管不显著，但该系数对应 p 值很接近 10%。区别于基本回归部分的结果，伊斯兰教信仰和天主教信仰对正规借款的回归系数不仅显著，且符号相反。

在表 5-14 中，佛教信仰强度对总借款、非正规借款、亲朋借款、总借款额和非正规借款额的回归系数均显著为正，对正规借款、民间借款和正规借款额的回归系数为正但不显著；道教信仰强度仅对民间借款的回归系数显著为正，在其他模型中均不显著；伊斯兰教信仰强度仅对正规借款的回归系数显著为负，在其他模型中均不显著；而基督教信仰强度、天主教信仰强度以及其他信仰强度在各模型中的回归系数均不显著。比较表 5-13 和表 5-14 的结果可知，佛教信仰、道教信仰、伊斯兰教信仰和基督教信仰与对应的信仰强度变量对家庭融资行为的影响完全一致，而天主教信仰强度对正规借款和民间借款的影响变得不再显著。这一结果表明，在中国的社会情境下，相对于宗教信仰归属，宗教信仰强度对家庭融资行为的影响可能更弱，其背后的原因可能是中国社会的宗教信仰动机和虔诚度与西方社会存在较大差异。

表 5-13 和表 5-14 中其他控制变量的结果与前述基本一致，在此不再赘述。

表 5-11 宗教信仰与家庭融资可得性

	总借款			正规借款			非正规借款			亲朋借款			民间借款		
	(1)	(2)	(3)	(4)	(5)	(6)	(7)	(8)	(9)	(10)	(11)	(12)	(13)	(14)	(15)
宗教信仰环境	0.0374***(4.28)			0.0195(1.58)			0.0404***(4.54)			0.0366***(4.08)			0.0475**(2.48)		
宗教信仰归属		0.114**(2.57)			0.0317(0.48)			0.132***(2.91)			0.125***(2.74)			0.200*(1.84)	
宗教信仰强度			0.0293**(2.31)			0.0122(0.64)			0.0292**(2.25)			0.0295**(2.27)			0.0238(0.72)
户主年龄	0.0373***(4.11)	0.0390***(4.30)	0.0381***(4.19)	0.0474***(3.02)	0.0483***(3.08)	0.0469***(2.98)	0.0401***(4.31)	0.0419***(4.51)	0.0416***(4.45)	0.0385***(4.13)	0.0401***(4.30)	0.0397***(4.24)	0.0761**(2.30)	0.0814**(2.45)	0.0822**(2.47)
户主年龄平方/100	-0.0596***(-6.55)	-0.0614***(-6.76)	-0.0607***(-6.65)	-0.0767***(-4.58)	-0.0777***(-4.65)	-0.0764***(-4.56)	-0.0588***(-6.33)	-0.0607***(-6.54)	-0.0605***(-6.49)	-0.0568***(-6.11)	-0.0585***(-6.29)	-0.0582***(-6.24)	-0.0980***(-2.76)	-0.104***(-2.91)	-0.105***(-2.93)
户主性别	0.0429(1.22)	0.0551(1.57)	0.0526(1.50)	0.227***(4.02)	0.233***(4.13)	0.238***(4.19)	-0.0170(-0.47)	-0.00303(-0.08)	-0.00740(-0.21)	-0.0137(-0.38)	-0.00138(-0.04)	-0.00556(-0.15)	-0.0864(-0.90)	-0.0587(-0.61)	-0.0626(-0.66)
家庭经营	0.178***(3.31)	0.179***(3.35)	0.180***(3.37)	0.198***(2.77)	0.193***(2.69)	0.193***(2.69)	0.106*(1.90)	0.109**(1.96)	0.110**(1.97)	0.0758(1.35)	0.0800(1.43)	0.0808(1.44)	0.326***(2.72)	0.300**(2.50)	0.302**(2.52)
家庭规模	0.0874***(9.72)	0.0914***(10.27)	0.0922***(10.33)	0.0843***(6.37)	0.0867***(6.61)	0.0879***(6.69)	0.0771***(8.38)	0.0814***(8.94)	0.0819***(8.98)	0.0755***(8.16)	0.0792***(8.66)	0.0796***(8.69)	0.0583**(2.33)	0.0645***(2.61)	0.0649***(2.63)

第五章　西部农村民间金融发展的现实考察　　123

续表

	总借款			正规借款			非正规借款			亲朋借款			民间借款		
	(1)	(2)	(3)	(4)	(5)	(6)	(7)	(8)	(9)	(10)	(11)	(12)	(13)	(14)	(15)
家庭纯收入	-0.00966*** (-3.34)	-0.0103*** (-3.55)	-0.0104*** (-3.58)	0.00874*** (2.64)	0.00859*** (2.60)	0.00865*** (2.62)	-0.0153*** (-4.61)	-0.0160*** (-4.84)	-0.0162*** (-4.88)	-0.0152*** (-4.55)	-0.0158*** (-4.75)	-0.0160*** (-4.79)	-0.00944 (-0.75)	-0.0106 (-0.82)	-0.0110 (-0.84)
婚姻状况	-0.0738 (-1.47)	-0.0714 (-1.42)	-0.0788 (-1.57)	-0.120 (-1.55)	-0.122 (-1.57)	-0.128* (-1.65)	-0.0521 (-1.01)	-0.0495 (-0.96)	-0.0559 (-1.08)	-0.0461 (-0.89)	-0.0433 (-0.84)	-0.0492 (-0.95)	-0.0542 (-0.37)	-0.0535 (-0.37)	-0.0594 (-0.41)
户主社会地位	-0.0255* (-1.69)	-0.0260* (-1.73)	-0.0251* (-1.66)	0.0501** (2.19)	0.0502** (2.19)	0.0485** (2.12)	-0.0329** (-2.12)	-0.0335** (-2.16)	-0.0317** (-2.04)	-0.0367** (-2.36)	-0.0373** (-2.40)	-0.0356** (-2.28)	0.0662 (1.53)	0.0661 (1.55)	0.0661 (1.54)
村居人口	0.0131*** (3.82)	0.0128*** (3.73)	0.0129*** (3.75)	0.00664 (1.34)	0.00607 (1.24)	0.00611 (1.24)	0.0121*** (3.37)	0.0117*** (3.27)	0.0118*** (3.29)	0.0112*** (3.11)	0.0108*** (3.03)	0.0109*** (3.05)	0.00932 (0.88)	0.00829 (0.80)	0.00812 (0.78)
省级虚拟变量	控制	控制	控制	控制	控制	控制	控制	控制	控制	控制	控制	控制	控制	控制	控制
观测值	4906	4823	4886	4905	4923	4886	4905	4923	4886	4905	4923	4886	4905	4923	4886
Prob>chi2	0.0000	0.0000	0.0000	0.0000	0.0000	0.0000	0.0000	0.0000	0.0000	0.0000	0.0000	0.0000	0.0000	0.0000	0.0000
Pseudo R^2	0.0582	0.0572	0.0576	0.0729	0.0723	0.0732	0.0471	0.0461	0.0460	0.0449	0.0440	0.0440	0.0553	0.0534	0.0511

注：①*、**、*** 分别表示在 10%、5% 和 1% 水平上显著；②括号中是对地区进行 cluster 调整后的 z 或 t 统计值。

表 5-12 宗教信仰与家庭融资额

	总借款额			正规借款额			非正规借款额		
	(1)	(2)	(3)	(4)	(5)	(6)	(7)	(8)	(9)
宗教信仰环境	0.933*** (5.79)			0.713** (2.22)			0.601*** (6.35)		
宗教信仰归属		1.824** (2.19)			0.326 (0.18)			1.429*** (2.92)	
宗教信仰强度			0.468** (1.96)			0.341 (0.67)			0.273* (1.93)
户主年龄	0.841*** (4.87)	0.882*** (5.10)	0.855*** (4.93)	1.490*** (3.49)	1.533*** (3.58)	1.501*** (3.50)	0.509*** (4.96)	0.538*** (5.22)	0.523*** (5.07)
户主年龄平方	-1.209*** (-6.94)	-1.254*** (-7.19)	-1.230*** (-7.03)	-2.243*** (-4.88)	-2.292*** (-4.97)	-2.266*** (-4.90)	-0.694*** (-6.74)	-0.726*** (-7.01)	-0.713*** (-6.88)
户主性别	1.040 (1.56)	1.327** (2.00)	1.289* (1.94)	6.210*** (4.07)	6.415*** (4.21)	6.541*** (4.26)	-0.131 (-0.34)	0.0658 (0.17)	0.0163 (0.04)
家庭经营	4.290*** (4.37)	4.242*** (4.33)	4.245*** (4.33)	6.720*** (3.63)	6.548*** (3.53)	6.557*** (3.52)	1.777*** (2.99)	1.767*** (2.98)	1.771*** (2.99)
家庭规模	1.226*** (7.33)	1.333*** (8.04)	1.341*** (8.07)	1.995*** (5.55)	2.093*** (5.85)	2.124*** (5.92)	0.684*** (6.89)	0.753*** (7.64)	0.757*** (7.67)
家庭纯收入	0.0932* (1.90)	0.0798 (1.62)	0.0801 (1.62)	0.323*** (4.40)	0.319*** (4.33)	0.320*** (4.33)	-0.0391 (-1.20)	-0.0494 (-1.50)	-0.0500 (-1.52)
婚姻状况	-1.730* (-1.84)	-1.721* (-1.83)	-1.830* (-1.94)	-3.646* (-1.79)	-3.754* (-1.84)	-3.885* (-1.89)	-0.700 (-1.26)	-0.686 (-1.23)	-0.756 (-1.35)
户主社会单位	-0.0141 (-0.05)	-0.0235 (-0.08)	0.000188 (0.00)	1.621*** (2.66)	1.631*** (2.67)	1.597*** (2.60)	-0.105 (-0.62)	-0.114 (-0.68)	-0.0874 (-0.52)
村居人口	0.114* (1.81)	0.102 (1.61)	0.105* (1.65)	0.0154 (0.12)	0.00379 (0.03)	0.00280 (0.02)	0.0733* (1.91)	0.0665* (1.73)	0.0677* (1.76)
省级虚拟变量	控制	控制	控制	控制	控制	控制	控制	控制	控制
观测值	4844	4862	4825	4892	4910	4873	4853	4871	4834
Prob>chi2	0.0000	0.0000	0.0000	0.0000	0.0000	0.0000	0.0000	0.0000	0.0000
Pseudo R^2	0.0187	0.0177	0.0178	0.0391	0.0385	0.0389	0.0188	0.0174	0.0173

注：①*、**、*** 分别表示在10%、5%和1%水平上显著；②括号中是对地区进行 cluster 调整后的 t 统计值。

表 5-13 分派别宗教信仰与家庭融资行为

	(1)	(2)	(3)	(4)	(5)	(6)	(7)	(8)
	总借款	正规借款	非正规借款	亲朋借款	民间借款	总借款额	正规借款额	非正规借款额
佛教信仰	0.112** (2.06)	0.0477 (0.60)	0.144*** (2.62)	0.139** (2.50)	0.192 (1.45)	1.650* (1.66)	0.335 (0.16)	1.523** (2.57)
道教信仰	0.105 (0.55)	0.0602 (0.22)	0.0274 (0.14)	-0.100 (-0.47)	0.812*** (2.76)	1.262 (0.35)	-4.720 (-0.56)	1.564 (0.74)
伊斯兰教信仰	-0.00972 (-0.05)	-0.794* (-1.88)	0.112 (0.63)	0.131 (0.74)	0.163 (0.87)	-0.827 (-0.24)	-13.46 (-1.44)	0.765 (0.39)
基督教信仰	0.159 (1.62)	0.0195 (0.13)	0.110 (1.09)	0.127 (1.26)	-0.196 (-0.56)	2.860 (1.57)	2.417 (0.63)	0.981 (0.89)
天主教信仰	-0.0531 (-0.23)	0.456* (1.67)	-0.0209 (-0.09)	-0.109 (-0.45)	0.780** (2.22)	1.860 (0.44)	11.28 (1.60)	1.014 (0.41)
其他信仰	0.317 (1.39)	0.0463 (0.13)	0.344 (1.48)	0.363 (1.57)	0.383 (1.38)	4.396 (1.05)	0.459 (0.05)	3.274 (1.34)
户主年龄	0.0391*** (4.31)	0.0449*** (2.95)	0.0420*** (4.52)	0.0402*** (4.32)	0.0793** (2.38)	0.883*** (5.10)	1.421*** (3.45)	0.538*** (5.22)
户主年龄平方	-0.0615*** (-6.77)	-0.0735*** (-4.54)	-0.0608*** (-6.55)	-0.0586*** (-6.31)	-0.102*** (-2.85)	-1.255*** (-7.19)	-2.156*** (-4.87)	-0.726*** (-7.01)
户主性别	0.0559 (1.59)	0.249*** (4.45)	-0.00268 (-0.07)	-0.000398 (-0.01)	-0.0710 (-0.74)	1.336** (2.01)	6.662*** (4.44)	0.0624 (0.16)
家庭经营	0.178*** (3.32)	0.224*** (3.20)	0.108* (1.94)	0.0789 (1.41)	0.304** (2.51)	4.225*** (4.31)	7.270*** (4.03)	1.758*** (2.96)
家庭规模	0.0915*** (10.27)	0.0878*** (6.80)	0.0816*** (8.95)	0.0795*** (8.69)	0.0650*** (2.62)	1.333*** (8.03)	2.065*** (5.91)	0.753*** (7.63)
家庭纯收入	-0.0103*** (-3.54)	0.00765** (2.35)	-0.0160*** (-4.83)	-0.0158*** (-4.73)	-0.0111 (-0.87)	0.0803 (1.63)	0.311*** (4.28)	-0.0494 (-1.50)
婚姻状况	-0.0720 (-1.44)	-0.108 (-1.39)	-0.0501 (-0.97)	-0.0448 (-0.87)	-0.0434 (-0.30)	-1.724* (-1.83)	-3.407* (-1.68)	-0.684 (-1.22)
户主社会地位	-0.0256* (-1.69)	0.0512** (2.27)	-0.0332** (-2.14)	-0.0371** (-2.39)	0.0671 (1.55)	-0.0153 (-0.05)	1.622*** (2.72)	-0.110 (-0.66)
村居人口	0.0128*** (3.73)	0.00607 (1.23)	0.0117*** (3.26)	0.0108*** (3.03)	0.0079 (0.76)	0.102 (1.62)	0.00391 (0.03)	0.0659* (1.71)
省级虚拟变量	控制	控制	控制	控制	控制	控制	控制	控制

续表

	(1)	(2)	(3)	(4)	(5)	(6)	(7)	(8)
	总借款	正规借款	非正规借款	亲朋借款	民间借款	总借款额	正规借款额	非正规借款额
观测值	4923	4970	4923	4923	4829	4862	4957	4871
Prob>chi2	0.0000	0.0000	0.0000	0.0000	0.0000	0.0000	0.0000	0.0000
Pseudo R^2	0.0574	0.0727	0.0462	0.0443	0.0621	0.0177	0.0388	0.0174

注：① *、**、*** 分别表示在10%、5%和1%水平上显著；②括号中是对地区进行 cluster 调整后的 z 或 t 统计值。

表5-14 分派别宗教信仰强度与家庭融资行为

	(1)	(2)	(3)	(4)	(5)	(6)	(7)	(8)
	总借款	正规借款	非正规借款	亲朋借款	民间借款	总借款额	正规借款额	非正规借款额
佛教信仰强度	0.0578*** (2.98)	0.0167 (0.58)	0.0680*** (3.47)	0.0676*** (3.44)	0.0430 (0.87)	0.769** (2.14)	0.156 (0.20)	0.620*** (2.95)
道教信仰强度	0.0488 (0.70)	0.0955 (1.12)	-0.0212 (-0.27)	-0.0463 (-0.57)	0.187* (1.65)	0.336 (0.24)	-0.155 (-0.06)	0.242 (0.29)
伊斯兰教信仰强度	-0.0277 (-0.71)	-0.112* (-1.67)	-0.00326 (-0.08)	0.000989 (0.03)	-0.0082 (-0.37)	-0.578 (-0.78)	-1.596 (-1.05)	-0.136 (-0.32)
基督教信仰强度	0.0173 (0.87)	0.0203 (0.70)	0.00342 (0.16)	0.00658 (0.32)	-0.00733 (-0.12)	0.451 (1.22)	1.039 (1.43)	0.0176 (0.08)
天主教信仰强度	-0.0399 (-0.66)	0.0797 (1.16)	-0.0503 (-0.78)	-0.0709 (-1.05)	0.109 (1.09)	-0.0154 (-0.01)	1.975 (1.10)	-0.106 (-0.16)
其他信仰强度	0.160 (1.44)	-0.0705 (-0.29)	0.179 (1.59)	0.187 (1.36)	0.158 (1.24)	1.896 (0.94)	-2.158 (-0.32)	1.244 (1.07)
户主年龄	0.0382*** (4.20)	0.0436*** (2.86)	0.0417*** (4.46)	0.0399*** (4.26)	0.0813** (2.43)	0.854*** (4.92)	1.392*** (3.37)	0.522*** (5.05)
户主年龄平方	-0.0608*** (-6.67)	-0.0724*** (-4.46)	-0.0606*** (-6.50)	-0.0584*** (-6.26)	-0.104*** (-2.89)	-1.230*** (-7.03)	-2.133*** (-4.80)	-0.712*** (-6.87)
户主性别	0.0543 (1.54)	0.255*** (4.54)	-0.00630 (-0.17)	-0.00405 (-0.11)	-0.0678 (-0.71)	1.318** (1.98)	6.828*** (4.52)	0.0223 (0.06)
家庭经营	0.178*** (3.32)	0.223*** (3.18)	0.107* (1.93)	0.0780 (1.39)	0.302** (2.51)	4.235*** (4.32)	7.253*** (4.01)	1.758*** (2.96)
家庭规模	0.0922*** (10.33)	0.0892*** (6.90)	0.0820*** (8.98)	0.0799*** (8.71)	0.0646*** (2.61)	1.341*** (8.06)	2.101*** (5.99)	0.756*** (7.66)

续表

	(1) 总借款	(2) 正规借款	(3) 非正规借款	(4) 亲朋借款	(5) 民间借款	(6) 总借款额	(7) 正规借款额	(8) 非正规借款额
家庭纯收入	-0.0104*** (-3.59)	0.00756** (2.32)	-0.0163*** (-4.89)	-0.0160*** (-4.79)	-0.0115 (-0.88)	0.0799 (1.62)	0.310*** (4.25)	-0.0504 (-1.53)
婚姻状况	-0.0776 (-1.54)	-0.114 (-1.47)	-0.0551 (-1.07)	-0.0492 (-0.95)	-0.0498 (-0.34)	-1.815* (-1.92)	-3.593* (-1.76)	-0.739 (-1.32)
户主社会地位	-0.0245 (-1.62)	0.0491** (2.18)	-0.0313** (-2.02)	-0.0353** (-2.26)	0.0676 (1.57)	0.0153 (0.05)	1.587*** (2.65)	-0.0814 (-0.48)
村居人口	0.0130*** (3.80)	0.00619 (1.26)	0.0119*** (3.32)	0.0111*** (3.09)	0.00812 (0.78)	0.107* (1.69)	0.00136 (0.01)	0.0687* (1.78)
省级虚拟变量	控制	控制	控制	控制	控制	控制	控制	控制
观测值	4886	4933	4886	4886	4793	4825	4920	4834
Prob>chi2	0.0000	0.0000	0.0000	0.0000	0.0000	0.0000	0.0000	0.0000
Pseudo R^2	0.0583	0.0733	0.0471	0.0452	0.0544	0.0179	0.0390	0.0176

注：① *、**、*** 分别表示在 10%、5% 和 1% 水平上显著；② 括号中是对地区进行 cluster 调整后的 z 或 t 统计值。

(3) 内生性检验

在基本回归和分宗教派别回归中，本节已经发现了宗教信仰影响家庭融资行为的经验证据。但是，个体宗教信仰与家庭融资行为之间可能存在严重的内生性问题进而引起模型估计偏差。尽管我们已经控制了一系列个体、家庭和社区变量，但是仍然可能存在一些未观测变量同时影响宗教信仰与家庭融资。为此，本节从两个方面进行了探索，一是通过构造工具变量进行回归，二是对解释变量做滞后处理。

寻找和构造工具变量是解决内生性问题的基本方法，本节借鉴 Gruber（2005）的思路，尝试构建了区/县（以下统称县）层面工具变量，即利用县域个体宗教信仰的复合信息代替个体的宗教信仰变量，本节构建了三个县域层面的工具变量，即县域人均宗教信仰强度（不含户主本人）、县域某教派信仰比例（不含户主本人）与户主的信仰教派交叉项、县域分教派人均信仰强度（不含户主本人）与户主的信仰教派交叉项，分别作为个体宗教信仰强度、个体分派别宗教信仰、个体分派别宗教信仰强度的工具变量。通过构造县域层面的工具变量，可以消除可能存在的未观测个体特征引起的内生性问题。宗教的文化属性使得宗教信仰具有代际传承性（Tabellini，2008），因而县域整体的宗教信仰活动及宗教信仰历史必然会影响县域内个体的宗教信仰，因而可以满足工具变量与内生变量的相关性条件。另一方面，尽管存在家庭的融资行为影响家庭成员宗教信仰的可能性，但是很难有理由认为家庭的融资行为会影响县域整体的宗教信仰情况，这说明本节所构造的工具变量满足外生性要求。

此外，本节用2012年的宗教信仰数据构造了工具变量，而其他变量则使用了2014年的调查数据，这使得关键解释变量与被解释变量间存在滞后效应。由于在基本回归中宗教信仰环境变量使用的是2010年的数据，并且宗教信仰环境是村（居）层面而非个体层面的，因而本节未对其进行内生性检验。

表5-15是县域人均宗教信仰强度（不含户主本人）作为工具变量进行两阶段回归的结果。模型（1）是第一阶段回归结果，模型（2）—（9）是第二阶段回归结果。模型（1）显示，县域人均宗教信仰强度对宗教信仰强度的回归系数为正，且在1%的水平上显著，这表明县域人均宗教信仰强度对户主宗教信仰强度有显著正向影响。模型（1）对应的F值为196.23，说明回归方程是显著的。结合模型（1）中工具变量县域人均宗教信仰强度的回归系数的p值（0.000）和模型（1）对应的F值（196.23），有理由认为不存在严重的弱工具变量问题。模型（2）—（9）的结果显示，宗教信仰强度对总借款、非正规借款、亲朋借款、总借款额和非正规借款额的回归系数均显著为正，对正规借款和正规借款额的回归系数为负但不显著，这一结果与前述基本回归的结果完全一致。

表 5-16 则构建了县域某教派信仰比例（不含户主本人）与户主的信仰教派交叉项作为宗教信仰派别的工具变量进行了回归，结果显示，佛教信仰对总借款、非正规借款、亲朋借款、民间借款及非正规借款额的回归系数均为正且显著，对正规借款、总借款额、正规借款额的回归系数均为正但不显著。道教信仰仅对民间借款的回归系数显著为正，其他均不显著。天主教信仰仅对正规借款的回归系数显著为正，其他均不显著。伊斯兰教信仰仅对正规借款显著为负，其他均不显著。基督教信仰和其他信仰在所有模型中均不显著。比较可知，表 5-16 的回归结果与表 5-13 基本一致。

表 5-17 构建了县域分教派人均信仰强度（不含户主本人）与户主的信仰教派交叉项作为分派别宗教信仰强度的工具变量进行了回归，结果显示，佛教信仰强度对总借款、非正规借款、亲朋借款、民间借款、总借款额和非正规借款额的回归系数均为正且显著，对正规借款和正规借款额的回归系数为正但不显著。道教信仰强度仅对民间借款的回归系数为正且显著，其他均不显著。伊斯兰教信仰强度仅对正规借款的回归系数为负且显著。基督教信仰强度、天主教信仰强度和其他信仰强度在各模型中均不显著。不难发现，表 5-17 与表 5-14 的回归结果基本一致。

表 5-15　内生性检验一

	(1)	(2)	(3)	(4)	(5)	(6)	(7)	(8)	(9)
	家教信仰强度	总借款	正规借款	非正规借款	亲朋借款	民间借款	总借款额	正规借款额	非正规借款额
宗教信仰强度		0.0439* (1.65)	-0.0474 (-1.01)	0.0807*** (2.60)	0.0769** (2.47)	0.0926 (1.33)	1.183** (2.08)	-1.160 (-0.92)	1.232*** (3.71)
村居人均宗教信仰强度	1.0518*** (43.68)								
户主年龄	0.0022 (0.38)	0.0380*** (4.17)	0.0473*** (3.01)	0.0412*** (4.40)	0.0393*** (4.20)	0.0817** (2.45)	0.848*** (4.88)	1.516*** (3.53)	0.514*** (4.98)

续表

	(1)家教信仰强度	(2)总借款	(3)正规借款	(4)非正规借款	(5)亲朋借款	(6)民间借款	(7)总借款额	(8)正规借款额	(9)非正规借款额
户主年龄平方	-0.0013 (-0.23)	-0.0606*** (-6.64)	-0.0768*** (-4.58)	-0.0601*** (-6.45)	-0.0580*** (-6.21)	-0.104*** (-2.91)	-1.224*** (-7.00)	-2.279*** (-4.92)	-0.705*** (-6.80)
户主性别	-0.1156*** (-4.58)	0.0541 (1.53)	0.230*** (4.03)	-0.00240 (-0.07)	-0.000943 (-0.03)	-0.0561 (-0.59)	1.361** (2.04)	6.345*** (4.11)	0.104 (0.26)
家庭经营	0.0500 (1.22)	0.180*** (3.35)	0.195*** (2.72)	0.107* (1.93)	0.0785 (1.40)	0.300** (2.50)	4.210*** (4.29)	6.620*** (3.55)	1.722*** (2.90)
家庭规模	0.0068 (1.05)	0.0919*** (10.29)	0.0891*** (6.76)	0.0810*** (8.86)	0.0788*** (8.59)	0.0636** (2.57)	1.329*** (7.98)	2.152*** (5.98)	0.740*** (7.49)
家庭纯收入	-0.0018 (-0.81)	-0.0103*** (-3.56)	0.00846** (2.55)	-0.0161*** (-4.83)	-0.0158*** (-4.74)	-0.0107 (-0.82)	0.0824* (1.67)	0.315*** (4.26)	-0.0469 (-1.42)
婚姻状况	-0.1350*** (-3.83)	-0.0764 (-1.51)	-0.139* (-1.77)	-0.0473 (-0.91)	-0.0414 (-0.80)	-0.0465 (-0.32)	-1.709* (-1.80)	-4.147** (-2.01)	-0.591 (-1.05)
户主社会地位	0.0116 (1.06)	-0.0255* (-1.68)	0.0500** (2.17)	-0.0331** (-2.12)	-0.0369** (-2.36)	0.0635 (1.48)	-0.0189 (-0.07)	1.630*** (2.65)	-0.115 (-0.68)
村居人口	0.0001 (0.06)	0.0129*** (3.77)	0.0058 (1.19)	0.0120*** (3.34)	0.0111*** (3.10)	0.00832 (0.80)	0.108* (1.70)	0.00929 (0.07)	0.0716* (1.85)
省级虚拟变量	控制	控制	控制	控制	控制	控制	控制	控制	控制
观测值	4886	4886	4886	4886	4886	4886	4825	4873	4834
Prob>F (Prob>chi2)	0.0000	0.0000	0.0000	0.0000	0.0000	0.0000	0.0000	0.0000	0.0000

注：① *、**、*** 分别表示在10%、5%和1%水平上显著；②括号中是对地区进行cluster调整后的z或t统计值。③模型（7）—（9）的观测值与模型（2）—（6）存在差异，故其第一阶段回归结果与模型（1）也存在极小差异，但各系数符号及显著性完全一致，因篇幅所限本表没有列出该结果。

表5-16 内生性检验二

	(1)总借款	(2)正规借款	(3)非正规借款	(4)亲朋借款	(5)民间借款	(6)总借款额	(7)正规借款额	(8)非正规借款额
村居佛教信仰比例×佛教	0.266* (1.68)	0.289 (1.18)	0.361* (1.96)	0.324* (1.74)	0.830** (2.39)	4.652 (1.38)	2.515 (0.37)	4.957** (2.53)
村居道教信仰比例×道教	-0.181 (-0.20)	-5.229 (-0.99)	0.200 (0.22)	-0.278 (-0.29)	2.502* (1.75)	5.608 (0.33)	-174.3 (-0.85)	11.26 (1.18)
村居伊斯兰信仰比例×伊斯兰教	0.243 (0.43)	-1.145* (-1.69)	0.602 (1.07)	0.665 (1.18)	0.745 (0.97)	1.097 (0.10)	-12.51 (-0.69)	3.866 (0.64)

续表

	（1）总借款	（2）正规借款	（3）非正规借款	（4）亲朋借款	（5）民间借款	（6）总借款额	（7）正规借款额	（8）非正规借款额
村居基督教信仰比例×基督教	1.145 (1.27)	0.155 (0.11)	0.897 (0.97)	1.012 (1.10)	-0.403 (-0.13)	17.49 (1.05)	13.90 (0.38)	7.211 (0.72)
村居天主教信仰比例×天主教	1.657 (0.94)	3.765* (1.93)	0.844 (0.47)	0.807 (0.44)	1.780 (0.49)	31.38 (1.03)	77.10 (1.60)	12.89 (0.68)
村居其他信仰比例×其他信仰	-0.514 (-0.86)	-1.504 (-0.78)	-0.368 (-0.62)	-0.337 (-0.57)	-0.354 (-0.65)	-8.350 (-0.72)	-38.41 (-0.72)	-3.402 (-0.52)
户主年龄	0.0389*** (4.29)	0.0448*** (2.94)	0.0418*** (4.49)	0.0400*** (4.29)	0.0801** (2.40)	0.879*** (5.08)	1.423*** (3.45)	0.534*** (5.17)
户主年龄平方	-0.0613*** (-6.74)	-0.0733*** (-4.53)	-0.0605*** (-6.51)	-0.0584*** (-6.27)	-0.103*** (-2.86)	-1.250*** (-7.16)	-2.156*** (-4.87)	-0.721*** (-6.97)
户主性别	0.0520 (1.48)	0.248*** (4.44)	-0.00709 (-0.20)	-0.00486 (-0.13)	-0.0724 (-0.76)	1.269* (1.91)	6.629*** (4.42)	0.00926 (0.02)
家庭经营	0.181*** (3.39)	0.226*** (3.23)	0.111** (2.00)	0.0818 (1.46)	0.317*** (2.64)	4.290*** (4.38)	7.245*** (4.01)	1.806*** (3.05)
家庭规模	0.0915*** (10.27)	0.0881*** (6.82)	0.0813*** (8.92)	0.0792*** (8.66)	0.0634** (2.56)	1.332*** (8.03)	2.070*** (5.92)	0.748*** (7.59)
家庭纯收入	-0.0103*** (-3.57)	0.00776** (2.39)	-0.0162*** (-4.87)	-0.0159*** (-4.77)	-0.0116 (-0.88)	0.0789 (1.60)	0.311*** (4.28)	-0.0507 (-1.54)
婚姻状况	-0.0734 (-1.47)	-0.110 (-1.42)	-0.0514 (-1.00)	-0.0453 (-0.88)	-0.0560 (-0.39)	-1.743* (-1.85)	-3.411* (-1.68)	-0.698 (-1.25)
户主社会地位	-0.0262* (-1.73)	0.0500** (2.22)	-0.0338** (-2.18)	-0.0378** (-2.43)	0.0689 (1.60)	-0.0236 (-0.08)	1.573*** (2.64)	-0.113 (-0.67)
村居人口	0.0126*** (3.69)	0.00597 (1.21)	0.0115*** (3.22)	0.0106*** (2.98)	0.00800 (0.77)	0.100 (1.59)	0.00582 (0.05)	0.0649* (1.69)
省级虚拟变量	控制	控制	控制	控制	控制	控制	控制	控制
观测值	4923	4970	4923	4923	4829	4862	4957	4871
Prob>chi2	0.0000	0.0000	0.0000	0.0000	0.0000	0.0000	0.0000	0.0000
Pseudo R^2	0.0571	0.0746	0.0459	0.0439	0.0578	0.0177	0.0390	0.0174

注：① *、**、*** 分别表示在10%、5%和1%水平上显著；②括号中是对地区进行 cluster 调整后的 z 或 t 统计值。

表 5-17 内生性检验三

	(1) 总借款	(2) 正规借款	(3) 非正规借款	(4) 亲戚借款	(5) 民间借款	(6) 总借款额	(7) 正规借款额	(8) 非正规借款额
村居人均佛教信仰强度×佛教	0.209** (2.06)	0.178 (1.28)	0.274*** (2.68)	0.267*** (2.59)	0.431** (2.19)	3.120* (1.66)	2.026 (0.52)	3.022*** (2.77)
村居人均道教信仰强度×道教	-0.166 (-0.38)	-0.490 (-0.58)	-0.146 (-0.33)	-0.382 (-0.80)	1.086* (1.68)	0.780 (0.10)	-24.24 (-0.83)	3.428 (0.75)
村居人均伊斯兰教信仰强度×伊斯兰教	0.0395 (0.46)	-0.137* (-1.86)	0.0885 (1.04)	0.0975 (1.15)	0.0823 (1.27)	0.0906 (0.06)	1.8489 (0.90)	0.429 (0.48)
村居人均基督教信仰强度×基督教	0.161 (0.89)	-0.0115 (-0.04)	0.127 (0.69)	0.151 (0.82)	-0.0150 (-0.03)	2.731 (0.81)	1.965 (0.26)	1.149 (0.57)
村居人均天主教信仰强度×天主教	0.225 (0.33)	1.247 (1.52)	-0.0504 (-0.07)	-0.0949 (-0.13)	0.101 (0.05)	7.835 (0.65)	27.20 (1.41)	2.368 (0.32)
村居人均其他信仰强度×其他信仰	3.591 (1.39)	-1.472 (-0.36)	3.933 (1.21)	4.014 (1.23)	3.689 (0.98)	23.31 (1.11)	-25.43 (-0.48)	15.54 (1.29)
户主年龄	0.0390*** (4.29)	0.0479*** (3.05)	0.0418*** (4.50)	0.0401*** (4.30)	0.0810** (2.43)	0.879*** (5.08)	1.523*** (3.56)	0.534*** (5.18)
户主年龄平方	-0.0613*** (-6.75)	-0.0772*** (-4.61)	-0.0606*** (-6.52)	-0.0585*** (-6.28)	-0.103*** (-2.89)	-1.251*** (-7.16)	-2.280*** (-4.95)	-0.722*** (-6.97)
户主性别	0.0531 (1.51)	0.232*** (4.10)	-0.00585 (-0.16)	-0.00367 (-0.10)	-0.0692 (-0.72)	1.284* (1.94)	6.420*** (4.20)	0.0235 (0.06)
家庭经营	0.180*** (3.36)	0.199*** (2.78)	0.109** (1.97)	0.0800 (1.43)	0.312*** (2.60)	4.274*** (4.36)	6.689*** (3.60)	1.794*** (3.02)
家庭规模	0.0907*** (10.17)	0.0866*** (6.58)	0.0805*** (8.81)	0.0784*** (8.54)	0.0633** (2.56)	1.322*** (7.96)	2.100*** (5.86)	0.741*** (7.51)
家庭纯收入	-0.0102*** (-3.53)	0.00864*** (2.62)	-0.0160*** (-4.83)	-0.0157*** (-4.73)	-0.0113 (-0.86)	0.0802 (1.63)	0.320*** (4.35)	-0.0497 (-1.51)
婚姻状况	-0.0713 (-1.42)	-0.120 (-1.54)	-0.0487 (-0.95)	-0.0425 (-0.82)	-0.0553 (-0.38)	-1.723* (-1.83)	-3.730* (-1.82)	-0.678 (-1.21)
户主社会地位	-0.0262* (-1.73)	0.0518** (2.26)	-0.0340** (-2.19)	-0.0380** (-2.44)	0.0705 (1.64)	-0.0190 (-0.07)	1.671*** (2.73)	-0.111 (-0.66)
村居人口	0.0127*** (3.70)	0.00611 (1.24)	0.0116*** (3.23)	0.0107*** (2.99)	0.00808 (0.77)	0.101 (1.60)	0.00263 (0.02)	0.0655* (1.70)
省级虚拟变量	控制	控制	控制	控制	控制	控制	控制	控制
观测值	4923	4865	4923	4923	4865	4862	4910	4871
Prob>chi2	0.0000	0.0000	0.0000	0.0000	0.0000	0.0000	0.0000	0.0000
Pseudo R^2	0.0576	0.0746	0.0465	0.0448	0.0547	0.0177	0.0398	0.0174

注：①*、**、*** 分别表示在10%、5%和1%水平上显著；②括号中是对地区进行cluster调整后的z或t统计值。

3. 宗教信仰影响家庭融资行为的机制讨论

（1）社会网络效应[①]

为了研究宗教信仰影响家庭融资行为的社会网络效应，本节借鉴 Renneboog 和 Spaenjers（2009）的方法，先通过模型（2）用宗教信仰变量对社会网络变量进行回归，然后将社会网络变量加入模型（1）中，通过模型（3）进行回归，通过考察相应系数的显著性来探究社会网络效应是否存在。具体的回归模型设定为：

$$SOCI=\alpha_1+\varphi RELI+\gamma_1 X+\varepsilon_1 \quad (5-5)$$

$$FFIN=\alpha_2+\beta_2 RELI+\gamma_2 X+\rho SOCI+\varepsilon_2 \quad (5-6)$$

在模型（5-5）中，SOCI 是家庭的社会网络变量，具体用"朋友来访"刻画，其他变量与模型（1）相同，若 φ 显著，则说明宗教信仰会影响家庭社会网络。除 SOCI 外，模型（5-6）中的各变量与模型（1）相同，显而易见，通过比较 β_2 与模型（1）中 β 的回归系数就可以确定宗教信仰影响家庭融资行为的社会网络效应是否存在。

表 5-18 中的模型（1）显示，在控制个人和家庭特征后，宗教信仰环境对表征社会网络的被解释变量朋友来访的回归系数为正[②]，且在 1% 的水平上显著，这与本文前述的分析完全一致，即宗教信仰环境显著增加了家庭的社会网络规模。表 5-18 中的模型（2）—（8）显示了加入朋友来访后宗教信仰环境对家庭融资行为的回归结果，将此结果与前文基本回归的结果（见表 5-11 与表 5-12）对比发现，宗教信仰

[①] 由于本节关注的社会网络变量仅包含在 2010 年的问卷中，而本节考察的宗教信仰归属和宗教信仰强度变量未出现在 2010 年的问卷中，因此本节只检验了 2010 年问卷中包含的宗教信仰环境变量对社会网络的影响机制。

[②] 已有关于家庭社会网络的文献使用春节期间亲戚来访数量、春节期间朋友来访数量以及（接上页）送出礼金（礼品）的数量和价值来作为家庭社会网络的代理变量，但相对于亲戚来访数量，朋友来访数量更能反映家庭有效的社会网络状况，而送出礼金（礼品）的数量和金额没有就对象做出区分，而且与家庭收入存在严重的相关性，因此本节选择春节期间朋友来访数量作为家庭社会网络的代理变量。本节也将春节期间亲戚来访数量与朋友来访数量的和作为家庭社会网络的代理变量进行检验，结论基本一致。

环境在各模型中的回归系数的符号和显著性没有发生变化，但是数值均变小，其降低的幅度在 2.3%—8% 之间。值得注意的是，纳入社会网络变量后，宗教信仰环境的回归系数在模型（3）和模型（8）中减少的更多，也就是说，社会网络对正规融资的影响可能更大，这一发现与胡枫和陈玉宇（2012）的结论完全一致。因此，结合表 5-18 与前述基本回归的结果，可以认为增加家庭社会网络变量（朋友来访）削弱了宗教信仰环境对家庭融资行为的影响，这意味着发现了宗教信仰环境通过家庭社会网络影响家庭融资行为的经验证据。

（2）人力资本效应

运用相同的方法，本节还检验了宗教信仰影响家庭融资行为的人力资本效应。表 5-19a 中给出了宗教信仰对人力资本的影响。由于样本中同时包含户主和户主父母的家庭数太少，本节使用成人样本数据就父母宗教信仰对子女人力资本的影响进行了回归，表 5-19a 中模型（1）—（3）显示，宗教信仰环境、宗教信仰归属和宗教信仰强度对子女教育水平的回归系数均为负，而且宗教信仰环境和宗教信仰归属的回归系数均通过了显著性检验。模型（4）—（6）给出了宗教信仰环境、宗教信仰归属和宗教信仰强度对户主教育水平的回归结果，结果显示，三者的回归系数均为负，且在 1% 的水平上显著。由此可以得出结论：宗教信仰可以显著降低个体的教育水平，这一结论与阮荣平等（2016）的结论也是一致的。

表 5-19b 给出了纳入户主教育水平后宗教信仰环境对家庭融资行为的回归结果。与前述基本回归部分的结果进行比较可知，宗教信仰环境的回归系数的符号没有发生变化，显著性水平也基本保持一致，但是回归系数的绝对值均变小。在模型（1）—（5）中，回归系数绝对值减小了 10%—15%；在模型（6）—（8）中，回归系数绝对值减小了 5%—10%。因此，结合表 5-19a 和表 5-19b 的结果可以证实，宗教信仰通过降低教育水平，从而对家庭融资行为产生了显著的正向影

响，且其对家庭融资可得性的影响要大于对家庭融资额的影响。

表 5-18 宗教信仰影响家庭融资行为的机制：社会网络效应

	（1）	（2）	（3）	（4）	（5）	（6）	（7）	（8）	（9）
	朋友来访	总借款	正规借款	非正规借款	亲朋借款	民间借款	总借款额	正规借款额	非正规借款额
宗教信仰环境	0.2033*** （4.90）	0.0359*** （4.10）	0.0181 （1.46）	0.0393*** （4.41）	0.0355*** （3.96）	0.0464** （2.42）	0.901*** （5.60）	0.667** （2.08）	0.584*** （6.18）
朋友来访	（3.14）	0.0068*** （2.15）	0.0061** （2.28）	0.0050** （2.17）	0.00488*** （0.87）	0.0045 （3.79）	0.148*** （2.59）	0.188*** （3.23）	0.0759***
控制变量	是	是	是	是	是	是	是	是	是
省级虚拟变量	控制	控制	控制	控制	控制	控制	控制	控制	控制
观测值	4905	4905	4905	4905	4905	4905	4844	4892	4853
Prob > F（Prob>chi2）	0.0000	0.0000	0.0000	0.0000	0.0000	0.0000	0.0000	0.0000	0.0000
调整 R^2（Pseudo R^2）	0.1462	0.0575	0.0717	0.0457	0.0435	0.0500	0.0183	0.0382	0.0181

注：①*、**、***分别表示在10%、5%和1%水平上显著；②括号中是对地区进行 cluster 调整后的 z 或 t 统计值。

表 5-19a 宗教信仰影响家庭融资行为的机制：人力资本机制

	（1）	（2）	（3）	（4）	（5）	（6）
	子女教育水平	子女教育水平	子女教育水平	户主教育水平	户主教育水平	户主教育水平
宗教信仰环境	-0.0337** （-2.33）			-0.0705*** （-9.19）		
宗教信仰归属		-0.139* （-1.79）			-0.193*** （-5.18）	
宗教信仰强度			-0.0325 （-1.37）			-0.0575*** （-5.51）
父母教育水平	0.288*** （15.33）	0.295*** （15.80）	0.302*** （16.00）			
控制变量	是	是	是	是	是	是
省级虚拟变量	控制	控制	控制	控制	控制	控制
观测值	848	886	826	4945	4910	4973
Prob > F	0.0000	0.0000	0.0000	0.0000	0.0000	0.0000
调整 R^2	0.0218	0.0176	0.0184	0.0146	0.0131	0.0136

注：①*、**、***分别表示在10%、5%和1%水平上显著；②括号中是对地区进行 cluster 调整后的 t 统计值。

表 5-19b 宗教信仰影响家庭融资行为的机制：人力资本效应

	（1）	（2）	（3）	（4）	（5）	（6）	（7）	（8）
	总借款	正规借款	非正规借款	亲朋借款	民间借款	总借款额	正规借款额	非正规借款额
宗教信仰环境	0.0321***（3.65）	0.0151（1.21）	0.0357***（3.98）	0.0316***（3.49）	0.0486**（2.52）	0.872***（5.37）	0.651**（2.01）	0.568***（5.97）
教育程度	−0.0742***（−5.71）	−0.0588***（−3.08）	−0.0673***（−5.01）	−0.0712***（−5.28）	0.0202（0.55）	−0.871***（−3.58）	−0.863*（−1.73）	−0.467***（−3.21）
控制变量	是	是	是	是	是	是	是	是
省级虚拟变量	控制	控制	控制	控制	控制	控制	控制	控制
N	4902	4902	4902	4902	4902	4841	4889	4850
Prob>F	0.0000	0.0000	0.0000	0.0000	0.0000	0.0000	0.0000	0.0000
Pseudo R^2	0.0612	0.0751	0.0497	0.0477	0.0556	0.0192	0.0394	0.0193

注：①*、**、***分别表示在10%、5%和1%水平上显著；②括号中是对地区进行cluster调整后的z或t统计值。

表 5-20 稳健性检验

	（1）	（2）	（3）	（4）	（5）	（6）	（7）	（8）
	总借款	正规借款	非正规借款	亲朋借款	民间借款	总借款额	正规借款额	非正规借款额
宗教重要性	−0.0572**（−2.20）	0.00226（0.06）	−0.0657**（−2.48）	−0.0633**（−2.37）	−0.0476（−0.69）	−0.713*（−1.66）	0.276（0.26）	−0.539*（−1.86）
控制变量	是	是	是	是	是	是	是	是
省级虚拟变量	控制	控制	控制	控制	控制	控制	控制	控制
N	4800	4800	4800	4800	4800	4740	4687	4649
Prob>F	0.0000	0.0000	0.0000	0.0000	0.0000	0.0000	0.0000	0.0000
Pseudo R^2	0.0591	0.0730	0.0465	0.0449	0.0443	0.0173	0.0373	0.0165

注：①*、**、***分别表示在10%、5%和1%水平上显著；②括号中是对地区进行cluster调整后的z或t统计值。

4. 稳健性检验

虽然前文就宗教信仰对家庭融资的影响进行了内生性检验，为了尽可能保持结论的稳健性，本节从三个方面做了进一步检验。

一是将问卷中"宗教重要性"作为户主宗教信仰的代理变量进行回归。宗教重要性度量了个体对宗教价值的主观判断，而不管个体是否具有宗教信仰或者参与宗教活动，因此笔者认为将这一变量作为户主宗教信仰的代理变量是合适的。表 5-20 给出了宗教重要性对家庭融资行为的回归结果，注意到宗教重要性是一个负向指标，因此表 5—20 中宗教重要性的回归结果与基本回归部分基本一致。

二是使用双变量 Probit 模型（Biprobit）重新进行实证分析。由于家庭可能同时从多种渠道进行融资，这可能导致正规借款可得性与非正规借款可得性这两个模型中的误差项间存在相关性（同样存在于亲朋借款可得性与民间借款可得性这两个模型中），因此本节利用考虑两个方程误差项之间可能相关的双变量 Probit 模型（Biprobit）对相关模型重新进行回归。重新回归的结果表明，宗教信仰相关变量及其他控制变量的回归系数变小，但是宗教信仰相关变量的显著性与前文 Probit 回归的结果基本一致，这说明本节的研究结论是稳健的。

三是按照问卷中的问题 B 7（谁是家中的主事者）重新界定了家庭户主，并以此进行实证检验，回归的结果与前文基本一致。

综上所述，有理由认为本节得到的实证结果是稳健的。

（四）研究结论与进一步研究的问题

本节的研究利用 CFPS 数据对宗教信仰与家庭融资行为进行了实证检验，研究结果表明：总体而言，宗教信仰促进了家庭融资，即宗教信仰显著提升了家庭融资的可得性和融资额。更具体地，村居宗教信仰环境显著提升了非正规借款、亲朋借款、民间借款和总借款的可得性，并显著增加了家庭正规借款、非正规借款和总借款的数额；户主的宗教信仰归属显著提升了家庭非正规借款、亲朋借款、民间借款和总借款的可得性，并显著增加了家庭非正规借款和总借款的数额；户主的宗教信仰强度显著提升了家庭非正规借款、亲朋借款和总借款的可得性，并显著增加了家庭非正规借款和总借款的数额。本节的经验研究表明，户主的宗教信仰归属和宗教信仰强度对家庭融资行为的影响是基本一致的,而村居宗教信仰环境的影响则更多元化。

分宗教派别的回归结果表明,户主宗教信仰的派别差异对其家庭融资行为的影响也存在差异。具体而言,户主的佛教信仰显著提升了家庭非正规借款、亲朋借款和总借款的可得性,并显著增加了非正规借款和总借款的数额;户主的道教信仰显著提升了家庭民间借款的可得性;户主的天主教信仰显著提升了家庭正规借款和民间借款的可得性;而户主的伊斯兰教信仰则显著降低了家庭正规借款的可得性;户主的基督教信仰和其他信仰对家庭融资行为无显著性影响。分派别的宗教信仰强度的回归结果表明,户主的佛教信仰强度、道教信仰强度、伊斯兰教信仰强度对家庭融资行为的影响与户主各自的宗教信仰派别的影响完全一致;户主的基督教信仰强度、天主教信仰强度和其他信仰强度对家庭融资行为均没有显著影响。与已有文献的区别是,分派别的宗教信仰强度对家庭融资行为的影响并没有比分派别的宗教信仰归属的影响更强烈,在天主教派中宗教信仰强度的影响甚至在弱化。本节的内生性检验和稳健性检验结果表明,以上结论是可信的。

本节通过进一步的经验研究发现了宗教信仰影响家庭融资行为的两种机制,即社会网络效应和人力资本效应。宗教信仰环境可以扩大家庭的社会网络规模,进而提高家庭的融资可得性和融资规模,这一效应对家庭正规融资的影响更大;同时,宗教信仰可能降低教育水平,而教育水平的降低提升了家庭的融资可得性和融资规模,这一效应对家庭融资可得性的影响更大。

本节就宗教信仰与家庭融资行为进行了初步研究,但这一领域的研究文献仍不充分,未来的研究至少需要关注两个方面的问题:一是更深入探究宗教信仰对家庭融资的其他影响机制,二是更深入研究各宗教派别对家庭融资行为影响的差异及其原因。特别需要注意的是,本节没有发现宗教信仰对个体的生活态度(风险偏好)有显著的影响。当然,对这一问题的进一步研究需要建立更具针对性的数据库,也需要包括社会学者在内的其他学科的研究者的积极参与。

五、西部农村民间金融发展的特点

（一）市场供给主体在民间融资中介机构与其他个人之间转换[①]

2014年一季度，中国人民银行重庆营业管理部对重庆市122家小微企业的调查显示，有59.17%的样本企业通过民间融资中介机构进行融资，并且这也是2012年开展调查以来首次有企业通过中介机构进行民间融资。样本企业通过其他企业和其他个人的融资占比则由2013年四季度的36.65%和54.58%下降为7.03%和28.72%。2013年至2014年农村民间金融供给主体发生变化可能受两个方面的影响，一是众多的创新互联网金融产品分流了企业和个人的富余资金；二是担保投资理财类等中介机构迅速扩张并参与到民间借贷业务之中，其快捷简便的运作方式吸引了大量资金需求者。进入2015年下半年以后，一方面，在货币政策持续宽松的环境下，银行理财产品以及互联网理财产品的收益率均大幅下降，再加上2015年6月股市大幅下跌，这就导致相当一部分个人富余资金重新回流到民间金融市场；另一方面，经济下行压力逐渐增大，银行、民间金融中介以及企业都加强了流动性管理，经营更加审慎，避险情绪明显上升。以上两方面因素就导致2015年四季度样本企业通过其他个人融资占比由49.34%大幅上升至92.27%，而通过民间融资中介机构和其他企业的融资占比则分别由10.36%和35.12%下降为4.16%和0。这也反映了农村民间金融市场中不同交易主体间履约机制的差异，相较于民间金融中介机构和企业，个

[①] 数据来自中国人民银行重庆营业管理部。

人之间的借贷更多是依赖于相互间的熟人关系，对风险的敏感度更低。

（二）资金用途在金融投资与流动资金之间转换

受实体经济下滑，企业利润率大幅下降影响，2014年一季度样本企业通过民间融资进行金融投资的占比达到59.17%，这也是自2012年开展调查以来企业首次通过民间融资进行金融投资；而用于流动资金的占比则由68.21%大幅下降为22.11%，固定资产投资占比由7.89%下降为2.96%。进入2015年以后，随着经济下行压力持续加大，出于风险防控的考虑，社会流动性的总体宽裕环境并没有缓解中小房地产企业以及小微企业的资金压力，因此小微企业成为民间借贷市场的主要融资方[1]。2015年四季度，94.74%的民间借贷企业为小微企业，其进行民间融资的主要目的就是筹集周转资金。样本企业用于流动资金的民间融资额占比由上一季度的57.4%大幅攀升至95.8%，达到历史最高水平；而用于金融投资的占比则由9.2%下降为0。

（三）西部农村民间融资高利贷比例高，企业对借贷利率接受度低

2015年二季度，中国人民银行成都分行对成都郊县中小企业调查表明，在发生过民间借贷的72户企业中，有高利贷行为的有30户，占比41.7%，企业高利贷金额1.3亿元，占样本企业民间融资总额的51.8%。样本企业中有64家毛利率在10%以下的涉农企业，然而这些涉农企业中有11家通过民间借贷融资，4家的借贷利率大于银行同期

---

[1] 银行对民间借贷风险极为敏感，对企业的民间借贷审查严苛，一旦发现企业参与民间借贷，则会马上抽贷或不予发放新贷款。不仅如此，部分银行（信用社）出于对自身风险防控的考虑，会要求经营困难的企业偿还贷款并承诺续贷，当企业通过民间借贷筹集资金偿还贷款后，银行（信用社）以种种理由不予续贷，这使得企业经营更加困难并容易陷入高利贷中。

贷款基准利率的 4 倍，平均年化利率高达 32.1%，借贷金额 1050 万元，由此产生的高额利息完全吞噬了企业利润。重庆市 122 家样本企业调查结果表明，2013 年四季度、2014 年二季度、2015 年三季度企业民间融资加权平均利率分别为 20.32%、18.9% 和 23.16%，均大于同期银行贷款基准利率的 4 倍。对重庆市渝北区 6 家小额信贷公司的实地调研表明，小贷公司的实际贷款费率一般在 2 分—4 分每月，年化利率达到 24%—48%。陕西神木县法院根据涉及信用担保和投资典当的案件统计分析表明，2015 年上半年 95% 以上的民间借贷交易中利息在 3 分以上[①]。通常短期民间借贷利率高于长期利率，民间金融中介借贷利率高于个人和企业借贷利率，过桥贷款利率尤其高，而银行信贷员则会利用自己掌握的客户信息充当过桥贷款的中介。重庆某经营汽配生意的私营企业主王某有一笔 100 万元银行贷款到期，在信贷员陈某提供的信息帮助下，王某找到某个投资公司去过桥，结果发现 100 万元的过桥资金 10 天就需要支付利息 2 万元，超过 10 天每天需支付利息 4000 元。王某为了保持良好的银行信贷记录不得不办理过桥贷款，而该笔过桥贷款的年化利率达到了 73%，是该笔银行贷款利率的 8 倍[②]。企业通过民间金融市场进行融资的很大一部分原因是为了能够持续经营，对民间借贷的高利率状况并不能接受。表 5-21 是课题组对重庆市不同行业企业民间借贷利率接受程度的调查结果，只有房地产业企业接受程度较高，大多数行业企业的接受度不到 30%。

（四）民间金融机构扩张迅速，违规经营严重

以云南省为例，截至 2015 年底，云南省有小额贷款公司 390 家、

---

① 数据来自神木县法院网站。
② 资料由课题组调研得到。实际上陈某就是该投资公司的老板，这也是银行员工经营过桥贷款的典型案例。

表 5-21　企业对民间借贷利率接受程度情况表

		利率接受程度			合计
		能接受	不能接受	不能确定	
行业	农林牧副渔	2	6	0	8
	制造业	3	10	1	14
	建筑业	2	8	0	10
	批发零售业	1	3	0	4
	住宿餐饮业	3	5	0	8
	房地产业	2	1	1	4
	其他	3	7	0	10
合计		16	40	2	58

私募股权类投资公司445家、资本管理公司102家、民间融资登记服务机构75家、金融服务公司5家以及40余家其他民间金融中介，合计超过1500余家[①]。特别值得关注的是，大量投（融）资理财信息咨询类机构涌现，四川省处置非法集资办公室数据显示，截至2013年末，全省通过工商注册的投（融）资理财信息咨询类公司有5000余家，其中融资担保公司达到509家，全年累计融资性担保余额达2338.4亿元，位居全国第二[②]，仅成都市的融资性担保公司数量在2016年4月就达到了124家[③]。投（融）资理财信息咨询类机构大多都超出工商部门核准的"投资理财信息咨询"和"居间"信息中介的范围违规违法经营，如利用其与银行的特殊关系开展大量的处于政策灰色地带的过桥贷款业务，部分公司甚至违法集资或与第三方勾结骗贷获取利差。以融资性担保公司为例，其开展的违规违法经营活动包括：一是直接挪用客户保证金高息放贷；二是与企业合谋，由企业向银行申请高出实际需求的贷款额度，融资性担保公司截留多出的贷款资金用于高息放贷和高风险

---

① 数据来自中国人民银行昆明中心支行。
② 由于投资理财类公司违规经营严重，2014年四川省对此类机构进行了专项整治。
③ 数据来自成都市金融工作办公室。

投资,并将投资收益与企业分成①。值得注意的是,部分银行从业人员与担保公司合谋,利用职务之便以欺骗手段为"倒贷"企业出具盖有银行公章的承诺书,证明该企业拥有银行存款,从而骗取客户资金。

(五)民间融资中介机构经营状况恶化,经营风险巨大

随着 2011 年以来民间融资中介数量和业务的盲目扩张以及 2013 年以来经济的持续下行,民间金融中介机构经营状况恶化,经营风险持续暴露。2013 年至 2015 年重庆市民间融资中介违约风险指数(年末值)分别为 63.1%、69.3% 和 78.9%,企业民间融资"有延期,但大多能按期偿还"的比例在 2015 年大幅上升,由一季度的 11% 大幅上升为四季度的近 80%。以小额贷款公司为例,2014 年以来西部地区小额贷款公司经营状况恶化,贷款余额出现负增长,如图 5-15 所示。

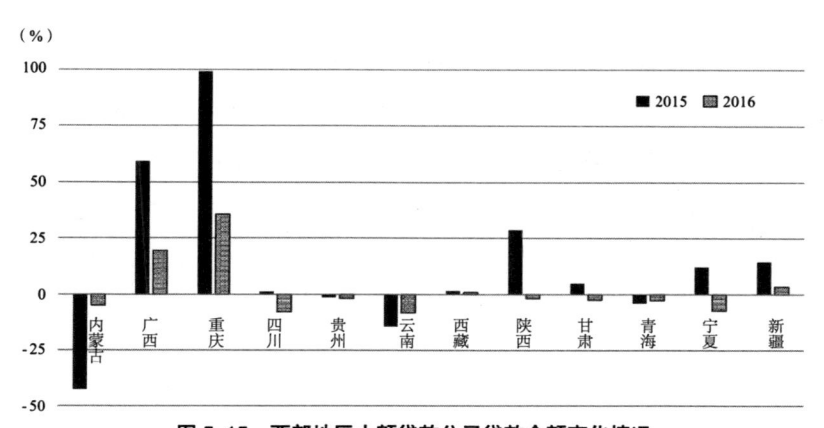

图 5-15 西部地区小额贷款公司贷款余额变化情况

注:小额贷款公司数据来自中国人民银行网站,2016 年数据截止到 3 月底。

由图 5-15 可以看到,除重庆、广西、新疆外,其他省区的贷款余

---

① 《融资性担保管理暂行办法》规定,融资性担保公司经批准,可以以自有资金进行投资业务,但限于国债、金融债券以及大型企业债务融资工具等信用等级较高的固定收益类金融产品。

额在 2016 年均出现了负增长。与之对应的是，截至 2016 年 3 月，内蒙古、四川、云南、贵州、甘肃和宁夏的小额贷款公司数量均出现了负增长，云南的减少数量达到了 15 家。值得关注的是，内蒙古小额贷款公司萎缩最为严重，2015 年机构数和贷款余额分别减少了 56 家和 42.57 亿元。内蒙古伊金霍洛旗金融办调查结果显示，辖区内小贷公司总体业务在 2015 年几乎停滞，展期贷款和不良贷款大量涌现，收本收息异常困难；2015 年三季度，重庆市永川区 10 家小额贷款公司的不良贷款率达到 22.12%，较上年同期增长了 145%[①]。民营融资性担保公司与投资公司经营状况也在恶化。担保机构代偿金额不断攀升，暂停营业或倒闭机构数不断增加。截至 2015 年三季度，青海全省担保代偿余额为 12.85 亿元，较上年末增加了 135%，担保业务收入只有 1.48 亿，较上年末减少了 46.2%；中国人民银行西宁中心支行调研结果显示，省内投资理财咨询类公司倒闭现象频发，2015 年每季度都有投资理财类公司停业转行。四川省投资担保理财类公司则在 2014 年出现大量风险事件，很多投资担保公司倒闭跑路[②]。以融资性担保公司为例，全省融资性担保机构数量由 2013 年的 509 家减少为 2015 年末的 486 家，其中实际正常营业数只有 442 家[③]，担保户数由 72.86 万户锐减为 41.69 万户，担保代偿率由 0.66% 攀升至 5.86%，2015 年全行业亏损 2.7 亿多元[④]。

---

① 数据来自中国人民银行重庆营业管理部。
② 2014 年上半年四川汇通担保公司高管的"失联"，引燃了四川民间借贷危机，安信、恒盈、融缘、环福、富民行、宇鑫汇等多家担保或理财公司频频爆发债务危机，上千家投资理财和融资理财公司纷纷"爆掉"，成都大街小巷都是追债讨债的投资人。http://finance.people.com.cn/n/2015/0417/c 1004-26857683.html。
③ 2016 年初四川省金融办对融资性担保公司开展了专项检查，根据检查结果有 7 家进行停业整顿，44 家继续停业整顿，13 家被取消融资性担保业务资格。
④ 数据来自四川省融资担保协会网站。

第六章　西部农村民间金融发展的社会福利效应研究

通过对西部农村民间金融的现实考察，我们发现农村民间金融在农村金融市场中占据重要地位。本章我们将从实证分析视角考察农村民间金融发展的社会福利效应。不同区域之间农村民间金融发展与经济运行之间可能存在的不同关系对于我们正确引导和规制西部农村民间金融的发展是具有重要意义的，因此本章还关注了农村民间金融发展社会福利效应的区域差异。本章将依次分析农村民间金融对农民收入增长、农村内部收入差距以及农村居民主观幸福感的影响。

一、西部农村民间金融发展对农民收入增长的影响研究

（一）农村民间金融发展影响农民收入的机理

1. 农村民间金融的亲贫性

因为正规金融的逐利性要求，导致农村正规金融机构对广大农户事实上的排斥，广大中低收入农户和中小企业无法从农村正规金融机构获得融资支持。与农村正规金融机构"嫌贫爱富"的特征相比，内生于农村经济体系之内的农村民间金融则具有"亲贫性"特征。从农

户之间的私人借贷到组织化的民间借贷，农村民间金融的门槛低、手续简便、交易成本低，可以为广大农户和普遍缺乏担保品的中小企业提供便利的资金支持。正是农村民间金融的存在，弥补了农村正规金融的融资缺口，这种资金支持一方面可以避免农户因为大病等紧急大额支出而陷入贫困，另一方面为广大农户和中小企业也提供了经营发展的机会，促进农村经济发展（姚耀军，2009），从而有利于提高农民的收入水平。

2. 农村民间金融的"蓄水池"功能

从1978年至2014年，中国农村存款与贷款分别由166亿元和150亿元增加到76324亿元和53449亿元，贷存比从0.9降到0.7，使得农村正规金融机构成了农村金融资源的"抽水机"，通过吸收农村存款发放城镇贷款，造成原本就"缺血"的农村地区严重"失血"，农村经济增长和农民增收都缺少金融资源支持。面对农村正规金融制度和功能上的不足，农村民间金融很好地填补了这种缺陷，农村民间金融市场发挥了向农户和中小企业补血的功能。农村民间金融市场的存在，部分阻滞了正规金融机构抽取农村金融资源的行为，成为农村金融资源的"蓄水池"。

3. 农村民间金融的就业效应

农村民间金融通过向农户和中小企业提供金融服务，支持农户和中小企业投资发展，这直接增加了农民的就业机会，使得部分农民可以进入中小企业就业，提高农民的工资收入，而且这种资金支持具有投资的长期效应，随着中小企业和农村经济的不断发展，就业效应和增收效应会长期存在。同时，农村民间金融与正规金融之间存在的竞争机制将会提高农村金融市场的运行效率，提高农村地区资源配置效率，实现农村经济的增长，从而提高农民收入。

（二）农村民间金融发展与农民收入增长：基于东中西部面板数据的分析

国外对农村民间金融发展与农民收入增长的研究较为罕见，主要关注农村民间金融发展与经济增长的关系（Christensen，1993；Kar，2009；Jia，2010），Dolla（2011）认为民间金融满足了贫困农民的融资需求，有助于农民收入增长。国内的研究认为农村正规金融的发展对农民增收效应不显著（温涛等，2005；谭燕芝，2009；余新平，2010），姚耀军等（2005）、钱水土等（2007）通过实证检验认为农村民间金融显著促进了农民收入增长。这些研究大多集中于全国层面，且没有同时关注农村民间金融与农村正规金融对农民收入的影响，我们则同时考察农村民间金融与正规金融对农民收入的影响，以及这种影响是否存在着区域差异。

1. 模型、变量与数据

借鉴已有文献的做法，我们建立如下的回归模型（6-1），其中变量 y 衡量农民收入水平的变量，inf、loan、finance 分别衡量农村民间金融发展水平、农村正规金融发展水平和农村民间金融与农村正规金融的协同发展效应，contr 为控制变量，ε 为随机变量。

$$y = c + \beta_1 \text{inf} + \beta_2 \text{loan} + \beta_3 \text{finance} + \beta_4 \sum \text{contr} + \varepsilon \quad (6-1)$$

沿袭已有文献的研究传统，我们用农民人均家庭纯收入衡量农民收入水平，用农户从民间金融市场借款的人均余额衡量农村民间金融发展水平，用农户从正规金融机构（银行和农村信用社）借款的人均余额衡量农村正规金融发展水平，用它们的交互项衡量农村民间金融和正规金融发展的协同效应，用农村民间金融借款余额与总借款余额的比衡量农村金融发展的结构。其他影响农民收入增长的控制变量包括：土地（land），用农户人均耕地和林地面积衡量；劳动力（labor），用农户人均外出务工人数比例衡量；固定资产投资（fixedasset），用农户人均固定资产投资衡量；人力资本（edu），用农户人均受教育年限衡量。人均受教育年限＝农户家庭小学毕业人数比例×6+农户家庭初中毕业人数比例×9+农户家庭高中及以上毕业人数比例×12。样本的时间跨度为1986年到2009年。所有数据来自历年《中国农村统计年鉴》和《中国农村固定观察点调查数据》。由于数据时间跨度较长，我们首先对所有涉及价格因素的指标都根据农村居民消费者价格指数进行了调整。为了减小可能存在的异方差的影响，我们还对 y、inf、loan、fixedasset 进行了对数化处理。

2. 实证方法与结果

由于时间跨度较长，我们首先对各时间序列进行了单位根检验，结果表明各变量均不存在单位根。我们对模型6-1分别进行了随机效应和固定效应处理，通过豪斯曼检验我们选择了固定效应模型。沿袭文献的传统，我们同时做了多个回归模型，结果见表6-1。

表6-1 农村民间金融与农民收入增长的回归结果

变量	（1）	（2）	（3）	（4）	（5）
workoutside	0.436*** （9.39）	0.432*** （10.74）	0.459*** （12.19）	0.437*** （11.06）	0.409*** （13.59）
edu	0.0832*** （5.91）	0.0867*** （7.08）	0.0707*** （5.86）	0.0905*** （7.45）	0.133*** （9.8）
lninf	0.168*** （4.34）	0.168*** （5.01）	0.375*** （3.24）	－1.575* （－1.76）	0.872** （2.60）
lnloan		0.159*** （4.8）	－0.839*** （－3.35）	0.156*** （4.82）	－1.046** （－2.34）
finance			0.759*** （3.65）		0.414** （2.43）
lninf2				0.341* （1.95）	

续表

变量	（1）	（2）	（3）	（4）	（5）
c	2.617*** （-25.26）	2.255*** （-19.23）	6.424*** （-5.6）	4.428*** （3.96）	4.675*** （-5.08）
F 或 Wald 值	292.93	385.15	1120.62	232.18	863.61
N	72	72	72	72	72

注：括号内为 t 值，*、**、*** 分别表示在 10%、5%、1% 水平上显著。

表中模型（1）（2）（3）（4）为固定效应模型，（5）为随机效应模型，作为结果的参照。因为固定资产投资项结果非常不显著，我们没有将其纳入最终的模型中。在所有的模型中，劳动力和人力资本项结果都比较稳定且显著，显示外出劳动力和受教育年限的增加会显著增加农民收入。模型（1）（2）中，我们考察了农村民间金融与正规金融发展对农民收入的影响，结果显示二者对农民收入增加有显著的促进作用，结果与姚耀军等（2005）、钱水土等（2007）一致。同时，民间金融的促进作用稍大于正规金融的影响。但当加入二者的交叉项 finance 后，农村民间金融的系数变为 0.375，农村正规金融的系数变为 -0.839，交叉项为 0.759，且均在 1% 的水平上显著。这个结果显示农村民间金融与农村正规金融已经形成了协同增收效应，在考虑协同效应的情况下，农村正规金融发展本身减少了农民收入，这个结果与温涛等（2005）的研究是一致的。同时考虑农村民间金融、正规金融以及它们的协同效应，农村金融发展促进了农民收入增长，但是其中起主要作用的是农村民间金融的发展。

在模型（4）中，我们加入了农村民间金融的二次项 lninf2 以考察其对农民收入增长影响的非线性路径。结果显示，lninf 的系数为正而 lninf2 的系数为负，且在 10% 的水平上显著。这说明农村民间金融发展对农民收入增长确实存在非线性关系。

(三)农村民间金融发展与农民收入增长：基于东中西区域比较的分析

为了分析东中西部地区农村民间金融对农民收入增长的影响，我们进一步分别对东中西部进行了检验，检验结果如表6-2所示。

表6-2 农村民间金融与农民收入增长分地区回归结果

变量	东部		中部		西部	
	（1）	（2）	（3）	（4）	（5）	（6）
workoutside	1.774*** （4.66）	1.690*** （5.07）	0.37 （1.66）	0.37 （1.57）	1.048*** （4.22）	1.042*** （4.09）
edu	0.459*** （4.53）	0.301** （2.85）	0.943*** （5.33）	0.943*** （5.19）	0.379*** （3.47）	0.360*** （2.93）
lninf	0.444*** （4.72）	0.467*** （5.67）	0.293* （1.93）	0.293* （1.84）	0.535*** （4.4）	0.503*** （3.38）
lnloan		0.189** （2.71）		0.000338 （0）		0.0742 （0.39）
c	2.431*** （5.48）	2.289*** （5.87）	0.643 （1.12）	0.641 （0.72）	2.950*** （6.83）	2.852*** （5.61）
R^2	0.9704	0.9775	0.9622	0.9602	0.96	0.9582
N	24	24	24	24	24	24

注：括号内为t值，*、**、***分别表示在10%、5%、1%水平上显著。

表6-2的结果显示，农村民间金融在东中西三个区域对农民收入增长均具有显著的促进作用且稳定性高。农村民间金融对农民收入增长的影响大小，西部最高，东部次之，中部最小，系数分别为0.503，0.293，0.467，其中东西部的系数均在1%水平上显著，中部的系数在10%的水平上显著。农村正规金融发展对农民收入增长的影响只在东部地区显著，系数大小为0.189；在中部和西部地区系数明显变小且不显著，这个结论与苏静（2013）的研究基本一致。从结果分析，在样本时间区间内，中部和西部地区的农村正规金融对农民的增收效应

几乎完全消失，农村正规金融机构成了彻底的资金"抽水机"。与此同时，西部地区的农村民间金融对农民收入增长有最大的促进作用，这一方面反映了西部农村民间金融的发达程度，另一方面也间接反映了西部地区正规金融机构支农服务功能严重不足。

综上所述，研究表明：农村民间金融对农民收入增长具有显著的促进作用，但是这种促进作用存在着区域不平衡性，西部地区农村民间金融促进农民收入增加的效应最强，中部地区则最弱，且这种效应在统计上都是显著的；农村正规金融对农民收入增长的促进作用在全国层面也是显著的，但这种效应要小于农村民间金融的影响；分区域的检验表明这种促进作用只在东部地区在统计上是显著的，在中部地区和西部地区均不显著，表明农村正规金融的发展在中部和西部地区未起到增加农民收入的作用；农村民间金融与农村正规金融在促进农民收入增长上存在正向协同效应，纳入协同效应后，单独农村正规金融对农民收入的影响是负向的，同时考虑农村民间金融、农村正规金融以及二者的协同效应，则总效应是正向的，即农村金融发展促进了农民收入增长，但其中起主导作用的是农村民间金融。其政策建议也是显而易见的，一是要积极规范引导农村民间金融的发展，二是要大力提高农村正规金融服务"三农"的水平和能力，促进农村正规金融与农村民间金融良性协同发展。

二、西部农村民间金融发展对农村内部收入差距的影响研究

在上节中我们实证分析了农村民间金融对农民收入的影响，在农村民间金融较发达的东部和西部地区，农村民间金融显著地促进了农民收入的增长，而在中部地区这种促进作用则较弱。进一步地，在本

节将对农村民间金融对农村内部收入差距的影响进行实证分析。胡宗义等（2012）利用农村固定观察点数据进行实证分析后发现农村民间金融有助于提高农民收入，但显著扩大了农村内部收入分配不平等程度。也有研究得出了相反的结论，如苏静等（2012）利用农村固定观察点数据进行实证分析后认为农村民间金融发展对低收入者回报更高，因而可以缩小农村内部收入差距；张宁、张兵（2013，2015）利用微观调查数据研究发现民间金融通过为低收入农户提供金融服务从而可以抑制农村贫困发生率并缩小农村内部收入差距；胡宗义等（2014）研究发现农村民间金融的增收作用随着农村居民收入水平的提高而逐渐减弱，故农村民间金融可以缩小农村贫富差距。此外，孙玉奎、冯乾（2014）测算了农村民间金融规模并发现其对农村基尼系数无显著影响。苏静等（2013）则发现农村民间金融发展的减贫效应在东部及相对发达地区更加明显。不难发现，由于数据和方法的差异，关于农村民间金融发展对农村内部收入不平等影响的研究还未形成一致的结论。与已有研究不同的是，本节关注投资性民间金融对农村内部收入不平等的影响。已有文献认为民间融资的主要用途是解决市场主体生产经营中流动资金的不足或弥补居民临时性生活消费支出缺口，因此极少有文献专门讨论投资性民间金融活动对收入分配的影响。显而易见，长期投资支出与生活消费支出及流动资金支出的收入增长及分配效应是有显著差异的。此外，我们按融资主体将投资性民间金融进一步划分为农户投资性民间金融和非农户投资性民间金融，并就二者对农村居民收入分配的影响分别进行了讨论。

（一）投资性民间金融对农村内部收入差距的影响：理论分析

1. 投资性民间金融的增长效应与创业效应

由于信息优势和担保优势，农村投资性民间金融活动可以增加农村地区的物质资本存量并提升社会资本、人力资本、物质资本的配置效率,通过生产规模扩张和生产技术升级从而促进经济增长。首先,生产经营规模的扩大会促进分工和专业化发展,从而提升分工效率,生产经营规模的扩大还会增加企业在原材料市场和产品市场的议价能力,从而带来成本节约和收入上升;其次,技术水平的升级会带来直接的生产效率的提升,从而带来劳动投入的减少及成本的降低。农村经济增长会通过"涓滴效应"改善农村低收入农户的收入分配状况(James,2011;苏静等,2013)。

投资性民间金融活动有助于企业家禀赋的发挥。正规金融部门在面对农户或小微企业时缺乏匹配的金融技术进行项目筛选和风险评估,从而难以为具有创新精神的企业家提供融资支持,形成资本与企业家禀赋的配置扭曲,这一方面推迟了具有企业家禀赋但拥有较少财富者的市场进入时间,同时也延缓了市场上经营不佳但拥有较多财富者的市场退出时间,从而恶化收入分配状况(Beck 等,2007;Demirgüç-Kunt 和 Levine,2009;Buera 等,2011);与之相反,民间金融部门则可以利用本地化的社会网络优势来对农村地区的创新企业和项目进行筛选和评估,从而实现物质资本与企业家禀赋的优化配置,充分发挥企业家禀赋的作用,促进创业和创新活动的开展,从而改善农村收入分配状况。

2. 农户投资性民间金融与收入分配:自我雇佣效应[①]

作为农村的基本生产经营单位,农户通过民间融资渠道获取资金进行固定资产投资,进而可以扩大家庭生产经营规模或者进行技术升级,实现农户初始禀赋与资本的有效结合,拓展农户的生产可能性边界,从而通过农户家庭劳动力的自我雇佣效应提高收入水平。但是,不同农户

---

① 农户在生产经营过程中可能也会雇佣劳动力,本节认为这种雇佣规模与非农户相比太小,因此予以忽略。

初始禀赋差异将导致投资性民间融资活动对生产可能性边界的拓展效应存在差异,这将进一步影响农户的成本和收益曲线,从而对农户间的收入分配状况产生影响(Burgess 和 Pande,2005;苏静等,2013)。

此外,初始的投资性民间融资可以扩大农户的生产经营规模并提高农户的收入水平,通过资本积累效应有助于农户在更短的时期内达到正规金融部门的服务门槛,从而提高农户获取正规金融服务的可能性,改善农村内部收入分配状况。

在研究农户民间借贷的文献中,一般认为借入方为低收入家庭;但是在区分了消费性借贷与投资性借贷后,前者的借入方大部分为低收入家庭,而后者的借入方只有较小比例为低收入家庭。张宁等(2015)的调研结果表明,农户消费性借贷中资金流向低收入农户的比例为 79.69%,而农户投资性借贷中这一比例只有 31.72%。可见,相对于正规金融,投资沉淀成本的存在使得农户投资性民间金融只是降低了融资的相对门槛,农户投资性民间金融对农村内部收入差距的影响取决于农户的初始财富水平。因此,我们提出以下假说:

假说1:若地区人均收入水平较高,农户具有较高的财富水平,则大多数农户都可以达到投资性民间融资的门槛,农户投资性民间金融通过自我雇佣效应缩小农村内部收入差距;反之,若地区人均收入水平较低,则只有少数农户可以达到投资性民间融资的门槛,此时农户投资性民间金融将会扩大农村内部收入差距。

3. 非农户投资性民间金融与收入分配:就业效应

非农户投资性民间金融会扩大农村企业的生产经营规模并提高技术水平,规模扩张和技术水平提升会改变雇佣劳动力的规模和结构,从而导致农村内部收入分配状况的变化。在技术水平不变的情况下,非农户投资性民间金融为农村企业的固定资产投资提供融资支持,从而扩大了企业的生产经营规模,这为普通农村劳动力提供了更多的就业机会，由于普通劳动力属于中低收入群体，因此其就业增加会抑制农村内部收入差距的扩大。在规模不变的情况下，非农户投资性民间金融通过为农村企业固定资产投资提供融资支持，从而提升了企业的劳动生产率水平，这为具有更高技术水平的农村劳动力提供了更多的就业机会，而高技术水平的劳动力属于高收入群体，因此其就业增加会扩大农村内部收入差距。可见，非农户投资性民间金融对农村内部收入差距的影响取决于地区劳动生产率水平以及由此决定的雇佣劳动力的技术水平。因此，我们提出以下假说：

假说2：若地区劳动生产率较高，则非农户投资性民间金融将会提高具有更高技术水平的农村劳动力的就业机会，从而扩大农村内部收入差距；反之，若地区劳动生产率较低，则非农户投资性民间金融将会提高普通劳动力的就业机会，从而抑制农村内部收入差距扩大。

（二）投资性民间金融对农村内部收入差距影响的实证研究：基于全样本的分析

1. 模型、变量与数据

根据 Thorsten Beck 等（2007）的框架，本节将计量模型设定如下：

$$GINI_{i,t} = \alpha + \beta FD_{i,t} + \gamma X_{i,t} + \varepsilon_{i,t} \qquad (6-2)$$

模型6-2中，i,t 分别表示不同地区和年份，$GINI_{i,t}$ 表示农村基尼系数，用以反映农村内部的收入不平等程度；$FD_{i,t}$ 表示金融发展规模相关变量，也是本节的关键变量，包括反映农户民间金融发展规模的指标 $INFF_{i,t}$，反映农村非农户民间金融发展规模的指标 $INFEN_{i,t}$，反映农村正规金融发展规模的指标 $FFORM_{i,t}$ 以及反映城镇民间金融发展规模的指标 $INFCZ_{i,t}$；$X_{i,t}$ 表示其他控制变量，包括反映农村城镇化水平的指标 $EMP_{i,t}$，反映农村劳动力受教育程度的指标 $EDU_{i,t}$，反映政府财政支农支出的指标 $CZZN_{i,t}$ 以及农村家庭人均纯收入指标 $INCOME_{i,t}$。

各指标的数据来源及计算说明如下：

（1）农村基尼系数（GINI）。依据各省（自治区、直辖市）《统计年鉴》中农村家庭人均纯收入分组数据进行计算，具体方法参见程永宏（2006）。由于部分地区统计年鉴没有给出农村家庭人均纯收入的分组数据及分组方法的变化，本处只收集并计算了部分地区的农村基尼系数。[①]

（2）金融发展规模（FD）。本文的金融发展规模数据来自历年《中国固定资产投资统计年鉴》。《中国固定资产投资统计年鉴》中将农村固定资产投资分为非农户投资和农户投资。按照投资来源划分，非农户投资分为国家预算内资金、国内贷款、利用外资、自筹资金和其他资金，农户投资分为国内贷款、自筹资金和其他资金。在冉光和、汤芳桦（2012），苏静等（2013）的基础上，本节将农村非农户投资中国家预算内资金、国内贷款和利用外资部分以及农村农户投资中的国内贷款部分之和视为农村正规金融发展规模；将农村非农户投资中的自筹资金和其他资金之和视为农村非农户投资性民间金融发展规模；将农村农户投资中的自筹资金和其他资金之和视为农户投资性民间金融发展规模；将它们三者分别除以农业增加值（用第一产业增加值代替）分别表征农村正规金融发展水平（FFORM）、农村非农户投资性民间金融发展水平（INFEN）和农户投资性民间金融发展水平（INFF），显然，INFEN 反映了农村企业的投资性民间融资相对水平，而 INFF 反映了农户的投资性民间融资相对水平。

同时，本节还将《中国固定资产投资统计年鉴》中城镇固定资产投资的企事业自筹资金和其他之和除以工业增加值作为城镇民间金融发展水平的度量指标（INFCZ）。由于《中国固定资产统计年鉴》中

---

① 样本包括23个省（自治区、直辖市），其中，东部地区包括北京、河北、辽宁、江苏、浙江、福建和广东共7个；中部地区包括黑龙江、安徽、山西、河南、湖北和江西共6个；西部地区包括内蒙古、陕西、新疆、青海、宁夏、甘肃、四川、重庆、贵州和广西共10个。

2010年之后的数据统计口径发生变化，而各地区统计年鉴中从2005年才开始提供农村居民家庭人均纯收入分组数据，因此本节的样本跨度为2005年至2010年。

（3）其他控制变量。参考已有文献的做法（苏静等，2013；孙玉奎、冯乾，2014），本节选择农村城镇化水平、农村劳动力受教育水平、财政支农水平和农村居民收入水平作为控制变量。其中，以乡村就业人口中非农就业人口比重衡量农村城镇化水平（EMP），以农村劳动力平均受教育年限（劳动力平均受教育年限＝大专及以上劳动力比例×16＋高中或中专劳动力比例×12＋初中劳动力比例×9＋小学劳动力比例×6）衡量农村劳动力受教育水平（EDU），以农林水事务支出与一般预算内支出之比衡量财政支农水平（CZZN），以农村家庭人均纯收入衡量农村居民收入水平（INCOME）。为了使数据具有可比性，本节用农村居民消费价格指数对农村家庭人均纯收入进行了调整。乡村就业人口及非农就业人口数据、农村劳动力受教育年限比例数据、农村居民家庭纯收入数据来自历年《中国农村统计年鉴》，财政支农数据来自历年各地区《统计年鉴》。

为了减少可能存在的异方差，本节对所有解释变量数据进行了对数化处理。各解释变量的描述性统计结果如表6-3所示。

表6-3 变量的描述性统计结果

变量	观察值	均值				标准差	最小值	最大值
		全国	东部	中部	西部			
GINI	138	0.3074	0.2906	0.3110	0.3170	0.0416	0.1836	0.3931
INFF	138	−1.7075	−1.7140	−1.5649	−1.7885	0.3720	−2.6061	−0.7826
INFEN	138	−1.3785	−0.1733	−1.9286	−1.8921	1.2026	−4.3097	1.1454
FFORM	138	−2.7583	−2.1427	−3.3621	−2.8268	0.9755	−5.0486	−0.6673
INFCZ	138	−0.1222	−0.2291	−0.2285	0.0165	0.3827	−0.9342	0.7850

续表

变量	观察值	均值				标准差	最小值	最大值
		全国	东部	中部	西部			
INCOME	138	8.2575	8.6964	8.2174	7.9743	0.3958	7.5275	9.4258
EDU	138	2.0895	2.1731	2.1145	2.0160	0.1084	1.7718	2.3650
EMP	138	-0.8739	-0.5589	-0.8851	-1.0876	0.3366	-1.9090	-0.1898
CZZN	138	-2.4608	-2.6881	-2.4856	-2.2868	0.3175	-3.2116	-1.7778

2. 实证分析及结果讨论

对计量模型 6-2，我们分别用面板混合效应、面板固定效应和面板随机效应模型进行估计并分别进行 F 检验和 hausman 检验，结果表明面板随机效应模型优于固定效应模型和混合效应模型。为了避免省际面板数据可能存在的异方差问题，本节采用可行广义最小二乘法（Feasible Generalized Least Square，FGLS）进行估计。基于全样本的回归结果见表 6-4 所示。为了便于比较，表 6-4 中同时给出了混合效应模型和固定效应模型估计结果，分别为模型（4）和（5）。

模型（1）（2）（3）给出了逐步回归的结果，它们在回归系数符号上均一致。由模型（3）可知，INFF 的系数为正，且在 10% 的水平上显著，说明农户投资性民间融资可以扩大农村内部收入差距；INFEN 的系数为负，且在 1% 的水平上显著，说明农村非农户（企业）投资性民间融资可以抑制农村内部收入差距。农户投资性民间融资与非农户投资性融资对农民收入分配产生了相反的效应，我们认为可能的原因是：农户投资性民间融资实现了家庭资本与劳动力的有效结合，通过自我雇佣效应提高了家庭经营性收入。然而农户进行家庭经营面临一定的财富门槛，只有达到一定财富水平的农户才可能进行投资性民间融资。就全国范围而言，大多数农户的财富水平还比较低，只有少数富裕农户通过投资性民间融资开展生产经营，因此从全国范围来看，农户投资性民间金融扩大了农村内部收入差距。另一方面，非农户投资性民间融资通过就业效应提高了农村雇佣劳动力的收入水平。就全国范围而言，大多数农村地区的劳动生产率还比较低，因此，非农户投资性民间融资主要增加了属于农村低收入群体的普通劳动力的就业机会，从而抑制了农村内部收入差距。

表6-4　全样本回归结果

	（1）	（2）	（3）	（4）	（5）
INFF	0.0110* （1.93）	0.0137* （1.89）	0.0171* （1.66）	0.0245*** （3.31）	0.0144 （1.33）
INFEN	-0.0119*** （-2.65）	-0.0133*** （-2.93）	-0.00753*** （-2.61）	-0.00634 （-1.55）	-0.00517 （-0.97）
FFORM	0.00953** （1.98）	0.0121** （2.49）	0.00934** （1.97）	0.0111** （2.53）	0.00831* （1.72）
INFCZ		-0.00910** （-1.98）	-0.0220** （-2.10）	-0.0314*** （-4.24）	-0.0209** （-1.97）
CZZN			0.0195* （1.67）	0.0196* （1.93）	0.0185 （1.58）
INCOME			0.0515*** （2.68）	0.0590*** （4.80）	0.0485** （2.47）
EMP			0.0661** （2.41）	0.0788*** （6.12）	0.0713** （2.50）
EDU			0.157*** （3.01）	0.167*** （4.74）	0.162*** （3.04）
Wald 或 F	7.63	12.86	63.95	0.44	20.17
N	138	138	138	138	138

注：①本表未汇报常数项的估计结果；②括号内数值为 t 值，*、** 和 *** 分别表示10%、5% 和 1% 的显著性水平。

此外，INFCZ 的系数为负，且在 5% 的水平上显著，说明城镇投资性民间融资对农村内部收入差距的缩小也有着抑制作用，我们认为其作用机制是：城镇投资性民间融资的主体为中小企业，通过投资性民间融资扩大了经营规模，从而为农村闲置劳动力提供了更多的就业机会，通过就业效应抑制了农村内部收入差距。FFORM 的系数为正，且在 5% 的水平上显著，说明农村正规金融发展扩大了农村内部收入差距，这与已有的文献结论是一致的（张宁、张兵，2015；温涛、王小华，2016），农村正规金融机构的资金主要投向了社会关系网络丰富、具有一定家庭资产的中高收入人群，具有"精英俘获"效应，广大低收入农户并未享受到正规金融部门提供的融资服务。

其他控制变量的回归结果简述如下：CNNZ 的系数为正，且在 10% 的水平上显著，说明政府财政支农支出扩大了农村内部收入差距，这与胡宗义等（2014）的结论一致。INCOME 的系数为正，且在 1% 的水平上显著，说明农村居民收入水平的提高会引致农村内部收入差距的扩大；EMP 的系数为负，且在 5% 的水平上显著，说明农村城镇化水平（非农就业比重）的提高扩大了农村内部收入差距；EDU 的系数为负，且在 1% 的水平上显著，说明农村劳动力教育水平的提高扩大了农村内部收入差距，以上结论与张兵等（2013），孙玉奎、冯乾（2014）的研究均一致。

3. 稳健性检验

我们从被解释变量的度量和控制变量的滞后两个方面进行了稳健性检验。我们用 20% 最低收入农户的收入比重代替基尼系数作为被解释对模型（1）进行了回归，结果仍然表明农户投资性民间金融缩小了农村内部收入差距，而非农户投资性民间金融扩大了农村内部收入差距，这一结果与表 6-4 也基本一致。此外，为了规避农村内部收入差距对投资性民间金融可能存在的反向影响，我们把关键变量及控制变量都滞后一期代入模型进行回归，结果保持不变。因此，本文的研究结论是稳健的。

(三)投资性民间金融对农村内部收入差距影响的实证研究:基于东中西部的比较分析

表 6-5 东中西部回归结果

变量	东部		中部		西部	
	(1)	(2)	(3)	(4)	(5)	(6)
INFF	-0.0577** (-2.19)	-0.0302* (-1.67)	0.0444*** (2.98)	0.0450** (2.09)	0.0009 (0.05)	0.0174 (1.19)
INFEN	0.0421*** (2.75)	0.0262* (1.94)	-0.0169*** (-2.66)	-0.0165* (-1.67)	-0.0147* (-1.83)	-0.0115* (-1.69)
FFORM	-0.0106 (-1.76)	-0.00568* (-1.91)	0.000310 (0.03)	0.00133 (0.12)	0.0269*** (3.63)	0.0222*** (2.93)
INFCZ	-0.0327* (-1.72)	-0.0164* (-1.95)	-0.00870* (-1.65)	-0.0382** (-2.13)	-0.0300** (-1.98)	-0.0376* (-1.69)
CZZN		0.0360 (1.53)		0.0523* (1.83)		0.00872 (0.49)
INCOME		0.0939** (2.27)		0.0350 (0.57)		0.0532** (2.24)
EMP		0.0458 (0.99)		0.0303 (0.31)		0.169*** (4.11)
EDU		0.515*** (4.22)		0.0217 (0.09)		0.143*** (2.86)
Wald	9.64	55.27	23.33	37.59	15.84	25.00
N	42	42	36	36	60	60

注:本表未汇报常数项的结果,括号内数值为 t 值,*、** 和 *** 分别表示 10%、5% 和 1% 的显著性水平。

为了揭示投资性农村民间金融发展对农村内部收入差距影响的区域差异,我们将样本划分为东部、中部和西部三个部分并分别进行回归,结果见表 6-5。

由表 6-5 可知,我们关注的变量 INFF 和 INFEN 的系数表现出了显著的地区差异,其中,INFF 的系数在东部地区为负且在 10% 的水平上显著,在中部地区为正且在 5% 的水平上显著,在西部地区为正但不显著；而 INFEN 的系数在东部为负，在中西部均为正，且均在 10% 的水平上显著。以上结果说明，中部和西部地区农村投资性民间金融对农村内部收入差距的影响与全样本的回归结果基本一致，东部地区农村投资性民间金融对农村内部收入差距的影响与中西部地区恰好相反，即东部地区农户投资性民间融资抑制了农村内部收入差距，而东部地区非农户投资性民间融资扩大了农村内部收入差距。本节认为，东部与中西部农户投资性民间融资对农村内部收入差距产生不同影响的原因是东部地区与中西部地区农户的财富水平存在差异。按 2005 年可比价格计算，样本期内（2005—2010 年）东中西部农村居民家庭实际人均纯收入均值分别为 6291 元、3767 元和 2984 元。投资中"沉淀成本"的存在，使得通过民间融资渠道进行固定资产投资的农户必须要达到一定的财富门槛。由于东部地区农村人均收入水平远高于中西部地区，因而东部地区的低收入农户也可以通过民间融资进行固定资产投资，而在中西部地区，只有中高收入农户才可以通过民间融资进行固定资产投资。因此，东部地区低收入农户通过民间融资扩大生产经营规模并通过自我雇佣效应抑制了东部地区农村内部收入差距。综上所述，假说 1 得到验证。

另一方面，本节认为东部与中西部地区农村非农户投资性民间融资对农村内部收入差距产生不同影响的原因是东部与中西部地区的劳动生产率存在差异。在 2005—2010 年，东部地区农村劳均固定资产投资额为 0.85 万元，而中部和西部地区分别只有 0.29 万元和 0.27 万元，这表明东部地区农村的生产技术水平远高于中西部地区，因而东部地区农村非农户投资性民间金融主要增加了具有一定技术（技能）水平的农村劳动力的就业机会，而这部分劳动力的收入水平高于没有任何技术或技术水平较低的普通劳动力的收入水平，因而东部地区农村非农户投资性民间融资通过就业效应扩大了农村内部收入差距；与之相反，中西部地区农村非农户投资性民间金融主要增加了普通劳动力的就业机会，进而通过就业效应抑制了农村内部收入差距。综上所述，假说2得到验证。

表6-5中正规金融发展变量FFORM的系数也表现出了区域差异性，其在东部地区为正且在10%的显著性水平上显著；在中部和西部地区都为正，但中部地区不显著，而西部地区在1%的显著性水平上显著。这表明东部地区农村正规金融发展显著缩小了农村内部收入差距，而中部和西部地区农村正规金融发展扩大了农村内部收入差距，特别是在西部地区，这种扩大效应极为显著。我们认为造成这种差异的原因可能是东部地区农村家庭具有较高的财富和收入水平，因而较大比例的农村家庭达到了正规金融供给的门槛值，造成正规金融的覆盖面较广；而中西部农村家庭财富和收入水平较低，只有较少比例的农村家庭达到了正规金融供给的门槛值，造成正规金融的覆盖面较窄。因此，东部农村正规金融通过为广大农村家庭提供金融服务从而缩小了农村内部收入差距，而中西部农村正规金融只为中高收入农村家庭提供金融服务从而扩大了农村内部收入差距。

表6-5中城镇民间金融发展变量INFCZ的系数在东中西部均为负且都显著，说明城镇民间金融发展对农村内部收入差距的抑制作用在三个地区都是有效的。其他控制变量的系数符号在三个地区均一致，且与全样本的回归结果相同，在此不再赘述。

综上所述，我们的研究结果表明，在全样本条件下，农户投资性民间金融扩大了农村内部收入差距；非农户投资性民间金融缩小了农村内部收入差距。进一步的分析表明这种影响存在显著的地区差异：（1）农户投资性民间金融在东部地区缩小了农村内部收入差距，而在中部和西部地区则刚好相反，其原因是东部地区农村人均收入水平远高于中西部地区，使得东部地区大多数农户都达到了投资性民间金融的融资门槛，因而在东部地区农户投资性民间金融缩小了农村内部收入差距；（2）非农户投资性民间金融在东部地区扩大了农村内部收入差距，而在中部和西部地区则刚好相反，这个结论与基于农户间日常消费性借贷的研究结果是完全不同的（张兵、张宁，2015）。这说明在发达地区，农村企业投资性的民间金融发展扩大了农村内部收入差距。其原因是东部地区农村企业生产技术水平远高于中西部地区，这导致东部地区农村企业雇佣的劳动力具有更高的技术（技能）水平及更高的收入水平，因而在东部地区非农户投资性民间金融扩大了农村内部收入差距。此外，本节研究表明，农村正规金融对农村内部收入差距的影响也存在区域差异，西部地区的农村正规金融供给不足，扩大了农村内部收入差距，而在中西部则影响不显著；东部和西部地区的城镇民间金融发展可以缩小农村内部收入差距，在中部地区则不显著。

三、西部农村民间金融发展对农村居民主观幸福感的影响研究

对居民福利的研究一直为经济学所关注，传统的研究只关注居民的物质福利，但幸福经济学文献颠覆了这一想法，幸福是人类发展的重要目标之一。居民的主观幸福感不仅反映了居民物质层面的满足感，还反映了居民心理、精神层面的满足感，因而是更好地测度幸福的指标。在"以人为本"的发展目标下，国内对居民主观幸福感的研究也成为研究热点。因此本节将考察农村民间金融发展的福利效应。

（一）西部农村民间金融发展与农村居民主观幸福感

1. 民间金融发展影响居民主观幸福感的机理

农村民间金融提升幸福感的路径至少有以下两种。第一，通过提高农民收入和财富进而影响幸福感。已有的研究表明，收入或财富的

增加会提升居民的主观幸福感。在广大农村地区，由于正规金融制度的供给不足，民间金融因为低交易费用、低交易门槛、灵活快捷的特点为农户和中小企业提供金融服务，有效地促进了农民收入增长，进而提升农民主观幸福感。第二，基于农村熟人关系网络的农户私人借贷，因为人情成本的存在，通常利率较低，且交易成功率高，在为农民提供紧急融资方面发挥着重要的作用。在农民遇到疾病、建房、红白喜事等重大事项支出时，私人借贷不仅可以纾解资金困境，还因为低利息特征避免农民陷于长期的贫困中。因此，农村社会网络内部的这种交易方式很好地平滑了农村社会网络内居民收入在时间上的不一致性，缓解了农民的流动性约束（杨汝岱、陈斌开等，2011），避免农户陷于经济困顿，是社会网络内的个体间的一种保障方式。显而易见，长期经济困境使人不仅在物质上难以幸福，更可能造成精神和心理损害，降低幸福感。

2. 西部农村民间金融发展与农村居民主观幸福感的实证分析

（1）变量、模型与数据描述

目前笔者还未发现有文献来研究农村民间金融对主观幸福感的影响。本节利用北京大学中国社会科学调查中心的CFPS（2010，2012）的数据来研究农村民间金融与居民主观幸福感的关系。CFPS项目2010年开始在全国（西藏、青海、新疆、宁夏、内蒙古、海南、香港、澳门、台湾不在其列）正式实施，调查规模为16000户，包含每户家庭的所有成员，全面收集个体、家庭和社区三个层面的数据。我们首先根据国家统计局对城乡和东中西部的划分，摘取了所有西部地区乡村的样本数据，数据覆盖省份包括广西、重庆、四川、贵州、云南、陕西和甘肃。然后，我们剔除了数据缺失访问者的数据以及涉及相应变量问题的回答是"不知道"等样本，最终得到5975个样本。

为实证农村金融发展和农村居民主观幸福感的关系，我们建立了如下模型：

$$happiness_i = \beta_1 \inf_i + \prod X_i + \varepsilon_i \quad (6-3)$$

模型 6-3 中，下标 i 表示第 i 个农村居民样本，ε 是随机扰动项，变量 happiness 是衡量农村居民主观幸福感的指标，变量 inf 是衡量农村民间金融发展的指标，X 是影响居民主观幸福感的其他控制变量，$\prod$ 是相应的回归系数矩阵。

对主观幸福感和农村民间金融发展两个变量的定义如下：衡量主观幸福感的指标 happiness 来自访问者对问题"您觉得自己多幸福"的回答，回答为 1—5 五个整数，表示从非常不幸福到非常幸福。为了规避模型设定中可能存在的反向因果关系导致的内生性问题，我们使用 2012 年的数据来度量农户的主观幸福感，其他变量均使用 2010 年的数据进行度量。衡量农村民间金融的变量有两个分别为 inf1 和 inf2，其值来自于问题"您家去年是否通过以下途径借款或贷款"的回答，选项包括：银行（信用社）、亲戚朋友、民间借贷、其他方式和以上均没有。当被访者选择为亲戚朋友时将 inf1 赋值为 1，其他为 0；当被访者选择民间借贷时将 inf2 赋值为 1，其他为 0[①]；当被访者选择银行（信用社）时，将衡量正规金融的指标 fin 赋值为 1，其他为 0。

沿袭已有文献研究，本节在模型中还纳入了以下影响主观幸福感的家庭和个人特征变量包括：衡量社会网络的变量 sdlj 和 qqpy，其中 sdlj 来自于问题"去年全年你家收到的礼金（礼物）一共多少元"，我们将此数额与家庭总收入相除得到 sdlj 指标值；qqpy 来自于问题"您家春节有多少位亲戚（朋友）来拜访"，我们将两个数字相加得到 qqpy 的指标值；lnzsr 衡量被访者家庭总收入，来自于"去年您家总收入是多少"，为了消除异方差，对总收入做了对数化处理；jkyq、wlxx、shdw、rygx 四个主观评价指标都来自于相关问题的回答，分别

---

① Inf2 的结果不显著，我们没有将它纳入模型。

是对自己身体健康状况的预期，对自己未来生活的预期，对自己社会地位的评价，对自己人缘关系的评价，答案是 1—5 五个整数，除 jkyq 是负向指标外，其他均为正向指标；民族（nation），其中汉族赋值为 1，其他为 0；性别（male），男性赋值为 1，其他为 0；户籍（huji），农业为 1，其他为 0；婚姻状况中，离婚（包括分居）和结婚有配偶分别记为 divorce 和 marriage，当婚姻状况是离婚和分居时，divorce 赋值为 1，其他为 0；当婚姻状态是结婚有配偶时，marriage 赋值为 1，其他为 0；年龄（age）及平方项（age^2）；交叉项 yhlj 考察银行贷款和收到礼金的交互效应，银行贷款数额来自于问题"您家去年从银行（信用社）的贷款数额是多少"，此处进行了对数化处理[①]，将此结果与对数化的礼金数额相乘即得到 yhlj；交叉项 qplj 考察从亲戚朋友处的借款与收到礼金的交互效应，即将亲戚朋友的借款数额对数化后与对数化的收到礼金数额相乘[②]。

表 6-6 变量的描述性统计

变量	平均值	标准差	最小值	最大值
happiness	3.6598	1.0576	1	5
infl	0.3066	0.4611	0	1
fin	0.2054	0.4040	0	1
yhlj	7.4260	20.4076	0	109.9923
qplj	10.4199	22.7193	0	110.4858
sdlj	0.0404	0.1187	0	1
lnzsr	9.6564	0.9986	1.6094	14.5294
jkyq	1.9402	1.1405	1	5

[①] 在处理中我们将数额为 0 的项加 1 以便取对数。

[②] 我们还考察了被访者参与协会组织（参与各种组织为 1，其他为 0）、政治身份（党员为 1，其他为 0）、宗教信仰（有宗教信仰为 1，其他为 0）、社区和家庭传统（有家谱、祭祖、宗族祠堂赋值为 1，其他为 0），但结果均不显著，因此没有将它们纳入模型。

续表

变量	平均值	标准差	最小值	最大值
wlxx	3.6473	1.1357	1	5
shdw	2.8652	1.0328	1	5
rygx	3.8789	0.9272	1	5
nation	0.7590	0.4276	0	1
huji	0.9579	0.2006	0	1
age	45.7138	15.3521	16	97
male	0.4939	0.5000	0	1
marriage	0.8296	0.3759	0	1
divorce	0.0816	0.2738	0	1
pyqq	11.2064	12.9981	0	120

表 6-6 汇报了变量的描述性统计结果。其中幸福感的均值为 3.6598，显示居民幸福感处于中等水平。infl 和 fin 的均值分别为 0.3066 和 0.2054，显示约有 30.66% 的被访者家庭从亲戚朋友处借款，有 20.54% 的被访者家庭从银行取得了贷款。考虑到民间借贷部分（计算其均值为 0.033），民间金融的发生比例约为 34%，是正规融资渠道的 1.7 倍。汉族比例为 75.9%，农业户口比例为 95.79%，男性比例为 49.39%，结婚比例为 82.96%。

（2）实证结果讨论

表 6-7　西部地区农村民间金融发展与农村居民主观幸福感

	（1）	（2）	（3）	（4）
infl	0.0366** （2.01）	0.0383** （2.05）	0.0399** （2.03）	0.0594** （2.11）
fin		0.0231 （0.65）	0.0758 （1.48）	0.0224 （0.63）
yhlj			0.00277*** （2.68）	
qplj				0.000633 （0.69）

续表

	(1)	(2)	(3)	(4)
sdlj	0.490*** (3.98)	0.489*** (3.98)	0.423*** (3.38)	0.461*** (3.57)
lnzsr	0.0877*** (5.74)	0.0869*** (5.66)	0.0817*** (5.28)	0.0850*** (5.45)
jkyq	-0.0977*** (-7.33)	-0.0978*** (-7.34)	-0.0986*** (-7.40)	-0.0977*** (-7.33)
wlxx	0.307*** (21.83)	0.306*** (21.76)	0.306*** (21.75)	0.306*** (21.76)
shdw	0.0741*** (4.94)	0.0741*** (4.93)	0.0735*** (4.90)	0.0740*** (4.93)
rygx	0.382*** (22.84)	0.382*** (22.84)	0.381*** (22.76)	0.382*** (22.83)
nation	0.0342 (1.02)	0.0337 (1.00)	0.0296 (0.88)	0.0319 (0.95)
huji	-0.155** (-2.06)	-0.157** (-2.09)	-0.160** (-2.13)	-0.158** (-2.10)
age	-0.0274*** (-4.78)	-0.0273*** (-4.76)	-0.0274*** (-4.77)	-0.0272*** (-4.75)
age2	0.0371*** (6.38)	0.0371*** (6.37)	0.0371*** (6.38)	0.0370*** (6.35)
xingbie	-0.127*** (-4.42)	-0.128*** (-4.43)	-0.127*** (-4.42)	-0.128*** (-4.43)
marriage	0.0664 (1.12)	0.0668 (1.12)	0.0717 (1.20)	0.0665 (1.12)
divorce	-0.153* (-1.87)	-0.153* (-1.87)	-0.149* (-1.82)	-0.153* (-1.88)
pyqq	0.00163 (1.42)	0.00163 (1.42)	0.00140 (1.22)	0.00156 (1.35)
Wald 统计量	1844.15	1845.02	1851.00	1851.78
R^2	0.1099	0.1100	0.1104	0.1109
N	5975	5975	5975	5975

注：括号内为 t 值，*、**、*** 分别表示在 10%、5%、1% 水平上显著。

我们采用有序（ordered）Probit 模型对式 6-3 进行了估计（表 6-7）。在四个模型中，inf1 的系数均为正，在 5% 的显著性水平上显著，且数值稳定，这说明农村民间金融的发展显著提高了农村居民的主观幸福感。而正规金融变量 fin 的系数在四个模型中虽为正，但均不显著，这说明农村正规金融提供的金融服务并没有显著提高农村居民的主观幸福感。这个结果逻辑上与 6.1 的分析是一致的。6.1 的实证结果显示西部地区农村民间金融发展显著促进了农民收入增长，而正规金融发展并没有显著提高农民收入。因而通过收入促增渠道，西部农村民间金融发展提升了农村居民的幸福感。为了讨论社会网络、民间金融与幸福感的关系，我们在模型（3）和模型（4）中分别加入了正规金融机构贷款与社会网络变量收到礼金的交互项 yhlj 以及民间金融借款与社会网络变量收到礼金的交互项 qplj。模型（3）中 yhlj 的系数为 0.00277 并且在 1% 的显著性水平上显著。与模型（2）相比较，正规金融发展指标 fin 的系数由 0.0231 增大到 0.0758，并且 t 值由 0.65 增大到 1.48，这表明加入交互项后正规金融机构提升居民幸福感的程度得到提升，虽然仍不显著。同时，社会网络变量 sdlj 的系数则由 0.489 减小为 0.423，这表明在纳入交互项后社会网络对居民幸福感的提升作用出现了一定程度的下降。这个结果表明社会网络对幸福感的提升作用部分是通过金融服务渠道实现的，即社会网络提高了居民获得正规金融服务和民间金融服务的可能性，从而通过金融融资渠道提高了居民的幸福感。模型（4）中交互项 qplj 的系数为正但不显著，与模型（2）相比，inf1 的系数由 0.0383 增大到 0.0594，sdlj 的系数由 0.489 减小为 0.461，两者均是显著的。这说明社会网络对居民幸福感的提升作用部分是通过民间金融渠道实现的。与模型（3）相比，系数的变化幅度减少，说明社会网络对正规金融贷款的影响要大于对民间金融的影响。已有的研究表明，社会网络能显著提升居民的幸福感（陈刚等，2012），同时社会网络能够提高农户获得正规金融机构贷款和民间金融借款的可能性，并能提高农户获得贷款的资金数额，且对正规金融的影响要大于对民间金融的影响（胡枫、陈玉宇，2012），这与我们的研究结论在逻辑上是一致的。

其他变量对居民幸福感的影响与现有研究基本一致（Knight 等，2009；陈刚等，2012）。lnzsr 的系数显著为正，说明居民收入水平可以提升居民幸福感；jkyq 的系数为负且显著，说明对未来身体健康的担忧会显著降低居民的幸福感；wlxx、shdw 和 rygx 的系数均为正且显著，说明居民对未来生活信心的提高、对自己社会地位评价越高以及对自己人缘关系评价越好，都会显著提升居民的幸福感；户籍的系数均为负，说明农业户籍的幸福感低于非农业户口的幸福感，原因可能是农村与城市巨大的发展差距，而这种差距在西部地区更为显著；性别的系数也为负，说明现代社会男性要承受更大的社会压力和责任，导致其幸福感低于女性；marriage 的系数不显著，但是 divorce 的系数为负且显著，说明不良的婚姻状况会降低居民幸福感；年龄的系数说明随着年龄的增加，幸福感会先降低后增加；pyqq 的系数虽为正但不显著。

（二）农村民间金融发展与农村居民幸福感：东中西部的比较分析

为了对民间金融影响居民幸福感的区域差异进行考察，我们进一步利用东部和西部的数据进行了相同的估计[①]。回归结果见表6-8和表6-9。

表6-8汇报了东部地区的估计结果。其中 inf1 和 fin 的系数均为正且显著，民间金融的系数要大于正规金融的系数，这与6.1的实证结果也是一致的。由于东部地区农村正规金融与民间金融均显著提高了农民收入，所以均显著提升了居民幸福感。加入交互项 yhlj 后，yhlj 的系数为正但不显著，fin 的系数由 0.0124 增大到 0.015，sdlj 的系数

[①] 原始数据中东部地区包括天津、北京、河北、辽宁、上海、浙江、福建、江苏、山东和广东，但北京没有乡村地区，所以我们的样本没有含北京；中部省份包括：山西、吉林、黑龙江、安徽、江西、湖北、湖南和河南。

由 0.270 减小到 0.258。加入交互项 qplj 后，其系数为正且显著，inf1 的系数由 0.0254 增大到 0.0305，sdlj 的系数由 0.270 减小到 0.136。上述交互项的影响与西部地区一致，但系数的变化幅度不同。一是正规金融发生的变化小于民间金融的变化，说明社会网络对正规金融机构的影响小于对民间金融的影响，二是东部的变化比西部要小。这两点都表明由于市场化程度的提高，东部地区社会网络对民间金融的影响在变小，农村民间金融在东部地区更趋制度化发展。其他变量的影响与西部地区基本一致，在此不再赘述。

表 6-9 显示了中部地区的回归结果。与西部地区较类似，inf1 的系数为正且显著而 fin 的系数为正但不显著。这个结果与 6.1 的结论一致。加入交互项 yhlj 后，其系数为正但不显著，fin 的系数由 0.002 增大到 0.0077，sdlj 的系数由 0.202 减小到 0.170；加入交互项 qplj 后，其系数为正且显著，inf1 的系数由 0.007 增大到 0.0122，sdlj 的系数由 0.202 减小到 0.0988。从系数变化可以看出，在中部地区社会网络的影响要远大于东部地区，并且对正规金融的影响要大于对民间金融的影响。

综上所述，我们实证分析了农村民间金融发展对农村居民幸福感的影响，研究结果表明，农村民间金融发展对农村居民幸福感的提升具有显著影响，且影响在东中西地区均存在且显著。而农村正规金融的发展对幸福感的影响只在东部地区显著。我们还考察了正规金融、民间金融与社会网络的交互项与居民幸福感的关系，结果表明社会网络对幸福感的影响部分是通过正规金融和民间金融渠道实现的，这种影响在中西部要大于东部地区，并且对正规金融的影响要大于对民间金融的影响。

表 6-8　东部地区农村民间金融发展与农村居民主观幸福感

	（1）	（2）	（3）	（4）
Infl	0.0258*** （7.33）	0.0254*** （7.21）	0.0255*** （7.22）	0.0305*** （7.18）
fin		0.0124* （1.92）	0.0150* （1.87）	0.0129** （2.00）
yhlj			0.000922 （0.54）	
qplj				0.00198** （2.13）
sdlj	0.262* （1.84）	0.270* （1.89）	0.258* （1.79）	0.136 （0.87）
lnzsr	0.0633*** （4.01）	0.0662*** （4.18）	0.0655*** （4.12）	0.0590*** （3.65）
jkyq	－0.146*** （－9.17）	－0.145*** （－9.08）	－0.145*** （－9.08）	－0.144*** （－9.01）
wlxx	0.321*** （21.23）	0.322*** （21.30）	0.322*** （21.30）	0.322*** （21.29）
shdw	0.0854*** （5.11）	0.0849*** （5.08）	0.0848*** （5.07）	0.0847*** （5.07）
rygx	0.391*** （20.79）	0.391*** （20.79）	0.391*** （20.79）	0.391*** （20.79）
nation	－0.279*** （－4.01）	－0.291*** （－4.17）	－0.293*** （－4.18）	－0.290*** （－4.16）
huji	0.0124 （0.22）	0.0174 （0.31）	0.0180 （0.32）	0.0171 （0.30）
age	－0.0379*** （－5.84）	－0.0380*** （－5.86）	－0.0381*** （－5.87）	－0.0379*** （－5.85）
age2	0.0404*** （6.30）	0.0405*** （6.31）	0.0405*** （6.32）	0.0404*** （6.29）
xingbie	－0.118*** （－3.70）	－0.117*** （－3.68）	－0.117*** （－3.69）	－0.117*** （－3.69）
marriage	0.228*** （3.22）	0.230*** （3.25）	0.230*** （3.25）	0.231*** （3.27）
divorce	－0.115 （－1.23）	－0.113 （－1.22）	－0.113 （－1.22）	－0.112 （－1.20）
pyqq	0.00202 （1.36）	0.00212 （1.42）	0.00212 （1.43）	0.00201 （1.35）
Wald 统计量	1847.75	1851.43	1851.73	1855.99
R^2	0.1337	0.1339	0.1340	0.1343
N	5070	5070	5070	5070

注：括号内为 t 值，*、**、*** 分别表示在 10%、5%、1% 水平上显著。

表 6-9 中部农村民间金融发展与农村居民主观幸福感

	（1）	（2）	（3）	（4）
Infl	0.00712** （1.97）	0.00702* （1.93）	0.00731** （2.01）	0.0122*** （2.68）
fin		0.00200 （0.32）	0.00773 （1.01）	0.00211 （0.34）
yhlj			0.00195 （1.28）	
qplj				0.00166* （1.89）
sdlj	0.200 （1.53）	0.202 （1.54）	0.170 （1.27）	0.0988 （0.70）
lnzsr	0.104*** （5.47）	0.105*** （5.48）	0.102*** （5.30）	0.0957*** （4.83）
jkyq	-0.134*** （-8.11）	-0.133*** （-8.09）	-0.134*** （-8.10）	-0.133*** （-8.08）
wlxx	0.272*** （16.69）	0.272*** （16.68）	0.272*** （16.68）	0.272*** （16.67）
shdw	0.0857*** （4.59）	0.0855*** （4.57）	0.0853*** （4.56）	0.0837*** （4.47）
rygx	0.335*** （16.11）	0.335*** （16.11）	0.335*** （16.11）	0.336*** （16.15）
nation	-0.302** （-2.13）	-0.305** （-2.15）	-0.291** （-2.04）	-0.300** （-2.12）
huji	-0.161** （-2.41）	-0.160** （-2.40）	-0.162** （-2.44）	-0.165** （-2.47）
age	-0.0493*** （-7.05）	-0.0492*** （-7.03）	-0.0491*** （-7.02）	-0.0486*** （-6.93）
age2	0.0564*** （7.98）	0.0563*** （7.96）	0.0562*** （7.94）	0.0557*** （7.87）
xingbie	-0.0935*** （-2.75）	-0.0933*** （-2.75）	-0.0938*** （-2.76）	-0.0936*** （-2.76）
marriage	0.194** （2.51）	0.194** （2.51）	0.194** （2.51）	0.190** （2.46）
divorce	-0.00380 （-0.04）	-0.00340 （-0.03）	-0.00403 （-0.04）	-0.00885 （-0.08）
pyqq	0.00391** （2.41）	0.00394** （2.43）	0.00388** （2.39）	0.00376** （2.31）
Wald 统计量	1115.98	1116.08	1117.72	1119.67
R^2	0.0968	0.0968	0.0969	0.0971
N	4275	4275	4275	4275

注：括号内为 t 值，*、**、*** 分别表示在 10%、5%、1% 水平上显著。

第七章　西部农村民间金融发展不规范及风险研究

虽然西部农村民间金融发展具有显著积极的社会福利效应，但是同时必须注意到，西部农村民间金融发展还不规范，存在诸多问题，特别是在一定的外部经济环境下容易导致金融风险的累积，甚至爆发区域性民间金融危机。本章将就西部农村民间金融发展不规范的表现、根源、影响以及风险及其管理进行研究。

一、西部农村民间金融发展不规范的表现

（一）组织管理不规范

出于成本节约和草根性的考虑，西部农村民间金融在组织形式、经营场所、业务人员、工商登记等方面都有欠规范。由于在发展阶段上西部地区的农村民间金融要落后于东部地区，所以在组织形式上西部农村民间金融较东部地区也更加松散。如西部农村广泛存在的农户间自由借贷就不存在组织形式，其他如企业集资、银背等民间金融活动也没有确定的、正规化的组织形式；在经营场所方面，大多数民间金融活动没有固定的经营场所，部分有经营场所的民间金融组织使用

的往往是其他经营活动的办公场地;在机构人员方面,西部农村民间金融大多没有专业的金融业务人员,民间金融业务本身也只是其兼营业务;在工商登记方面,没有固定组织形式的民间金融活动没有主动登记的激励,即使像农村资金互助社这种具有固定组织形式的民间金融组织大多数也没有主动登记。虽然这些组织管理上的不规范可以为农村民间金融活动的开展降低成本,也符合农村民间金融草根性的特征,但是,随着农村经济社会活动的发展以及与之伴随的农村民间金融业务规模的扩大和业务本身的复杂化,松散落后的组织管理形式必然阻碍西部农村民间金融的健康发展。

(二)资金运作不规范

西部农村民间金融在资金筹集机制和使用方式上不规范。农村民间金融的资金来源零散,由于处于监管系统之外,部分资金来源不可避免地具有"黑色"性质,为了增加缺乏社会信任的民间金融的吸引力,还往往承诺资金的高回报率,这些资金筹集上的非规范性可能使农村民间金融走上非法经营的道路,也增加了农村民间金融经营的高风险偏好和机会主义行为动机。在资金运用上,由于缺乏专业的金融业务人员,在农村民间金融贷款发放中缺乏规范的贷款审核流程,贷款定价中的风险因素不明确,降低了农村民间金融的经营绩效。资金运作不规范的典型表现就是部分民间融资中介机构违规建立资金池。理财资金池是指发行机构(一般为银行)通过滚动发售短期理财产品,将募集的客户理财资金汇集起来形成一个大的"池子",统一运作,统一管理。

案例一:重庆某投资公司违规建立"资金池"案例[①]。重庆某投资公司(以下称 A 公司)在股市暴涨的行情下,为了获得投资暴利,在

---

① 本案例资料由课题组调研得到。

2015年初以许诺高息的方式，推出了3个月、6个月、12个月的定期投资产品以及"随时投资、随时取现"的活期投资产品，这些产品在实质上是"以中介之名，行揽储之实"，非法吸收公众存款，违规建立资金池，利用资金池投资项目。为了规避监管，A公司吸收的客户投资资金并没有进入公司的基本账户，而是通过公司负责人及其亲属的个人账户流转。为了追求高收益，A公司将吸收的客户资金通过配资杠杆购买了股票与基金，并且在初期获取了较高的投资收益。随着2015年6月股市大跌，在配资杠杆的作用下，A公司最终被迫清仓处理，最终导致2000余万元客户资金无法收回。

（三）业务运营不规范

在外部监管空白，内部组织又不规范的情况下，西部农村民间金融在业务运营上也不可避免地存在着不规范。西部农村民间金融业务运营不规范主要表现在业务扩张的盲目性、经营目标的随意性以及利用中介平台为关联企业提供融资。西部农村民间金融具有一定的规模和组织形式后，在利益的驱动下，不可避免地会有机会主义行为发生。而农村民间金融野蛮扩张又往往发生在货币政策宽松、流动性过剩的宏观背景下，充裕的民间资本为了避免货币贬值急切寻求高回报率的投资渠道，这又为民间金融盲目扩张提供了良好的资金供给环境。农村资金互助社是互助合作性质的农村民间金融组织，设立之初只向社内成员吸收存款并发放贷款，随着经营规模扩大，资金互助社向互助社之外的农户开展业务，信息不对称程度增加，导致基于社区信任的声誉机制逐渐消退，资金用途也脱离了互助社设立之初的约定原则，从婚丧嫁娶、耐用消费品购置以及农业经营性投资转向非法暴利经营活动，甚至演变为利用资金互助社平台从事非法集资活动，带来经营风险。经营目标的随意性是指随着资金规模的扩大，农村民间金融组织在机会主义的驱动下，随意变更经营目标，带来经营风险。如合会成立主要为会头筹集临时性大额资金，但是当会脚数量增加，一名会头可能同时参加运作几个合会，"套会"的会头的经营目标就异化为以会养会，以会牟利，完全背离了合会的设立初衷，一旦资金链断裂将造成会脚的巨大经济损失。

除了存在业务扩张的盲目性和经营目标的随意性之外，部分农村民间金融中介业务与股东高度关联，利用中介平台为关联企业融资；甚至存在有些中小企业主在经济下行，企业经营困难的情况下，专门设立各类投资咨询或理财公司，为自己的企业进行融资。通常这些民间金融中介平台与小额贷款公司、融资性担保公司相互关联，甚至由同一股东控制，融资相互担保，资金也在系统内流动，风险巨大。

案例二：鹏润担保有限公司违规利用自融平台案例[1]。夏某是四川隆昌知名企业家，从1996年开始在隆昌云鼎镇做生意，目前经营的实体产业涉及连锁超市、家电、煤矿等，并且在当地也早已涉足民间资金借贷，其拥有的头衔包括隆昌县政协常委、工商联副主席。2007年11月，隆昌县鹏润融资担保有限公司成立，注册资本1000万元，2010年2月，注册资本增至2000万元。随着当地电视台、报纸等媒体对"政府支持、法律保护、工商注册、零风险"的公开长期宣传，鹏润融资担保有限公司逐渐成为当地有名的投资理财类公司，也激发了当地群众高息理财的热情[2]。2014年2月，鹏润公司的注册资金增至8200万元，按相关政策，公司融资杠杆可达到5倍左右，即4.1亿元[3]。

---

[1] 本案例资料来自《证券日报》（2014年7月2日）和《21世纪经济报道》（2014年7月8日）对鹏润担保有限公司的公开报道。

[2] 可以反映当地政府对鹏润担保有限公司支持的一个例证是，在隆昌县政府的官方网站上，2013年8月挂出的一篇名为《隆昌县召开2013年金融运行分析会》的稿件中，该县主要领导把鹏润担保增资作为下一步的重要工作来抓。

[3] 鹏润担保有限公司的8200万元注册资本应该全在银行作为担保保证金，但在案发前早就全部抽走了。

2014年3月,东大汇通理财咨询服务公司在成都成立,注册资金1000万元,董事长罗某是夏某的妻子。东大汇通是四川省中小企业信用与担保协会民间融资与担保分会理事会员机构,也是四川民间融资信用互助联合会成员机构。

隆昌本地投资者大多购买的是鹏润融资担保有限公司的居间服务产品"增值保",投资门槛5万元,按投资存款时间长短可享受"一年期18%、半年期16.8%、3月期15.6%"的利息,可以提前三天办理手续取回本金及利息,少部分投机性更强的投资者甚至卖掉房产进行投资。也有投资者直接借钱给同盛达煤矿和同心煤矿,利率为14.4%,按月付息,借款由鹏润担保提供连带责任担保。摩尔阳光理财计划通过东大汇通向133名投资者借款2586万元,用于摩尔阳光增加库存商品的数量和种类,还款来源为摩尔阳光的销售回款,借款年利率18%,按月息1.5%每月支付,借款期限为一年、半年、3个月三类[①]。该理财项目由鹏润担保提供连带责任担保,而由东大汇通提供本金及利息代偿保障,但借款人及摩尔阳光的实际控制人均不提供无限连带担保责任,实际上该项目的借款方、担保方、理财公司的实际控制人都是夏某,鹏润担保有限公司的自融关系见图7-1。与此同时,夏某投资的煤矿和房产遭遇了滑铁卢,煤矿在民间融资将近一个亿,但在国家"关停并转"中关了一家,只获得2500万的赔偿,损失达7000万元。2013年夏某花费2亿多元在宜宾购置了3栋商业楼,其中贷款1.1亿,担保公司拆借7000万元,但商业楼并没有获得预期收益。夏某实际控制公司在2014年6月份到期债务合计约1.5亿元,面对巨额资金缺口,夏某与妻子于6月初携款跑路。而隆昌鹏润担保公司涉及投资担保业

---

① 《融资性担保公司管理暂行办法》第三十条规定:融资性担保公司不得为其母公司或子公司提供融资性担保。本条旨在防止由于利益冲突而违犯商业原则开展的担保行为,防止公司股东(法人)以母或子公司的名义谋取不正当利益(比如母、子公司通过融资性担保公司骗取银行贷款等)。夏某利用关联企业做局自融显然不合规。

务达 2200 多笔，总金额超过 2.5 亿元，加上成都东大汇通涉及的 3000 多万元，总涉案金额至少 3 亿元。

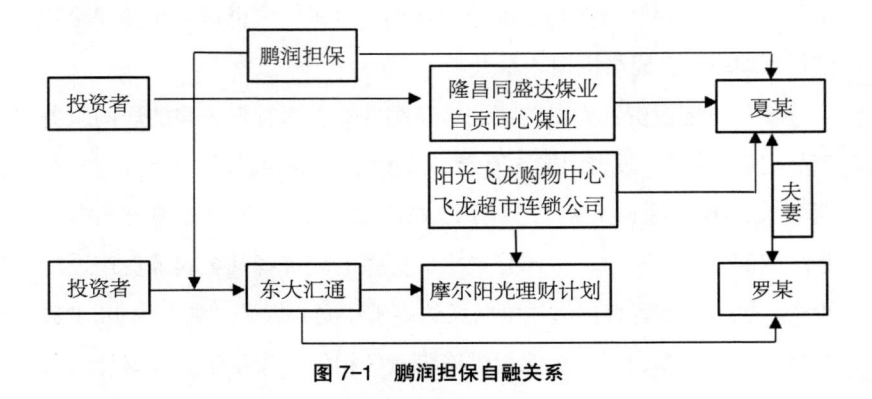

图 7-1　鹏润担保自融关系

（四）内部控制薄弱

农村民间金融组织缺乏完整的内部管理制度，容易出现内部人控制现象。农村民间金融机构由于资金规模总体不大，其日常经营管理主要由大股东负责，在缺乏外部监管的情况下，大股东会偏好追求自身利益而忽略外部人利益，从而加大农村民间金融组织的经营风险。内部控制薄弱的表现包括：资金互助社或钱庄的大股东在贷款过程中降低信用门槛，随意提供利率优惠等；资金互助社在理事长操控下异化为吸储工具；资金互助社或钱庄等农村民间金融机构的大股东直接卷走互助社或钱庄的存款等。这些行为都严重侵害了农村民间金融组织外部人的利益。

案例三：重庆某互助社违规经营案例[①]。2014 年重庆某农村资金互助社在理事长李某的操纵下，将吸收的社员存款 800 余万元通过其他投资理财公司发放贷款，累计获得理财收益 60 余万元，这些理财收益

---

① 本案例资料由课题组调研得到。

的大部分由李某和副理事长等主要负责人分配，由于互助社资金流转通过李某个人账户进行，互助社其他成员并不知道李某的违规经营情况。此后由于贷款房地产公司倒闭，贷款本金损失严重，李某无法向互助社成员发放存款利息，李某违规经营情况才得以曝光，但是互助社成员的本金损失已无法追回。

（五）风险控制不规范

西部农村民间金融的主要业务形式是传统存贷业务，其面临的主要风险是贷款不能按时收回的信用风险。西部农村民间金融机构与正规金融机构在信用风险管理上存在巨大差距。正规金融机构对贷款的管理有较为科学的方法和标准化的流程，可以对贷款对象和贷款项目进行科学的风险评估和审核，在贷款发放之后还可以根据贷款对象的账户信息、项目进度、还款情况进行贷后管理，因而可以全面地控制信贷风险。而农村民间金融是建立在基于地缘、亲缘、业缘的社区信任之上的，农村民间金融的贷款发放不是基于科学的评估方法，而是贷款人或经营者基于个体信息优势和主观感受做出的决策。笔者带领课题组通过调研发现，部分小额贷款公司和资金互助社订立的制度直接照抄银行、信用社等正规金融机构，与这些民间金融机构的业务流程完全脱节，没有实际可操作性；更严重的是，有些资金互助社和小额贷款公司甚至根本没有订立规范的贷款操作流程，审批、发放贷款由主要负责人（理事长、总经理）决策；有些小额贷款公司采用收付实现制而不是权责发生制进行会计核算，因而未充分计提贷款损失准备或者计提比例较低；很多小额贷款公司的贷款投向了中小房地产企业，贷款集中度高，风险巨大，为了规避"同一借款人贷款余额不得超过公司注册资本5%"的规定，小额贷款公司通过一人多次贷款、多人贷款一人使用、机构担保大额贷款等形式违规经营。

随着西部农村民间金融交易规模和范围的扩张，农村社会网络外的"陌生人"也参与到民间金融活动中，伴随着信息不对称程度的加深、社区信任程度的下降以及信息交流传播机制的失效，原先具有主观随意性的信贷交易方式也就失去了风险识别评估的功能，信贷违约风险增加。此外，农村民间金融组织无法就贷款投向、结构以及贷款集中度等影响信贷风险的因素进行调节，缺乏贷后风险管理手段，行业内也没有类似存款准备金制度的集体救助措施，这些都提高了信贷违约概率以及资金损失概率。

二、西部农村民间金融发展不规范的根源

（一）民间金融法律缺失

目前我国还没有一部专门的民间金融法律或法规，只有零散的法律条文涉及民间金融的监管，如《中国人民银行法》《商业银行法》《贷款通则》《非法金融机构和非法金融业务活动取缔办法》以及《刑法》等。民间金融专门法律法规的缺失导致民间金融的监管几乎处于无法可依的状态，大量存在的农村民间金融无明确法律地位。由于没有专门的法律法规来调整民间金融所涉法律关系，所以对民间金融的法律界定、民间金融可以采取的具体组织形式以及民间金融的合格参与主体等都处于模糊状态，市场主体无法区分金融交易的合法与非法界限，在利益驱动下，民间金融市场主体经常从事"灰色"金融甚至"黑色"金融活动以获取高收益。同时，陷入危机或纠纷的农村民间金融也不能很好地在法律框架内予以解决，最后往往诉诸暴力手段。并且，对于农村民间金融领域容易滋生的非法集资行为缺乏统一的监管制度框架。在实践中银行业监管部门有权对银行业机构的金融活动实

施监管，但对企业、个人等社会领域的非法集资行为则无权介入；工商行政部门对出现的非法集资行为缺乏有效的调查手段；公安部门则无法准确认定非法集资行为的性质。统一监管框架的缺失使得非法集资行为不断发生。总之，法律缺失使得西部农村民间金融发展面临着巨大的制度和政策风险，严重妨碍了西部农村民间金融的健康发展。

（二）形成发展机制使然

我国农村民间金融活动有着悠久的历史，在农村社会一定的圈层结构中广泛存在并在农村经济生活中发挥着重要作用。农村社会生活的自由性和缺乏约束性使得农村民间金融组织在社会文化属性上偏于粗放，难以形成精细化的管理制度。而且农民的受教育时间偏短，一定程度上制约了他们认知能力和分析能力的培养和提高，因此他们也很难有能力实现农村民间金融组织的精细化管理。因此，在农村社会环境下形成的粗放型管理方式是农村民间金融发展不规范的内在根源。

（三）政府政策倾向

政府对民间金融的政策倾向也是农村民间金融发展不规范的重要原因。新中国成立后，国家在重工业优先发展战略指导下，为全面控制经济资源，推行全面的国有化经济战略，并实行城市倾向的金融政策，以达到农村支援城市、农业支持工业的目的，农村民间金融自然在限制发展之列。改革开放后，个体和私营经济获得了急速发展，监管政策放松，但是与之有着千丝万缕联系的民间金融却一直处于被严格限制发展的状态，特别是进入21世纪以来，国家推出了一系列支持"三农"发展的政策措施以提高农民收入、缩小城乡差距，但是出于减少管理成本的考虑，对于对农村经济发展极端重要的农村民间金融的监管政策却一直没有放松[1]，监管政策严重滞后于农村民间金融的发展实践，使得农村民间金融长期处于发展失范的状态。

（四）金融监管困难

农村民间金融组织形式的多样性、运营的隐蔽性以及分布的零散性都加大了外部监管的难度。首先，农村民间金融组织形式多样，包括私人自由借贷、银背、各种形式的合会、资金互助社、地下钱庄等。不同组织形式的农村民间金融有着完全不同的运营机制，它们又和当地个体、私营经济存在着千丝万缕的联系，政府监管部门难以对各种形式的农村民间金融采用统一有效的监管模式。其次，面对巨大的对农村金融服务的需求，在政府长期的严格限制发展政策环境下，农村民间金融只能以隐蔽性的方式发展，这无疑也加大了外部监管的难度。最后，相较于城市而言，农村地区交通落后，单一的民间金融组织的业务范围通常只存在于某一农村或乡镇范围内，因而分布极其零散，这在西部农村地区表现得更加明显，分布的零散性又加大了外部监管的难度。这些客观现实也解释了目前政府对农村民间金融的监管态度，既然对农村民间金融进行有效监管要付出相当高的监管成本，况且农村民间金融天然伴随着金融和社会风险，那么不如干脆选择最简单粗暴的政策，严格限制甚至禁止农村民间金融的存在和发展，逃避监管责任。

---

[1] 国务院法制办在 2015 年 8 月 12 日公布了《非存款类放贷组织条例》（征求意见稿），并将其纳入 2018 年国务院立法工作计划。

三、西部农村民间金融发展不规范的影响

（一）利率冲击

利率是各国中央银行调控经济的重要货币政策工具，中央银行通过调整货币市场基准利率影响金融机构和金融市场的利率变化，进而改变市场主体资金成本和行为方式，达到调控经济的目的。在我国长期利率管制的条件下，市场利率扭曲，无法发挥价格信号的作用，从而导致货币政策的利率机制受阻。而民间金融市场交易不受利率管制的限制，民间金融利率水平可以较好地反映区域货币资金的供求状况，因此民间金融市场利率更能代表市场均衡利率，从而通过民间金融市场和正规金融市场的链接，可以逐步减少金融市场中利率管制的扭曲，加速推进利率的市场化进程。

（二）市场效率冲击

金融市场效率决定着全社会资源配置的效率。正是通过金融市场和金融中介，才可将社会资金从盈余部门配置到赤字部门，从而将储蓄转化为投资，促进资本形成和经济增长。而各种形式的信贷配给和政府对商业银行信贷发放的普遍干预（王珏、骆力前等，2015；纪志宏、周黎安等，2014），使得正规金融部门的资金主要投向了效率低下的国有企业部门，效率更高的民营企业部门的融资需求无法得到有效满足，造成正规金融部门资金配置效率低下，金融运行扭曲。民间金融市场的发展则可以为居民家庭和中小微企业提供融资便利，在正规金融部门之外为民间资金提供一条投资渠道，完全市场化的融资机制使得民间金融市场较正规金融市场具有更高的资金配置效率，从而提

升全社会的资金配置效率。

（三）货币政策冲击

1. 削弱货币政策效果

经济扩张期，经济增长预期乐观，资产价格上涨，风险偏好增加，风险管理门槛放松，民间金融机构加大经营杠杆，信用供给能力增强。同时，在利润增加预期驱动下，企业投资意愿和融资需求增加，民间金融市场均衡利率升高，民间金融与正规金融的利率价差扩大，进一步激励民间金融业务发展。基于逆风向行事的货币政策收缩银根，中小企业融资饥渴症进一步强化，民间金融市场利率进一步上升，更多资金流入民间金融市场。民间金融与其他影子银行体系一起通过信用创造增加货币供给，民间金融融资期限较短，资金周转加速，货币流通量增加，最终削弱紧缩性货币政策效果。在经济下行期，中小企业融资需求不足，民间金融市场收缩，一定程度上起到了遏制扩张性货币政策的效果。

2. 难以测定货币乘数和货币供应量

正规金融市场的漏损现金会有部分流入民间金融市场形成民间金融体系的基础货币，这部分基础货币也会在民间金融体系内形成货币创造过程，因此造成经济体内基础货币的统计值小于基础货币的实际值。在民间金融市场不被监管和统计的情况下，民间金融市场货币创造过程对社会货币供应的影响也就无法准确测度，因此可能造成货币供应量的统计值比实际值偏小[①]。

---

① 民间金融体系货币创造的过程与正规金融体系至少有以下不同：一是民间金融市场的借贷周期较短，几乎没有定期存款；二是民间金融市场没有法定存款准备金率，民间金融机构（存款类）按照各自的风险偏好确定准备金率。因此民间金融体系的货币乘数理论上应该大于正规金

3. 加剧货币政策效果结构性差异和区域性差异

在经济结构失衡，虚拟经济与实体经济脱离发展的情况下，通过民间金融渠道，社会资金被吸引进入具有高收益性和投机性的房地产市场和证券市场。当中央银行采取紧缩性货币政策时，这些高投机性行业最先受到冲击，资金饥渴症更加严重，也更愿意支付较高利率获取民间融资，从而减弱了紧缩性货币政策的效果。当中央银行采取扩张性货币政策时，充裕的资金通过各种类型的民间金融渠道和影子银行体系进入房地产市场和证券市场，进一步增加这些市场的投机性。从这两方面来看，民间金融的存在可能会进一步加剧实体经济与虚拟经济的失衡，扭曲货币政策调控效果。经济发展的区域不平衡性是我国经济发展的基本特征，东部农村地区经济发展水平远高于中西部农村地区，即使在西部区域内，也存在省际经济发展不平衡的状况。资金在逐利性的驱使下，往往从资金回报率低的经济欠发达地区流向资金回报率高的经济发达地区，而民间资金在缺乏监管的条件下具有更强的流动性，因此民间资金往往汇聚于区域内的发达地区。在此前提下，当中央银行采取差异性货币政策支持欠发达地区时，处于监管之外的民间金融则为资金由欠发达地区流向发达地区提供了便利的通道，因此民间金融的存在会抵消差异性货币政策的效果，进一步加剧经济发展的不平衡性。

（四）蕴藏金融风险

农村民间金融组织受其形成发展所处环境的影响，在组织方式、资金运作、业务经营、内部控制、风险管理等方面均存在诸多不规范

（接上页）融体系，造成货币供应量的统计值低于实际值。参见杨婷婷：《我国非正规金融与货币政策相关性研究》，西南财经大学硕士学位论文，2012年，第46页。

的问题，这些问题的累积使得农村民间金融潜藏着巨大的金融风险。组织形式的松散，经营过程中业务运营和资金运作时都存在随意性，这些均是农村民间金融经营风险的主要来源；缺乏规范的信贷审核流程，资金借贷缺乏规范的书面合约约束，随着经营规模的扩张和业务的复杂化，违约风险将不可避免地上升。农村民间金融信贷资金的偿还主要依赖于基于社区信任的声誉约束机制而缺乏类似正规金融机构的担保抵押物，因此一旦交易对手违约，农村民间金融组织将缺乏有效的风险控制措施，承受巨大的资金损失，甚至出现支付危机而破产倒闭。农村民间金融由于缺乏有效的风险管理手段而诉诸高利率以覆盖违约损失成本，与正规金融相比，民间金融的利率水平更高，不论是作为货币资金经营者的民间金融组织，还是民间金融市场上的资金需求者，更高的利率水平意味着他们都有更强的机会主义行为动机，即民间金融组织会倾向于发放高利率贷款，而借款人则倾向于投资高风险项目。因此，与正规金融机构相比，农村民间金融组织整体上蕴含着更高的信用风险。农村民间金融规模小，通常局限于某一特定地域内，这样就无法通过地理和行业的分散化来降低信用风险，因此农村民间金融组织的风险承担能力弱，违约行为一旦发生将可能触发支付危机甚至区域内的金融风险。

（五）冲击社会和谐稳定

首先，高利率、高投机性的民间金融活动将影响社会生产积极性。市场化条件下农村民间金融兼具互助性和营利性，农村闲置资金追求高回报率也是正常的利益诉求。但是若农村民间金融过度发展，形成类似于"会套会"这种与生产完全脱节的金融交易活动，将会对社会经济生活造成不良影响，刺激大众盲目参加这种资金冒险活动，不事生产，而金融风险不断累积，最后资金链断裂，必然极大地影响广大群众的正常生产生活。

其次,引发民间金融纠纷。在缺乏规范的借贷合约约束和监管部门的规范指导下,若债务人预计到其违约收益远远高于其社会信用丧失的成本,则违约就是债务人的最佳选择。非规范化的合约引起的民间金融纠纷主要包括利率纠纷、担保纠纷、借据纠纷等。在缺乏必要的法律支持的情况下,这些经济纠纷难免影响社会的和谐稳定。[①] 更严重的是,农村民间金融的隐蔽性会诱致民间金融组织的实际控制人从事高息揽存、非法集资、非法放贷等非法金融活动,如地下钱庄以高息揽储并高息放贷,各种名义的非法集资等违规金融活动,这些违规或违法的融资途径所获资金又往往流向高投机性行业甚至违法经济活动,当国家进行宏观调控导致银根收缩资金链断裂时,极易引发区域性民间金融危机,冲击区域内社会和谐稳定。[②]

四、西部农村民间金融发展不规范的风险

(一)西部农村民间金融的风险类型

1. 制度风险

制度风险指因外部制度及政策环境发生变化而给西部农村民间金融市场主体带来的风险。这些外部制度及政策环境包括货币政策、产业政策、民间金融规制等。民间金融交易规模的扩张与货币政策的松

---

① 根据历年《最高人民法院工作报告》的数据计算,近年来民间借贷纠纷案件呈增长态势,2011至2015年全国各级法院审结民间借贷纠纷案件分别为59.4万件、72.9万件、85.5万件、102.4万件和142万件,同比增长率分别为18.4%、22.68%、17.27%、19.89%和39.2%。西部地区尤其严重,重庆一中院数据显示,2015年1—7月该院受理民间借贷纠纷案件486件,占受理借款合同纠纷案件的79.7%,同比增长48%。

② 陕西神木县2013年7月爆发的群体性事件就是由于当地民间借贷体系崩溃,大量老板"跑路",众多民间借贷投资者受到严重损失引起的。

紧程度密切相关,当国家实施紧缩性的货币政策时,市场银根收紧,伴随着民间金融融资规模扩张和民间金融市场利率的提高,民间金融的风险逐渐累积。国家产业政策的调整也直接影响农村民间金融的风险,特别是在具有单一产业结构特征的资源密集型地区。宏观经济环境的恶化和国家产业政策的调整导致外部需求的减少,这将导致单一产业结构的资源密集型地区经济发展速度大幅度降低,而与之具有融资、担保等复杂资金交易关系的民间金融体系将面临巨大的系统性风险。更为严重的是,民间金融会通过金融杠杆放大产业波动的经济风险。由于资源密集型地区在经济扩张期保持高速的发展,而民间金融市场单一主体的逐利性和盲目性以及民间金融市场具有的羊群效应导致民间资本的过度涌入和金融杠杆的逐渐加大,一旦产业发展进入下行周期,随着民间金融被动的去杠杆过程,民间金融市场的资金链趋紧,形成区域民间金融风险。国家对民间金融规制政策的调整也会给西部农村民间金融带来风险。由于法律法规的缺失和不完善,很多未履行工商登记手续的民间金融组织的交易处于合法与非法之间的灰色地带,这种不确定性一方面提高了此类交易的价格以抵补风险溢价进而提高了违约概率[①],另一方面当国家收紧对民间金融活动的监管时会导致大量民间金融交易被取缔,给投资者及民间金融市场其他主体带来损失。

2. 信用风险

西部农村民间金融的信用风险是指由于民间金融交易中的债务人不能按事先约定(书面合约或口头协议)的条件履行偿债义务给债权人(投资人)带来损失的可能性。民间金融的信用风险存在于私人借

---

① 在其他条件不变的前提下,贷款利率的提高会导致借款人还款利息增加,在还款能力及违约所带来的声誉损失一定的情况下,借款人更倾向于选择违约。

贷主体之间，非存款性民间金融组织的资金交易以及存款性民间金融组织的资金交易之中，而信用风险的危害程度也逐次增加。私人借贷的违约只会影响单独的交易主体，一般不会进一步扩散；非存款性民间金融组织的资金来源于组织内部成员或其他正规金融机构，因此其承担的信用风险可能会损害内部成员的利益，也可能将风险传导至正规金融机构；存款性民间金融组织的资金来源包含了分散的存款人，故而其承担的信用风险可能会损害广大存款人的利益，造成较大的社会影响。农村民间金融信用风险的发生主要源自农村民间金融交易规模的膨胀和无序扩张导致民间金融逐渐突破了原有的农村社会网络边界，原有的建构于农村社会网络基础之上的信任和声誉约束机制失效，最终引起违约行为的发生。

3. 流动性风险

西部农村民间金融的流动性风险指民间金融机构由于资产或者负债的流动性的意外变动而带来经济损失的可能性。存款性农村民间金融组织和非存款性农村民间金融组织都具有流动性风险，其风险来源包括两个渠道：一是民间金融组织的流动性安排存在缺陷，流动性资产与流动性负债没有进行良好匹配；二是民间金融组织由于其他风险暴露导致资产的损失或负债增加。流动性风险可能导致存款性民间金融组织的挤兑甚至破产，进而引发区域性民间金融危机。

4. 利率风险

西部农村民间金融的利率风险指农村民间金融资金交易的高利率水平引致的更高的违约可能性。农村民间金融组织在资金筹集和资金运用中的高利率水平除了规避制度风险和信用风险外，主要来自以下两个方面：一是农村民间金融的市场分割，导致价格信号不能在更广泛的市场主体间传导，因此农村民间金融的交易双方不能通过广泛的价格比较来权衡交易风险以确定合理的风险溢价，利率水平表现出较大的地区差异性，而西部农村民间金融的整体发育水平落后于东部地区，因此这种市场分割状况更加严重；二是农村民间金融市场资金需求的急迫性，正规金融机构在宏观调控和额度限制下，往往会向中小企业等借款人提前收回贷款或暂停发放贷款，导致这些企业和个人临时求助于民间金融市场，资金需求的利率弹性低，从而推高农村民间金融市场利率（孙晨辉等，2014）。高水平的民间金融市场利率可能诱致债务人选择更具风险的投资项目，从农村民间金融机构或贷款人的角度来看，借款人愿意承担高利率水平的贷款，也就意味着他（它）更可能从事高风险或投机性的项目，因此农村民间金融机构或贷款人面临着较大的贷款损失风险；从农村民间金融市场的投资人角度来看，农村民间金融组织愿意以高利率水平吸收资金，也就意味着他（它）获得资金后更可能从事败德行为（胡士华，2012）。农村民间金融的高利率水平是民间金融风险事件频发的重要动因，如合会倒会风险、非法集资等。

5. 操作风险

西部农村民间金融的操作风险指由于内部流程、人员行为和信息科技系统的不完备或者由于外部事件造成损失的可能性，具体包括来自内部人员或外部交易对手的欺诈风险、电子信息系统的软硬件故障风险、合约瑕疵风险、业务程序设置不当的风险等。由于西部农村民间金融在组织方式、内部管理、人员设置、业务流程等诸多方面存在着不规范，因此其面临的操作风险较正规金融机构要大得多。此外，西部农村民间金融的业务对象的特殊性也提高了操作风险水平：一是西部农村民间金融的业务对象处于农村地区，受教育程度较低，信用意识和法律意识淡薄；二是他们往往是因为无法从正规金融机构获取信贷支持转而寻求民间融资的借款人，因此他们可能具有较高的道德风险甚至通过欺诈来得到融资支持。这两方面都增大了西部农村民间金融机构的操作风险水平。

（二）西部农村民间金融风险的传染与溢出

民间金融风险在市场参与主体所形成的复杂网络（简称民间金融网络）上的扩散称之为民间金融风险的传染，按其扩散边界，可将西部民间金融风险传染分为两个阶段：第一阶段的扩散范围限于民间金融市场主体所形成的复杂网络之内，称之为民间金融风险的内部传播；第二阶段的扩散范围超出了民间金融市场主体所形成的复杂网络的界限传播到实体经济网络和正规金融市场网络，称之为民间金融的风险溢出。西部农村民间金融的风险扩散如图 7-2 所示。

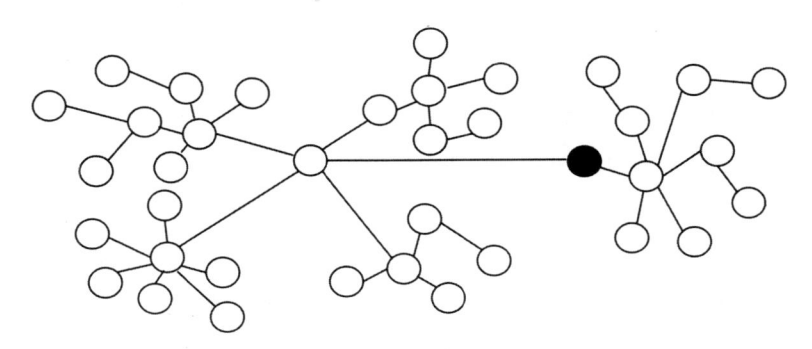

图 7-2　西部农村民间金融风险的传染

各节点表示市场主体（其中黑色表示正规金融机构），两个节点之间的连线表示市场主体之间的关联，具体的关联形式包括资金、人员、信息等。资金关联指两个市场主体之间存在着资金往来，其具体关联形式包括借贷、担保、企业集资等。人员关联指两个市场主体之间存在着人员交叉的情形，其具体关联形式有：某一合会的会头又是另一合会的会头，即所谓"套会"；正规金融机构的员工充当资金掮客将正规金融机构的资金贷向民间金融市场等。信息关联是指市场参与主体之间存在着信息不对称，关于民间金融风险的信息在复杂网络上扩散时发生信号扭曲和放大，进而引起市场参与主体的恐慌。通常，民间金融风险在复杂网络传播过程中是同时通过以上三种关联形式进行的，而资金关联是三种关联形式的核心，与正规金融风险的传播相比较，信息关联在民间金融风险的传播中发挥着更加重要的作用。

农村民间金融的风险传播是指农村民间金融网络上某一节点（市场主体）发生某一风险事件（违约事件）从而产生一个风险源，这一风险源会由与该节点直接关联的链接路径进行扩散，那么与之直接关联的节点将会受到影响而感染风险，但其中可能有某些节点因为及时采取了应对措施或受到救助（紧急贷款、直接注资等）而化解了风险从而得以继续运营；但另外一些节点可能无法及时采取应对措施而陷入困境甚至倒闭，进一步地，受到影响以及倒闭的节点将会使风险继续在网络上传播下去，最终达至均衡。沿着方先明（2015）的思路，我们借鉴传染病扩散模型来对农村民间金融风险的传染做进一步讨论。农村民间金融风险传染过程及后果至少受到以下因素的影响，包括传染率、风险阈值、消亡率以及民间金融网络结构特征。传染率是指单位时间内民间金融市场主体受到风险传染而成为被传染风险的机构数量与民间金融市场主体总的数量的比率。消亡率是指单位时间内原先受到风险感染的民间金融市场主体恢复为正常状态的数量与民间金融市场主体总的数量的比率。风险阈值是指作为市场主体的单个网络节点所能承受的最大风险冲击。在风险传染的过程中，传染率越高，则风险累积速度越快，越容易形成系统性风险，形成对正规金融和实体经济的溢出效应；而消亡率越高，则风险累积速度越慢，也就越不容易形成系统性风险；而风险扩散的必要条件是感染的风险强度必须大于风险阈值，而不同的市场主体的风险阈值是存在显著差异的。

民间金融网络结构对风险传染具有重要影响。在民间金融市场主体形成的复杂网络中,关联度是指与某一农村民间金融市场主体存在直接关联(链接)的其他市场主体的数量,在实际的民间金融网络上,只有少数市场主体与较多的其他市场主体之间存在关联,而大部分市场主体只与少数其他市场主体之间存在关联,即少数市场主体有较高的关联度而大部分市场主体只具有较低的关联度[①],因此民间金融网络具有无标度网络的特征(Holland 和 Leinhardt,1971;Watts 和 Strogatz,1998),其关联度的分布呈现幂律分布的特征。由于民间金融的交易是基于一定的亲缘、地缘、业缘所形成的社会网络,交易主体间存在着丰厚的社会资本,因此民间金融网络也具有局部的小群体特征或派系化特征,同属于某一派系内部的市场主体表现出较强的抱团倾向,从而具有较高的凝聚度(Gatti 等,2006;Battistonet,2007;吴宝、李正卫等,2011;方先明、孙利,2015),而民间金融网络整体上表现出中心—边缘层次和派系化的破碎结构,即民间金融网络由处于网络中心的数量有限而节点众多的中心派系和处于网络边缘的数量众多而节点有限的边缘派系共同构成。农村民间金融风险的传染特征表现为:第一,在局部的派系网络中,市场主体之间存在多重链接,风险传染率大,且风险在传染中容易形成耦合效应,从而放大风险,因此风险在派系网络内造成叠加和累积;第二,在派系之间,由于市场主体的多重关联减少造成结构洞的存在,因此使得传染率下降而消亡率增加,风险不易通过结构洞的阻隔,所以使得民间金融风险不容易在派系之间传染;第三,边缘派系与中心派系的关联较少,单一的派系风险受到结构洞的阻隔也不易传染到中心派系,但若同一时

---

① 曾志敏和叶岚(2012)对吴英案的资金借贷关系进行了梳理,不难发现吴英案的资金借贷网络就是典型的无标度网络,本书通过对陕西神木张孝昌金融资案的梳理也发现其资金借贷关系具有无标度网络的特征。参见曾志敏、叶岚:《社会网络、结构洞与民间借贷风险》,《公共管理评论》2012 年第 2 期。

间若干边缘派系同时发生风险或单独的派系风险强度足够大,也会造成中心派系感染风险,其后果是感染风险的中心派系将风险传染至其他边缘派系,从而造成民间金融的系统性风险。在这一过程中,信息关联在传染过程中发挥着重要的作用,风险信号通过信息关联被放大和扭曲,民间金融市场主体又无法准确获知相关节点的真实风险,造成没有直接关联的市场主体因为不确定性而卷入风险的扩散,导致风险的累积。

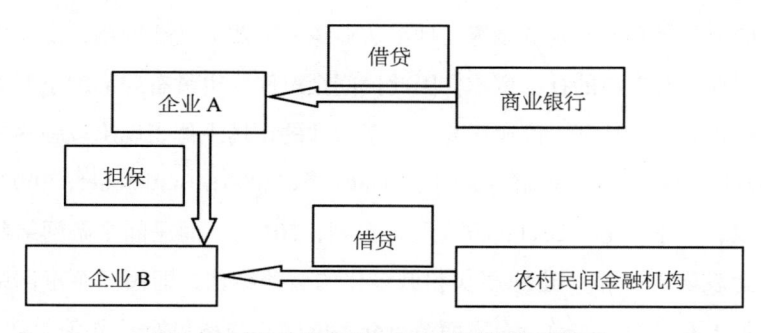

图 7-3　农村民间金融与正规金融的链接(担保)

民间金融风险还会通过民间金融与正规金融的链接而产生溢出效应。民间金融与正规金融的链接方式主要有三种形式,即担保、转贷和直接贷款,如图 7-3 和图 7-4 所示。在图 7-3 中,企业 B 对农村民间金融机构的违约风险通过企业 A 传导到商业银行,企业 A 为履行担保责任而对商业银行违约,这样就导致农村民间金融风险传染到正规金融市场。在图 7-4 中,企业 A 与农村民间金融机构分别充当了企业 B 和正规金融机构之间的中介,民间金融的风险(资金链断裂)会通过债权债务关系传染到商业银行等正规金融机构。以上三种链接方式还可能叠加,形成更为复杂的债权债务关系网络。与正规金融机构有借贷关系的企业或农村民间金融机构都是民间金融网络的中心节点,所以民间金融的风险很容易传染到正规金融市场和实体经济。

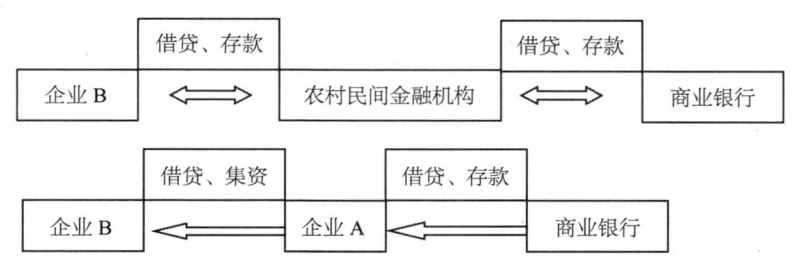

图 7-4　农村民间金融与正规金融的链接（直接贷款与转贷）

（三）西部农村民间金融风险：基于陕西神木县的案例分析[①]

1. 神木县民间借贷的形成背景与过程

陕西省神木县位于陕晋蒙交界处，交通便利，拥有丰富的煤炭资源，是中国第一产煤大县。在 2007 年至 2011 年之间，北京奥运会的举行使得山西、内蒙古等地的煤矿停业整治，造成最接近煤炭消费地并且最具运输成本优势的神木煤炭价格从最初的 50 元每吨上涨到了最高 550 元每吨，疯狂的价格上涨导致民间资本蜂拥而至，而煤炭行业的超级繁荣产生了更丰裕的民间资本，这些近乎暴利的投资收益又进一步投入到煤炭行业，2008 年神木的煤炭产量达到了 2 亿吨，被誉为中国的"科威特"。2008 年银监会和中国人民银行下发的《关于小额贷款公司试点的指导意见》为神木县集聚的民间资本找到了出路，年底陕西省首家小额贷款公司"神木县惠民小额贷款有限责任公司"成立，一时间小额贷款公司如雨后春笋般设立起来。到 2009 年，神木县的民间借贷呈蔓延趋势，"典当公司""投资公司""担保公司"等遍布大街小巷，从事吸资转贷业务，2010 年此类公司达到近 200 家，民间借贷达到非理性的疯狂状态。2012 年随着煤炭价格下跌，神木煤炭

[①] 案例资料来源：中国经营网（http://www.cb.com.cn/special/show/80.html），新华网（http://www.sn.xinhuanet.com/2013-08/18/c_116986890.htm）等系列报道以及神木县政府网站。

行业出现亏损,失去暴利的煤炭行业也就无法支撑高利息的民间借贷,民间借贷资金链断裂,民间借贷人纷纷跑路,最终民间借贷网络崩溃,至 2013 年 7 月,群体性事件爆发。

2. 神木县民间借贷的资金规模与流向

神木县金融办估测 2012 年全县民间资金总规模约 500—800 亿元,民间融资规模约 200 亿元,而当年全县 GDP 为 1004 亿元。截至 2013 年 6 月,神木县有 22 家小额贷款公司,贷款余额 26.26 亿元,其中不良贷款 7918 万元;融资性担保公司 2 家,融资担保业务总额 1.23 亿元;典当行 5 家,典当余额 2322 万元;另有各类投资公司 43 家。法院审理的民间借贷纠纷数量也可反映出民间借贷的非理性增长情形。2013 年 1 月至 7 月,神木县法院共受理民间借贷纠纷案件 2771 件,是 2012 年全年的 1.35 倍,是 2011 年的 4 倍。根据神木县政府的估计,全县约有一半以上的家庭都存在着借贷关系,农村 70% 以上人口都参与了民间借贷。神木约 60% 的民间借贷资金都投入到了煤炭及关联行业,其他部分则投入到房地产等其他行业。民间借贷机构通常以 1.5—2 分的月息吸收资金,再以 3—5 分的价格放贷给煤炭企业。

3. 神木县民间借贷的影响

第一,民间借贷的膨胀极大减少了企业对传统银行贷款的依赖。截至 2013 年 6 月,神木县银行业金融机构存款余额 682 亿元,贷款余额 360 亿元,存贷比仅为 53%,远低于上限值 70%。第二,民间借贷资金链断裂之后,原本稳健运营的非煤炭行业的中小企业民间融资渠道中断,导致县域内大量企业倒闭。第三,民间借贷纠纷迅速增加。截至 2013 年 8 月,公安、法院部门立案和受理的案件涉及民间借贷资金超过 75 亿元,神木县法院 2012 年至 2013 年 8 月受理的民间借贷纠纷案件达 4786 起,涉诉金额 32.17 亿元,涉诉人数 7658 人。

4. 神木县民间借贷的特点及启示

第一，神木县的民间借贷参与人数众多，民间借贷资金来源广泛，以张孝昌案为例，见表 7-1。张孝昌从正规金融机构获得的资金仅占 11.37%，民间融资成为其主要融资来源。向张孝昌提供资金的大户包括前农村商业银行行长李德江（收得利息 1.8 亿元）和前矿管办书记王明（收得利息 2.2 亿元）；散户包括退休官员、企业主（煤矿、典当行等）、与现任官员关系密切人士，以及普通公务员、农民、清洁工等，几乎涵盖了所有的社会阶层，形成了涉及 2 万人的巨大融资网络。第二，地方官员卷入，存在复杂利益纠葛。向张孝昌提供资金的大户和散户中包括了本地乃至西安地区的官员，所以在张孝昌民间借贷案中还存在着政府的影子，这些直接影响了当地政府对民间借贷发展的态度[①]。第三，风险迹象早已显现，政府监管不作为。神木县政府对民间资金的规模与流向有一定的掌握，如 2012 年 1 月至 8 月，神木县农村商业银行累计发放煤炭企业贷款 2.9 亿元，同比下降了 7.3 亿元，正是由于民间借贷资金的流入才使得煤炭行业的银行贷款余额大幅度减少。而政府之所以没有提前对民间借贷进行治理整顿，原因就在于很多官员包括在当地有巨大权力的官员是资金的提供者，可以获得巨额的利息收益，并且他们的资金收益获得优先照顾，不担心任何资金风险。如张孝昌案中，两名大户李德江和王明都获得了巨大的利息收入，并且在案发后没有受到任何资金损失，而广大的散户承担了 12 亿元的资金损失，所以在客观上造成了资金大户对散户的利益侵害。由此可见，政府官员与民间借贷经营者形成了利益共同体，官员对自身利益的保护造成了监管的不作为，给大量小额民间借贷投资者造成巨大损失，对当地经济社会发展造成严重的后果。

---

① 显而易见的是，一旦案发，涉事官员难以解释巨额资金来源。官员涉入农村民间借贷也成为民间借贷风险事件的一个新特征，如鄂尔多斯乌兰木伦镇白昊案、四川隆昌县夏小龙案。

表 7-1　张孝昌案融资情况表

融资来源	融资性质	金额	利息支付	最终收益
工商银行神木支行	正规金融	8亿	0.74亿	抛售黄金套现，收回本金及利息
五大户	民间金融	13亿	12亿	抛售纸白银套现，收回本金及利息
其他大户（28人）	民间金融	超过28亿	14.3亿	先期收回本息，没有损失
散户（431人）	民间金融	22.6亿	6.6亿	损失12亿
涉案人员（1380人）	民间金融	不详	无	损失，金额不详

注：根据媒体报道资料整理，其中大户是指贷款额在1亿元以上的债权人。

五、西部农村民间金融风险的管理：测度、预警与化解

西部农村民间金融运行存在着信用风险、操作风险、流动性风险等诸多风险，这些风险又与当地的经济、政治、社会关系网络联系在一起，从而导致单个网络节点的民间金融风险逐渐扩散、累积和叠加，最终造成民间金融资金链的断裂，形成区域性的民间金融风险，威胁地区的社会稳定和和谐发展。因此，对西部农村民间金融风险进行科学测度，并采取合理措施予以防范和化解，建立一套有效的风险预警和处置机制尤为重要和迫切。

（一）西部农村民间金融的风险测度

风险管理的首要任务就是针对各种风险因素选择相关指标进行科学测度，根据前文对西部农村民间金融风险的分析，结合孙晨辉（2014）、夏雪（2013）的风险指标选取思路，本节选择制度风险、经济运行风险、正规金融风险、信用风险、流动性风险、操作风险和高利率风险共7个一级指标下的25个三级指标对民间金融风险进行测

度。(1) 制度风险的具体指标包括[①]：产业政策调整风险，以国家及当地限制类产业产值占当地 GDP 的比重衡量；货币政策调整风险，以紧缩性货币政策工具的执行进行衡量；民间金融政策调整风险，地方政府对民间金融的准入门槛和管制程度起着最终的决定作用，其监管政策宽严程度以及对民间金融的实质支持力度（如各种形式的税收、补贴，以及对中央政府有关民间资本行业准入政策的落实情况等）直接决定着民间金融的生存发展状态，因此以地方政府出台的各种有关民间金融发展的政策措施来度量民间金融政策调整风险。(2) 经济运行风险的具体指标包括：地区宏观经济运行总体风险，以地区经济增长率衡量，因为经济增长率的下降必然引起企业财务状况恶化，进而影响其对民间金融的偿债能力；地区产业运行风险，以当地第一大产业产值占当地 GDP 的比重衡量，该比例越大说明产业脆弱性越大，这一指标对于矿产主产区非常重要；地区企业经营风险，以企业资产收益率衡量；地区资产市场风险，以地区房地产价格增长率衡量，房地产价格的下跌将会对流入房地产市场的投机性民间资金带来巨大风险[②]。(3) 正规金融风险的具体指标包括：银行存款余额增长率，可以间接反映银行存款流向民间金融市场的规模；银行贷款余额增长率，可以间接反映企业从民间金融市场的融资状况；银行贷款利率水平，可以反映资金市场的供求状况。(4) 信用风险的具体指标包括：民间借贷纠纷数，反映民间金融的规模；向民间金融组织提供资金的投资者人数，反映民间金融的规模以及民间金融交易的地理边界范围，投资者越多说明民间金融的风险越大；民间金融资金投向资产市场的比重；民间金融资金投向限制类产业的比重；民间金融组织贷款集中度以及

[①] 产业政策的调整可能导致财政及货币政策对限制类产业发展的歧视，这些产业内的企业会更依赖于民间金融的资金支持，一旦出现紧缩性货币政策，则此类企业最先受到银行抽贷、限贷冲击，进而威胁到民间金融的资金安全，形成民间金融风险。

[②] 浙江温州市、内蒙古鄂尔多斯市、陕西神木县的房地产价格波动都与民间资本密切相关。

民间金融借款人财务状况。(5)流动性风险的具体指标包括：民间金融交易期限，民间金融组织资产与负债流动性匹配程度。(6)操作风险的具体指标包括：民间金融组织规范化水平，可由民间金融的组织形式、组织架构、规章制度、经营场所等状况综合衡量；民间金融交易规范化水平，可由民间金融交易的合同完备性来衡量；民间金融组织从业人员受教育程度；民间金融组织从业人员在正规金融组织的从业经历。(7)高利率风险的具体指标包括：民间金融利率水平，民间借贷与银行贷款的利差，民间金融利率与企业利润率之差。

在确定上述指标体系后，还需要进一步确定25个二级指标的量化值以对民间金融整体风险进行科学测度。二级指标数据的获取可通过直接查询相关部门和实地调查得到，其中有部分定性指标可采用专家打分法得到；基于指标体系的复杂性，可建立基于人工神经网络的西部农村民间金融风险评估模型，以充分挖掘和利用指标信息，得到更为准确的风险评估结果。

(二)西部农村民间金融的风险预警系统

风险管理的核心在于建立有效的风险预警系统，即根据风险测度的结果反映的不同的风险程度，分别采取不同处置措施，并将风险处置效果汇总报告，以便于实现对农村民间金融风险的动态监控及对预警和处置系统的动态调整。图7-5展示了西部农村民间金融风险预警系统的工作流程。西部农村民间金融风险预警系统至少包括以下节点：农村民间金融组织、村委会、乡镇民间金融服务中心、地市级民间金融服务中心、各级地方政府金融监管部门、各级民间金融行业协会以及人民银行民间金融监测点。在具体实现路径上，可以先建立以县级政府金融监管部门为核心的县级民间金融风险预警中心，再在此基础上链接各县级风险预警节点形成省级民间金融风险预警系统，实现对省级区域民间金融风险的全面防控。预警系统构建的难点在于如何设定西部农村民间金融风险程度的临界值并依据风险测度结果确定风险状态等级（高度风险、中度风险、低度风险和无风险），通过构建农村民间金融风险事件数据库并结合国外经验和相关专家意见先行设立临界值参数，并通过计算机模拟运算不断调整参数值使得案例预警结果达到最优是一个可行的风险程度临界值确定途径。考虑到西部农村民间金融发展的区域差异性，各农村民间金融风险预警中心要根据区域内民间金融运行状况对临界值进行适当调整。除此之外，预警系统还应在前述指标体系中选出对民间金融风险有直接指示意义的指标作为核心指标进行单独考察，核心指标的意义在于其突然变化可以对预警系统直接提示风险，比综合指标的预警时间提前，从而为风险处置争取更多时间，区域内民间借贷纠纷数即是典型的核心指标。农村民间金融风险预警系统构建的关键是各层级预警中心依据区域内不同的风险状态等级做出风险决策，选择相应的风险处置方法，常用的风险处置技术包括风险预防技术、风险分散技术、风险转移技术以及风险抑制技术。农村民间金融风险预警反馈机制是预警系统持续有效运行的

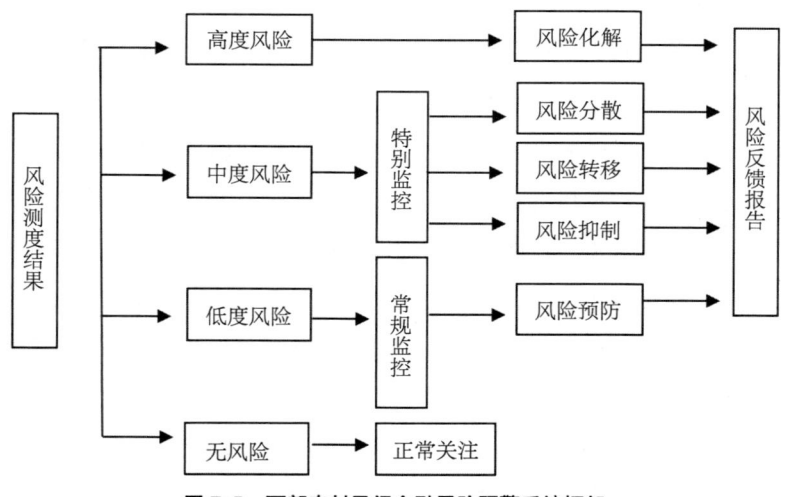

图 7-5　西部农村民间金融风险预警系统框架

重要保障。预警决策及处置措施做出后,预警系统各节点需要将处置效果反馈到预警中心,预警中心综合风险测度、风险状态确定、风险决策和处置各环节的状况,对风险预警系统进行周期性调整,以不断提升预警系统的有效性,形成风险预警系统的动态优化机制。

(三)西部农村民间金融的风险化解

风险化解指对已经存在的农村民间金融风险事件进行的处置,包括对区域内整体农村民间金融风险的化解和区域内个体民间金融组织的风险化解。在农村民间金融的实际运行中,总有一部分潜在风险无法通过前述的预警处置措施予以消除,这部分潜在风险就发展演化为现实的严重民间金融风险事件,需要民间金融组织和预警中心进行特别处置,化解风险。典型的严重民间金融风险事件包括:个别农村民间金融机构陷入暂时性流动性危机,个别农村民间金融机构违规经营陷入危机,区域内民间借贷纠纷案件数显著增长;受外部需求或价格冲击,当地最大产业产值增长率出现大幅度下滑;区域内银行业存款余额出现大幅度减少;区域内众多私营企业主(民间金融组织所有者)携款外逃等。对于个体农村民间金融组织风险,可以采取整顿、救援及退出的方式予以化解。整顿是指对违规经营的民间金融机构提出业务整改措施,并对未来经营计划和具体财务指标提出要求;救援是指对于陷入流动性危机的农村民间金融机构提供各种形式的资金支持以助其度过流动性危机;退出是指通过并购、破产、撤销的方式使农村民间金融机构退出市场,从而化解风险。对于区域内整体农村民间金融风险,则需要通过综合性处置手段予以化解。一是通过民间金融监测体系摸清区域内民间金融的资金规模;二是掌握区域内民间金融交易网络中处于中心节点位置的民间金融机构,并以资金援助的方式提升其流动性水平和信用,防止民间金融风险的大规模扩散形成区域性民间金融风险；三是对问题民间金融机构进行风险处置，消灭风险源。

（四）西部农村民间金融风险管理案例研究：基于重庆民丰互助会的分析[①]

开县民丰互助会的前身是 1997 年成立的开县农户自主能力建设支持性服务社（以下简称"服务社"），其目的是开展资金互助，实施小额信贷，主要服务对象是农村中低收入农户、城镇低收入居民、微型企业和个体工商户。2008 年前，服务社注册资本为 5 万元，资金规模 3000 万元，全部为农业银行给予的扶贫贴息贷款，由于点多面广，规模效益差，机构年年亏损。2008 年，服务社推行股份制改革，43 名职工入股 76 万元，并将服务社更名为开县民丰互助合作会（简称民丰互助会），改制后，民丰互助会资金规模迅速增长，截至 2015 年年底，累计投放各类小额贷款近 26 亿元，受益户数达 17 万户，户均贷款余额约 2.5 万元，不良贷款率长期小于 1%。2015 年全年共发放贷款 3.95 亿元，7748 户，比上年同期增长 3.2%。开县民丰互助会在改制后获得了极大的成功，其运营模式受到重庆市政府的肯定并进行推广，民丰互助会的规范发展主要得益于充分利用了农村社会网络的功能，实现了现代管理制度及技术与农村社会网络的完美结合，具体包括以下三个方面：

第一，构建乡土化的组织结构。民丰互助会在乡镇设立分会，在各村设立村级社员支持中心，并在村级社员支持中心下设立中心小组，所有会员农户都编入所在地的中心小组。每个村选配 1 名中心主任，负责本村农户信息收集等基础性工作。截至 2015 年年底，民丰互助会在开县建立了 21 个分会，600 多个社员支持中心，会员户数 26600 户。

[①] 本案例资料由课题组实地调研以及开县民丰互助合作会官网整理得到。

这种乡土化的组织结构设计可以充分利用农村熟人社会网络的治理机制，大幅降低会员之间的信息不对称程度，降低互助会的经营风险。

第二，实行会员制和资金互助机制。民丰互助会针对有完全民事行为能力、遵纪守法、诚实守信和有致富愿望的农户，按照入会自愿，退会自由，农民会员不承担风险责任的原则，每户可由1名当家理财的人提出申请，缴纳100—1000元的身份会费，成为互助会会员。如果两年后会员与互助会无经济往来，会员可以自愿退会，互助会按银行两年期定期存款利率支付身份会费的资金占用费。会员可以在所缴纳身份会费的50倍限额内申请贷款，还可以享受项目服务、技术服务和信息服务。同时，互助会以银行同期同档次存款利率标准向会员吸收闲散资金（单户会员余额10万元以内），互助金以所在乡镇分会为考核单位，80%用于所属乡镇分会会员开展资金互助，20%上缴县互助会作为备付金以及县内调剂使用。互助金缴存制度为互助会资金来源的持续性提供了制度保障，促进了剩余资金流向农村实体经济领域，避免了农村资金的"脱实向虚"，有效遏制了高利贷。会员制与资金互助机制增强了互助会与会员、会员与会员间的互助合作关系，通过资金联合使得广大会员都嵌入到互助会这一农村金融网络上，并通过这一金融网络享受基本金融服务，基本实现了所覆盖区域的金融自治[①]。

第三，建立良好的风险控制机制。民丰互助会的风险控制机制包括充裕的资本准备、本地化的征信调查制度、有效的贷款责任制度以及社会风险管控机制。（1）互助会每年按照营业收入的10%提取积累，截至2015年底已达900多万元，互助会所有者权益合计超过了7000万元，资本充足率高达20%，使互助会具有了较高的抗风险能力。（2）通过乡土特色的组织结构和本地工作人员建立本地化的征信

[①] 实际上，农村会员的贷款总额远大于其缴存总额，互助会实现了城市金融资源向农村的流动。

调查制度。每一网点都至少有一名本地工作人员，该工作人员定期对域内农户进行全面征信调查，将常年外出户、五保户、超龄户和不良信誉户等农户列为互助会非对象户，对符合要求的农户建立信用信息档案并进行评级授信，并对守信农户给予更高的信用等级及更大的授信额度。通过当地工作人员开展征信调查，可以充分发挥其本地社会关系网络的信息优势，发掘农户多方面的信息（家庭经济状况、社会关系、道德品质等），大幅度降低信息不对称程度。高质量的信用档案为信贷资产安全提供了保障。（3）推行贷款发放责任制度和逾期贷款控制制度。互助会坚持谁发放谁负责的原则，贷款不能按时回收时，分会主任、出纳、信贷员按照 5:3:2 的比例先行垫付。同时当分会的逾期贷款超过 2% 时，停止该分会贷款业务并进行清理。严格的贷款责任制度和逾期贷款控制制度有效激励了工作人员的责任意识，控制了工作人员的道德风险。（4）社会风险管控机制。民丰互助会章程规定会员缴存资金不承担风险，业务经营风险由股东承担，这就保证了广大农户的资金安全，从制度上杜绝了社会风险隐患。

民丰互助会在组织结构、资金来源、征信调查以及贷款发放上都与农户紧密结合，实现了业务运行与农村社会网络的有机融合，有效发挥了农村社会网络的信任机制、担保机制以及信息收集和传播机制的作用，从而促使民丰互助会成长为具有完善的风险管理机制和可持续发展能力的"农民的银行"。

第八章　西部农村民间金融规范发展的制度创新

西部农村民间金融发展具有积极的经济功能，并且对农村居民的收入提高、农村内部收入差距的缩小以及农村居民的主观幸福感增强都具有显著的积极意义。但是目前西部农村民间金融的发展还不规范，对货币政策效果形成了较大冲击并累积了一定的金融风险。基于此，需要通过科学的制度设计来规制和引导西部农村民间金融的发展，本章将就西部农村民间金融规范发展的制度创新原则以及监管制度和法律制度的设计进行研究。

一、西部农村民间金融规范发展制度创新的原则

（一）自由平等

自由与平等是公民享有的基本权利，而经济自由是发展市场经济的基本要求，也是市场经济的发展目标。在市场经济环境下，作为经济行为主体，应该享有自主选择经济活动的自由以及自主支配和使用个人财产的自由。金融自由是指市场经济主体合法进行金融交易，享有金融资源的自由；金融平等是指市场经济主体拥有平等进行金融交易，平等享有金融资源的权利。正如罗伯特·希勒（2013）所言，让

每个个体都享有分配金融资源的权利，推进金融民主化，可以降低社会不平等。经济自由的剥夺是造成社会贫困和社会不平等的重要根源。阿玛蒂亚·森在《贫困与饥荒》及《以自由看待发展》中均指出，贫困的根源在于"可行能力的剥夺"，即贫困者由于某些基本权利被剥夺而陷入了贫困循环，这些基本权利包括拥有健康身体的权利、受教育的权利等，特别的，这些基本权利还包括享有金融资源的权利。

在我国的金融发展和监管实践中，金融自由似乎被金融监管完全忽视。内生于农村经济之中，具有极大经济活力和资源配置效率的农村民间金融本应得到政府的大力支持和有序监管，但是，政府以维护金融稳定、防范金融风险的名义长期对农村民间金融进行严格管制，在一定程度上剥夺了农村部分经济主体进行金融交易、享有金融资源的自由。另一方面，现有的农村金融制度使得农村地区的广大农民、乡镇企业、个体私营企业难以获得正规金融机构的金融资源，而大型国有企业部门却可以获得充足的金融资源支持，这就造成了农村经济主体没有平等地享有金融资源，形成事实上的金融不平等。

随着民营经济重要性的日益突出，支持民间金融发展也就成了市场经济发展的必然。因此，使农村经济主体拥有金融交易的自由和平等享有金融资源的权利就成了农村民间金融制度创新的基本原则。秉持这一原则，我们在进行农村民间金融制度创新时，必须注意以下两点：第一，取消农民的融资限制，还农民以金融自由和平等，消除正规金融部门对农民的信贷歧视，通过给农民平等的享有金融资源的权利，提高农民摆脱贫困境地和提高经济收入的机会，这一点在西部农村更具有实践指导意义；第三，合理界定现有民间金融活动和组织的合法性，对于合法的农村民间金融活动和组织以完全的法律地位，通过统一立法来保障民间金融参与主体充分享有金融自由和金融平等的权利。

(二)安全稳健

金融系统具有先天的脆弱性,风险与金融几乎相伴而生,并且金融风险具有传染性。因此,农村民间金融一旦发生系统性风险,不仅会破坏农村的经济社会稳定,甚至会造成区域性或全国性的金融危机,对经济社会造成极大的破坏。有鉴于此,我们在保障农村经济主体享有金融自由的前提下,必须对农村民间金融进行适度监管,以保持金融稳定,维护金融安全。因此,要结合农村民间金融发展的实际情况,在市场准入、信息披露、市场退出、业务经营等方面都需要制定相关法律制度,以保护民间金融参与主体的财产权利、防范金融风险、维护农村民间金融稳健发展。就农村民间金融而言,因其组织形式多、参与主体复杂、运行机制各异、风险表现多样,所以对农村民间金融进行适度的监管尤为必要。需要特别注意的是,农村民间金融的传统运行机制依赖于乡土社会的熟人社会关系网络,随着市场化进程对农村传统社会的冲击,旧的社会网络秩序会逐步弱化,而新的社会网络又未完全形成,这将造成农村民间金融运行机制的失效。比如合会的跨区域运行,脱离了传统熟人关系网络将可能导致巨大的"倒会"风险,因此对农村民间金融的监管要特别注意其交易范围的变化,对于扩大交易范围,脱离传统社会关系网络的民间金融交易,必须将其纳入正式法律制度当中,以较完备的法律制度替代原先的非正式制度,以保障其有效运行,降低金融风险。

(三)注重效率

效率是经济运行的最高标准,农村民间金融规范发展的制度创新应以提高农村金融资源配置效率为基本原则。为此要采取以下措施:第一,通过立法的形式给农村民间金融以合法地位,提高农村金融资源配置效率。对农村民间金融的长期严格管制严重抑制了农村民间金融的发展，这一方面导致农村正规金融由于长期处于垄断地位而资源配置效率低下；另一方面，农村民间金融由于没有合法的身份，其运行成本较高（因承担法律风险和制度风险而导致交易价格高于完全竞争市场的价格），使得资源配置效率降低。要充分发挥市场机制在资源配置中的基础性作用，必然要明确农村民间金融的合法地位，充分发挥农村民间金融的自身优势，形成农村民间金融与农村正规金融相互竞争、相互补充、协调发展的农村金融体系。

第二，合理权衡农村民间金融安全与农村民间金融运行效率，充分发挥其资源配置的积极作用。金融效率与金融安全是一对矛盾的统一体。出于对金融风险的担忧，监管部门对农村民间金融的长期压制降低了农村民间金融的运行效率，而放松管制将提高农村民间金融的运行效率，但也会增加农村民间金融的风险水平。由于农村民间金融在发育水平上还落后于拥有成熟组织形态和制度约束的正规金融体系，因此对农村民间金融的监管强度应该弱于对正规金融的监管强度，要将监管和干预的范围严格限定在市场失灵的领域内，侧重于防范农村民间金融的风险。更重要的是，政府要对农村民间金融进行积极引导和大力支持，促进农村民间金融可持续发展。

二、西部农村民间金融规范发展的监管制度创新

（一）西部农村民间金融规范发展的监管主体创新

1. 现有农村民间金融监管主体的混乱

对民间金融监管主体的确认始于1998年国务院颁布的《非法金融机构和非法金融业务活动取缔办法》（国务院令第247号），247号

令规定：非法金融机构和非法金融业务活动由中国人民银行予以取缔，非法金融机构设立地或者非法金融业务活动发生地的地方人民政府，负责组织、协调、监督与取缔有关的工作；在调查、侦察非法金融机构和非法金融业务活动的过程中，中国人民银行和公安机关应当互相配合。然而2003年颁布的《银行业监督管理法》又将民间金融监管主体界定为国务院银行业监督管理机构，《银行业监督管理法》第44条规定：擅自设立银行业金融机构或者非法从事银行业金融机构的业务活动的，由国务院银行业监督管理机构予以取缔；构成犯罪的，依法追究刑事责任；尚不构成犯罪的，由国务院银行业监督管理机构没收违法所得。第45条规定：违反规定从事未经批准或者未备案的业务活动的，违反规定提高或者降低存款利率、贷款利率的由国务院银行业监督管理机构责令改正，有违法所得的，没收违法所得。与此对应的是，此前颁布的247号令并没有废除，而2006年修订的《银行业监督管理法》中第44、45条完全沿袭了此前的规定，这导致中国人民银行和银监会都享有对民间金融的监管权。

对于各种特定的农村民间金融组织形式，现有的法规在监管主体的设置上也存在诸多乱象。根据银监会2007年颁布的《农村资金互助社管理暂行规定》，农村资金互助社应按规定向属地银行业监督管理机构报送业务和财务报表、报告及相关资料，银行业监督管理机构按照审慎监管要求对农村资金互助社进行持续、动态监管。但是在实践中，向银行监管部门申请并批准设立的农村资金互助社数量极少，大量自发设立的农村资金互助社并没有向银行监督管理部门提出申请，因而也就没有受到银行监管部门的管理。① 这些自发设立的农村资金互助社通常在民政或工商部门进行登记审批，由县一级政府的扶贫办、农工部或工商部门进行监管，专业监管人才的缺乏和监管经验的缺失都成

---

① 包括贫困村村级发展互助基金、农民资金互助合作社、合作社内的资金互助部。

为监管实践中的难题。数量多、规模小、分布广以及监管难度大等特点使得农村资金互助社实际上处于外部监管缺失的状态，资金互助社的风险管理完全依赖于其内部管理水平和负责人的风险管理意识能力。（王刚贞，2015）

银监会和中国人民银行 2008 年颁布的《关于小额贷款公司试点的指导意见》（以下简称《指导意见》）规定，我国小额贷款公司的监管主体主要涉及银监会及其派出机构和中国人民银行及其分支机构、各省级地方人民政府有关主管部门，包括金融办、工商局、公安局等。由于《指导意见》规定小额贷款公司只是从事放贷业务的工商企业而非金融机构，因此银监会和中国人民银行只进行原则性的宏观指导，采取非审慎性监管，具体业务监管则由地方政府部门承担。在《指导意见》的基础上，各地方政府也出台了相应制度措施来推动小额贷款公司的发展，如《重庆市小额贷款公司试点管理暂行办法》《浙江省小额贷款公司试点暂行管理办法》等。在这些地方管理办法中，大多明确设立小额贷款公司试点领导小组或办公室，由省金融办牵头，而具体监管业务则由众多政府部门介入。资格审查委员会主要负责对市、县试点申报方案进行审核，对小额贷款公司进行资格审查并出具意见；省工商局主要从工商管理的角度确保小额贷款公司合规经营；试点县政府则负责具体工作，对小额贷款公司申报材料进行初审，承担日常监督管理和风险处置责任（姜红仁，2014）。但在具体的监管实践中，按照"谁试点、谁负责"的原则，省级相关部门将监管权进一步下移到县级政府，具体则由县工商局、公安局等部门负责。显而易见，包括金融办在内的各政府部门，特别是县级政府部门，在监管的人才储备和技术手段上是极为缺乏的；而这样一个涵盖众多部门的监管架构使得监管职能重叠，形成"九龙治水"的局面，各部门间互相推诿责任、监管效率低下，必须对此局面予以调整。

2. 中央政府、地方政府、行业协会三位一体的监管主体的构建

金融监管权是金融监管主体对金融组织及其市场交易活动进行控制和干预的权力。对监管主体的选择本质上就是对金融监管权的配置，金融监管体制和监管法律制度的构建与创新均依赖于金融监管权的配置以及监管主体的选择。金融监管权的配置可分为横向功能性配置和纵向结构性配置，完整高效的金融监管体系应是横向功能性配置和纵向结构性配置的结合。我们认为对农村民间金融的监管权力配置应该由中央政府向地方政府倾斜，形成中央政府、地方政府、行业协会三位一体的监管主体结构。金融监管的目标是为了促进金融可持续发展，防范金融风险，这就要求金融监管的结构要随着金融结构的变化而做出相应的调整。改革开放以来，我国的金融业得到了巨大的发展，对国民经济的发展起到了良好的推动作用，特别是20世纪90年代以来，随着金融业的逐步改革，地方金融和民间金融发展迅速，尤其是农村民间金融的发展对农村经济以及中小微企业的发展起到了巨大的促进作用。有鉴于此，对农村民间金融的监管就不能够过于集权化，避免"一刀切"的监管模式对农村民间金融发展活力的抑制，应该将监管权力适当下放，以充分释放农村民间金融的活力，促进西部农村民间金融的发展和创新。同时，由地方政府对农村民间金融进行监管也体现了公共品供给的接近性原则，有利于降低监管者与被监管者之间的信息不对称程度，提高监管效率。

综上所述，在不改变目前中央层面金融监管格局的条件下，各级地方政府在原政府金融工作办公室的基础上专设金融监督管理机构，履行对"一行三会"未覆盖的金融组织和活动的监管职责，尤其是对农村民间金融的监管。就西部地区而言，由于各省（自治区、直辖市）的农村民间金融发展水平不一，可根据各地农村民间金融发展情况在不同政府层次设立金融监督管理机构，根据各地民间金融业务特点设立内部机构以及充实业务人员。中央层面的监管职责主要是制定和创

新农村民间金融的相关法律制度，包括民间金融的合法性、民间金融的监管机制等，要体现公正、公平的原则；地方层面的监管职责主要是对民间金融活动的具体操作进行规范，主要是降低民间金融的交易成本以及激励民间金融中介组织的积极性（戴菊贵，2015），这需要各地金融监管部门根据当地民间金融发展实际状况制定相关法规和政策。

同时建立区域性多层次的农村民间金融行业协会，充分发挥行业协会自我监管和社会约束的作用。自发性的行业协会的建立可促使行业内部形成一种自生自发的秩序（"私序"）。相对于国家制定法所建立的秩序而言，当国家制定法缺位或有局限时，行业规则所建立的私序就成为国家制定法所建立秩序的一种重要补充和替代。（王碧林，2007）其职能主要体现在：第一，可以起到行业自律和行业规范的作用。农村民间金融行业协会可以通过制定本行业的规章制度，包括惩罚规则和争端解决规则等，规范行业自我管理行为；充分利用行业内成员之间信息对称和业务竞争的特点，建立良性的行业内监督机制，规制行业内成员的机会主义行为；参与制定和完善各类民间金融组织的业务操作流程和风险预警处置程序，引导各类民间金融组织规范健康发展。第二，可以为行业内从业人员提供业务培训。随着农村民间金融业务的发展，特别是伴随互联网业态的创新业务的发展，往往蕴含着新的风险敞口或风险点，而行业协会可以根据业务开展情况，有计划、有组织、有针对性地为行业内从业人员提供培训，提高会员单位员工的整体业务素养，提高农村民间金融的竞争力并降低其业务风险。第三，行业协会可以通过建立区域性和行业性的客户信用信息库，为行业内成员建立一个动态共享的信息平台，以降低行业内成员信息搜寻成本以及信息不对称程度。行业协会还可通过对行业数据的分析和监测，结合区域宏观经济和产业发展状况，为农村民间金融发展提供业务指引和风险警示。第四，行业协会可以提高农村民间金融的组织化程度，增强其与政府及监管当局的博弈力量，有助于实现农村民间金融的市场化演进和规范发展。一方面，农村民间金融行业协会可以有组织地抵制来自政府或监管当局的不合理甚至不合法的规制政策，这对于处于法律模糊边界的诸多农村民间金融活动具有重要意义。由于行业协会具有比分散的众多单个企业组织高得多的谈判能力，这将致使政府机构在行使权力时必须考虑到行业协会对相关政策的反应，从而促使监管部门在行使管理监督职责时更规范合理，避免不合时宜的简单粗暴政策的出台。另一方面，农村民间金融行业协会可以作为政府及监管部门与行业内企业组织之间的沟通桥梁，行业协会可以代表本行业迅速地把利益诉求和权利主张传递给政府部门；同时也把政府的政策决策信息反馈给行业内企业，在企业与政府间建立起一种长久可靠的信任机制。

（二）西部农村民间金融规范发展的监管模式创新

由于农村民间金融形式多样，各种形式的农村民间金融在组织化程度、履约机制、蕴含风险程度等方面均不相同，因此要对不同形式的农村民间金融采用差异化监管的模式，以利于农村民间金融的可持续发展。

1. 民间私人借贷

民间私人借贷是历史最为久远、形式最为简单的民间金融形式。民间私人借贷通常基于一定的熟人社会关系网络，信息不对称程度低，有成熟的非正式制度对交易双方形成声誉约束，借款人违约后将承担被社会网络排斥的风险，因此依靠乡村信任和基于社会关系网络的声誉机制即可维持其正常运行。另外，由于交易发生于两个自然人个体之间，即使发生纠纷，《民法通则》和《合同法》也可以对其作出有效的司法调整。因此，对于民间私人借贷，可以不必进行专门监管，政府可以引导金额较大的民间私人借贷订立规范的借贷契约，以减少借贷纠纷的产生。

2. 企业间的借贷

企业间的借贷行为的法律有效性长期处于模糊状态。① 由于企业在生产经营中经常遇到运营资金不足急需融资的情况，在正规金融机构无法满足其资金需求的情况下，企业便以各种方式通过民间借贷渠道获取所需资金，企业间借贷是其主要渠道之一。由于企业间的借贷行为的法律有效性长期处于模糊状态，因此企业通常以各种方式掩盖其借贷行为，这无疑加大了企业的风险。随着企业间借贷越来越重要和频繁，最高人民法院在《关于审理民间借贷案件适用法律若干问题的规定》(2015年9月1日生效)中对企业间借贷行为做了有限放松，该司法解释明确指出，企业为了生产经营的需要而相互拆借资金，司法应当予以保护，这对于规范民间借贷市场有序运行，促进农村民间金融市场稳健发展具有重要意义。必须注意到，作为生产经营型企业，如果以经常放贷为主要业务，或者以此作为其主要收入来源，则有可能导致该企业质变为未经金融监管部门批准从事专门放贷业务的企业，这样将会扰乱金融秩序，必须予以禁止。在实践中，可以从放贷主体的主营业务范围、放贷主体和融资企业对资金的用途、企业放贷收入的比重三个方面来判断其借贷行为是不是正常的偶然性的企业间借贷行为。有鉴于此，根据《合同法》和《关于审理民间借贷案件适用法律若干问题的规定》的司法解释，可以保障企业间合法借贷行为的正

---

① 1991年颁布的《关于人民法院审理借贷案件的若干意见》和中国人民银行1996年颁布的《贷款通则》，对于企业之间的借贷行为，一般以违反国家金融监管而被认定为无效。这一制度性规定在司法界被长期遵守，一定程度上对于维护金融秩序、防范金融风险，发挥着重要作用。但是自1997年《合同法》生效和2007年《物权法》公布，企业间借贷合同被认为无效则面临着法律冲突。从2005年以后，最高法陆陆续续判了一批企业与企业之间借贷的合同为有效合同。

常运行。

除此之外,为提高企业间借贷行为的履约效率,降低司法干预的成本,我们可以通过构建一个特定的封闭性社会网络来提高企业违约的声誉成本。(卓凯,2006)可以借鉴重庆民丰互助会的经营模式,由一定地域范围内业务相关联的企业以交纳初始会费为条件组成一个封闭性协会,形成基于一定地域、行业的社会关系网络。这个新形成的社会网络与村庄社会网络具有相同的特征,社会网络内的成员间都有无限次重复博弈的机会,因此具有极强的声誉约束机制,这就使得协会内部的借款企业具有了内生的履约动力。

3. 非存款类放贷组织

农村非存款类放贷组织主要包括小额贷款公司、典当公司、担保公司、投资(咨询)公司等。非存款类放贷组织较之私人民间借贷和企业借贷具有更高级的发育形态和组织化程度。随着市场化的冲击以及交易规模和地域的扩大,这些非存款类放贷组织的交易行为会逐渐突破原有村庄社会网络的限制,导致原先基于村庄信任和社会网络的声誉执行机制的自我约束逐渐变弱,交易双方的信息不对称程度增加,机会主义倾向随之增加并导致农村民间金融风险的积聚。在缺乏监管的情况下,逐利动机将使这类组织极易从事吸收公众存款、发放高利贷,甚至暴力逼债的非法活动。因此,必须将非存款性放贷组织纳入政府监管范围之内。

另外,由于非存款类放贷组织不面向公众吸收存款,在合规经营的前提下,其蕴含风险较小,不会像存款性金融机构一样易引发系统性风险,因此对其的监管可由地方政府的金融监管部门主导,而不必由中央政府层面的金融监管机构负责。按照《非存款类放贷组织条例(征求意见稿)》的规定,小额贷款公司、担保公司、投资(咨询)公司等非存款类放贷组织由省级人民政府监督管理部门负责监管,如前所述，省、市（县）人民政府专设金融监督管理局，负责对辖区内的非存款类放贷组织进行监管。

同时，应该设立省、市（县）级的各类非存款类放贷组织的行业协会及各级民间融资服务中心，行业协会主要负责对协会内各会员组织进行行业自律监管。各级民间融资服务中心负责对超出一定金额的非存款性放贷组织的交易进行登记备案，并可供放贷人查询，以降低信息不对称程度。对于交易中的违约行为，民间融资服务中心可以将相关信息予以公开，形成惩戒机制。

典当公司曾经被作为向中小微企业和个人提供临时性抵押贷款的特殊非银行金融机构，但在2005年《典当管理办法》颁布后，其管理权被转移至商务部，其性质认定也由非银行金融机构转为特殊工商企业。按照《典当管理办法》的界定，典当是指当户将其动产、财产权利作为当物质押或者将其房地产作为当物抵押给典当行，交付一定比例费用，取得当金，并在约定期限内支付当金利息、偿还当金、赎回当物的行为。因此，典当公司实质上是从事特殊质押业务的非银行金融机构，也属于典型的非存款类放贷组织。有鉴于此，应尽快改变对典当公司的性质认定，将其纳入非存款类放贷组织进行统一监管，以管控金融风险，规范典当行业的发展。

4. 吸收存款类的民间金融组织

吸收存款类的民间金融组织主要包括农村资金互助会、合会、地下钱庄等。与非存款类放贷组织相比，吸收存款类的民间金融组织具有更高级的组织结构和更复杂的运行机制，由于可以吸收组织内部成员或者公众的存款，因而参与者众多，利益相关方的博弈机制更为复杂。相较于民间私人自由借贷、企业借贷和非存款类放贷组织，吸收存款类的民间金融组织的交易范围进一步突破了传统乡村社区的范围，交易双方的信息不对称程度更高，故而其合约履行也超越了基于村庄信任的非正式执行机制。同时，吸收存款类的民间金融组织还易滋生非法吸收存款、集资诈骗、高利贷、暴力催债等违法活动，对地区经济金融秩序造成破坏，引发区域性金融风险。因此，对吸收存款类的民间金融组织应该给予比非存款类放贷组织更严格的监管，其监管职责应该主要由银监会及地方的银监局承担，同时建立各种吸收存款类的民间金融组织行业协会，实施行业自律性监管。

另一方面，与正规银行业金融机构比较，吸收存款类的民间金融组织的交易规模和涉及公众数量要小得多，业务和产品结构也要简单得多，因此对农村吸收存款类的民间金融组织的监管不能完全按照审慎监管的原则进行，而应该充分兼顾其业务特征和风险特征，采用更具弹性的"适度审慎"的监管原则进行监管。

三、西部农村民间金融规范发展的法律制度创新

（一）西部农村民间金融规范发展的法律前提：合理界定合法与非法民间金融的边界

现行法律法规体系对合法民间金融与非法民间金融界定模糊，不利于民间金融活动的正常开展，也不利于农村民间金融的规范发展。[①] 在涉及"非法集资"的司法实践中，目前所依据的法律法规主要是《非法金融机构和非法金融业务取缔办法》《最高人民法院关于审理诈骗案件具体应用法律的若干问题的解释》《最高人民法院关于审理非法集资刑事案件具体应用法律若干问题的解释》和 2014 年最高人民法

---

① 在司法实践中，引起普遍争议的是非法吸收公众存款罪和集资诈骗罪，因此下文将主要讨论这两款罪名与合法民间金融活动的界定问题。

院、最高人民检察院和公安部联合发布的《关于办理非法集资刑事案件适用法律若干问题的意见》。随着司法实践的发展，这些司法解释及相关法律法规对合法和非法民间金融的界定逐渐深化，但是其判断合法与非法的准绳依然是"是否经过有权机关批准""不特定对象"以及"非法占有为目的"，导致在实践中民间金融交易主体也无法判断自身的行为是否合法。此外，在2014年颁布的《关于办理非法集资刑事案件适用法律若干问题的意见》中，虽然对"向社会公开宣传""社会公众""非法占有为目的"等做了更详细解释，但在司法实践中对"非法集资"的认定却长期表现为扩张适用的状态。

基于上述分析，对非法集资与合法民间金融的界定，可从对非法占有目的等的界定以及集资目的、范围、交易性质等方面予以区分。第一，将有合理的生产经营需要的民间集资活动与非法集资区分开来，在民间金融准入门槛逐渐降低的背景下，严格区分间接融资与直接融资活动，将以合法的正常生产经营为目的的直接融资行为与非法吸收公众存款罪区分开来（徐昕，2015）。第二，科学界定存款的意涵并缩减非法吸收公众存款罪的适用。存款行为的本质应该是利用所吸收的公众资金进行货币经营，筹资者是作为金融中介存在而非直接的资金使用者，所以要以此对吸收存款与集资行为进行区分，并缩减非法吸收公众存款罪的适用（肖琼，2012）。第三，对"非法占有"目的进行更明确的界定和区分。特别要区分暂时无法返还集资款与主观故意永续占有集资款、个人经营不善而导致的无法返还与主观恶意占有集资款等情形，以及集资款用于生产经营的比重和用于个人消费和挥霍等的比重（姚万勤，2014）。第四，对不特定对象的界定。改变此前对不特定对象的界定范式，考虑到非法集资罪的立法目的主要是为了保护集资参与者的利益，对不特定对象的界定可从集资参与人的风险承受力（财富、资质）和资金行为的社会辐射范围来判定（彭冰，2011）。

需要强调的是，非法吸收公众存款罪是在特殊历史时期形成的，其立法的出发点是为了保护国家对存款的垄断地位，随着金融市场的开放度不断增加，金融市场主体的发展更加多元化以及民间金融活动的普遍化和合法化，应该考虑逐渐废除非法吸收公众存款罪。

此外，对各类民间金融组织和活动，应采取宽容的态度，对其监管遵循"负面清单"的形式，即政府正式制度没有禁止的即是可为的，以促进民间金融活动的发展和创新（戴菊贵，2015）。当然，对于高利转贷、金融传销、洗钱以及与之相关的暴力催收导致的人身伤害等违法犯罪行为，公安、司法部门应给予严厉打击。

（二）西部农村民间金融规范发展的市场运行法律制度创新

西部农村民间金融规范发展的市场运行法律制度创新包含三个部分，即市场准入法律制度、市场退出法律制度和市场交易法律制度。我国农村民间金融规制过度与规制不足同时存在，要促进民间金融的规范发展，首先必须将各种合法民间金融活动和组织纳入监管体系之中，给民间金融市场主体提供公平的市场参与环境；其次，对民间金融市场交易活动进行适度监管，特别是提供激励性制度，降低交易主体之间及交易双方与监管主体之间的信息不对称程度，提高农村民间金融的资金配置效率；最后，要为农村民间金融提供约束性的退出制度，以促进农村民间金融组织提高经营效率，降低区域性金融风险和社会公共风险。

1. 市场准入法律制度

西部农村民间金融市场准入法律制度的设计与创新需要结合各种民间金融形式的实际运行机制和履约机制，使得正式制度约束与非正式制度约束能达到内在耦合，进而提高农村民间金融的运行效率，降低农村民间金融的运行风险。市场准入法律制度的内容包括组织形式准入、资本准入、业务准入和高级管理人员准入。民间私人自由借贷和企业间借贷属于私人之间的正常借贷行为，可通过现有的民商事法律进行调节，只需要在交易时双方签订书面契约，因此对于此类民间借贷活动不需要市场准入的法律限定。小额贷款公司、担保公司、投资咨询公司、典当公司等非存款类放贷组织均有相应法律制度对其市场准入进行规制，需要指出的是，由于东西部经济发展的不平衡以及西部区域内部各地经济金融发展的差异性，对西部地区的小额贷款公司、典当公司等的准入门槛，特别是注册资本要求可适当降低，以促进西部地区非存款类放贷组织的设立与发展。如现行《典当管理办法》规定，"典当行注册资本最低限额为300万元，从事房地产抵押典当业务的，注册资本最低限额为500万元，从事财产权利质押典当业务的，注册资本最低限额为1000万"。该规定未就各地区经济发展的非均衡性体现出资本准入的差异性，可对其进行适当修订，一是考虑到该办法是2005年颁布的，其对注册资本的限额要求可能已经不适应经济发展的需要，可适当提高限额要求；二是对西部地区仅在省域经营的典当公司设定较东部地区更低的资本限额要求，以促进西部地区典当公司的设立与发展，拓展融资渠道。

吸收存款类的民间金融组织市场准入法律制度。（1）农村资金互助社的市场准入法律制度设计与创新。由于现有的《农村资金互助社管理暂行规定》是按照银行业机构的监管要求制定的，监管过严，门槛过高，导致目前获得银监局批准的农村资金互助会只有49家，而非正规资金互助社超过2.5万家，其中专业合作社内的资金互助部占80%（陈司谨，2011），党的十七届三中全会以来，全国各地的农民专业合作社积极兴办资金互助社，截至2014年，全国已有120多万个专业合作社，其中大部分专业合作社已经开展或准备开展资金互助业务（张晓玮，2015）。绝大多数农村资金互助社通过在工商局、民政局、农业主管部门、扶贫办等注册登记，变相获取"合法"身份。（高玉成等，2015）因此，要根据各地"曲线审批"的农村资金互助社的发展实际，适当降低准入门槛，以切实促进农村资金互助社的健康发展，避免走入农村合作基金会的发展迷途。一是对农村资金互助社实行差别准入和监管制度，即对于规模较小、社员构成简单、不吸收公众存款、只在所处行政村范围内开展业务或者是在专业合作社内部发起成立的资金互助社，向当地政府金融监管部门申请备案登记即可[①]；对于规模较大、社员构成较复杂、在乡镇范围内跨村开展业务的农村资金互助社，须向当地银监局申请核准制。相应地将农村资金互助社的注册资本调整为：在行政村设立的资金互助社的注册资本不低于20万元，在乡镇设立的资金互助社的注册资本不低于50万元，考虑到东西部地区农村经济发展的非均衡性，监管部门可以根据西部地区农村经济社会发展现实状况以及资金互助社社员人数，适当对注册资本限额进行下浮。二是考虑到资金互助社的经营实际，适当降低对经营场所，特别是安全保障条件的要求，以切实保障资金安全为要[②]。三是加强对实际控制人的资格审查，对其经营能力和道德风险进行科学评估，有效防范实际控制人的道德风险，同时为了杜绝农村资金互助社"一股独大"的问题，可以对单个股东的最高持股比例进行限制，以维护资金互助社互助、平等的经营原则，保护小股东的切实利益。四是在业务经营上，农村资金互助社可吸收社员存款，但不得吸收非社员存款，

---

① 在2014年的中央一号文件《关于全面深化农村改革加快推进农业现代化的若干意见》中，明确指出在坚持社员制、封闭性原则，在不对外吸储放贷、不支付固定回报的前提下，推动社区性农村资金互助组织发展，明确地方政府对新型农村合作金融监管职责；在2015年的中央一号文件《关于加大改革创新力度加快农业现代化建设的若干意见》中，明确指出要稳妥开展农民合作社内部资金互助试点，并再次强调落实地方政府监管责任。

② 按照《农村资金互助社管理暂行规定》的要求，互助社开业要有一定的营业场所、值班室、防盗门、防护窗、防弹玻璃、报警设施、保险柜等，这些投入相对于20万元的注册资本占比过大，显然不符合资金互助社的经营实际。如我国成立的第一家互助社——吉林省四平市梨树县闫家村百信农村资金互助社，为了达到监管要求的条件和环境，其营业场所和相关设施花费竟然达到注册资金的60%以上（王刚贞，2015）。

其贷款对象一般仅限于社员，在资金充裕时也可对经营区域内（村或乡镇）的非社员发放贷款，但其对社员发放贷款的比例不低于70%，且对单一贷款对象的贷款余额不超过贷款总额的20%。

（2）合会的市场准入法律制度设计与创新。在现行法律框架下，即1998年国务院《非法金融机构和非法金融业务活动取缔办法》、2000年民政部《取缔非法民间组织暂行办法》、2002年《中国人民银行关于取缔地下钱庄及打击高利贷行为的通知》、2003年《商业银行法》（修正）、2009年《刑法》（修正）等法律法规，具有储蓄、保险与社会保障性质的合会均属于非法金融组织和非法金融活动；对于互助和营利性质的民事合会法律并没有明确其法律地位。

合会作为一种合作性质的传统民间金融制度安排，部分克服了农村地区借贷双方的信息不对称问题，平滑了农村居民的收入和支出的不匹配性，因此其存在具有内在合理性。合会亦在一定的时空和地域内为当地政府所默许，但明确地宣称合会合法的，无论是法律层面还是政策层面，均未曾一见；同样，也没有任何法规、规章等法律文件正式宣示参加合会为违法犯罪活动（廖天虎，2013）。与此对应，目前人民法院对涉及合会形式的民间借贷案件一般都不予受理，其逻辑是在合会合法性模糊的情形下，一旦受理将在事实上默认合会合法，因而不予受理可以避免此类冲突。监管层面对于合会法律地位的模糊态度主要源于合会经济性质和功能的异化，以及合会可能蕴藏的金融风险以及由此引发的金融犯罪和社会不稳定，然而从我国的监管实践来看，引导并规范监管而非禁止或规避可能是更好的选择，为此，可以借鉴我国台湾地区对合会监管的经验，明确将合会法律关系纳入合同法的调整范围，为合会提供法律安全框架，明确合会中的会首和会员各自的权利和义务关系，这样既可以充分发挥其互助和融资功能，也可以更好地防范金融欺诈或者应付危机，同时也为法院处理合会纠纷提供法律依据。

因此，对合会的市场准入规制，首先要对合会的经济性质和功能加以区分，引导规范具有纯粹互助性质或者互助营利性质兼具的民事合会，取缔经济性质和功能异化的合会，如具有储蓄和保险、社会保障性质以及其他非法经营性质的民事合会。为了防范合会的倒会风险以及可能引起的非法集资、非法吸收存款等违法行为，应该在会首资格、会员人数、会金、业务开展等方面做一准入限制，具体如下：一是合会的参与各方必须签订正式的书面合同，合同必须记载合会当事人、会金主要用途（不得以非法占有为目的或以合法目的掩盖非法用途）、合会存续期（一般不得超过1年）、开会日期及地点、各期会金数额、会金获取方式、会金的保管方法及责任、担保方法、倒会退会处理及其他违约行为的责任等事项；二是不得或变相向不特定社会公众对象发布邀会要约；三是各地区监管部门根据各地经济发展状况，对会员人数和会金数额做出限制；四是合会的设立要到行业协会或民间金融登记服务中心进行备案登记，其资料需定期提交当地监管部门；五是合会的会息年利率不得高于36%，超过部分法院不予以支持；六是合会会员必须居于一定共同区域内，合会业务对象是合会组织内的参会会员；七是合会只能向会员收取会金用于会员的互助要求，不得向会员以外的人吸收存款和发放贷款、信托贷款、委托贷款，也不得用会金从事代理股票、基金及金融衍生品等金融业务以及其他的经济投资活动。

除此之外，因为倒会风险以及由合会可能的犯罪行为主要是由会首引起的，所以对会首的资格和权利义务要做特别规定，具体包括：一是会首不能同时发起两个合会组织，会首和会员不得同时参加两个以上的合会；二是会首必须是资信状况良好、无不良信用记录以及无违法和犯罪记录的人员，在发起合会时需提供不低于会金价值的担保物或者有会员以外的个人或单位提供担保；三是会首对会员的给付会金行为是法律义务，当有会员不履行偿还会金义务，会首应代为偿还，在偿还之后可向该会员追偿；四是会首要按照约定召集会员开会，对每次合会中资金分配及使用情况都应以书面形式记载，并由会首与会员共同签字，同时会首须向每次未得会金的会员督促缴纳会款并进行保管；五是会首不得利用合会获得除了首次会金外的其他任何利益。

（3）地下钱庄的市场准入法律制度与创新。地下钱庄广泛存在于我国农村地区，其资金参与规模较其他民间金融形式要高出很多，组织化程度也更高，最接近于正规银行业机构，对其规制也更具有现实意义。在目前的法律框架下，地下钱庄在组织形态和业务上均不合法，完全忽视了其存在的经济合理性。在事实上已经放开民营银行准入门槛的情况下[1]，应该赋予地下钱庄的合法地位，将其纳入正规监管体系内，这样既有利于引导其业务经营规范发展，也有助于防范地下钱庄业巨大的风险。地下钱庄的监管标准应该参考社区银行、村镇银行和农村商业银行，着眼于为中小微企业、涉农企业及农村居民提供各类金融服务，对地下钱庄的准入限制主要包括：一是地下钱庄业务准入限制。目前地下钱庄的业务主要包括存贷款和外汇买卖，其中外汇买卖业务主要存在于沿海地区，西部地区地下钱庄主要业务是传统存贷款，所以对东西部地下钱庄业务可以差异化准入，西部地区地下钱庄暂不能经营外汇业务，对于东部地区地下钱庄的外汇业务也要加强管理，防范其参与洗钱犯罪[2]。考虑到小额贷款公司的发展现状，也应该准许地下钱庄开展存款业务，否则地下钱庄被纳入监管后将面临巨大的资金来源压力，限制其贷款业务的开展和盈利，陷入目前小额贷款公司的经营困境。其后果是对现有的地下钱庄造成负向激励，将没有

---

[1] 目前设立的民营银行包括前海微众银行、上海华瑞银行、温州民商银行、天津金城银行、浙江网商银行。

[2] 由于人民币在东南亚地区事实上的"硬通货"性质以及通过私人钱庄跨境洗钱的现实，考虑到洗钱犯罪行为必须要通过现金的跨境转移来实现，可以借鉴美国把走私本外币现钞规定为犯罪，也就是把《海关法》所规定的走私行为上升为构成走私现金罪，通过增加惩罚力度，可以克服现行相关法律规定中的局限性，提高威慑力，有利于更好地打击私人钱庄的洗钱行为（胡荣，2011）。

地下钱庄愿意将资金的身份正规化，与监管目标背道而驰。因此西部农村地区的地下钱庄被纳入正规监管体系后的主要业务是传统的存贷款业务，地下钱庄要开展新业务必须向银行业监管机构申请获得许可。二是地下钱庄注册资本的准入限制。考虑到地下钱庄的监管要求应该参照村镇银行、社区银行和农村商业银行，其注册资本要求可以限定为，采用有限责任公司形式的地下钱庄的注册资本不低于1000万元，采用股份有限公司形式的地下钱庄的注册资本不低于5000万元，西部地区银行业监管部门可以根据经济发展状况适当降低要求[①]。所有注册资本必须是出资人自有资金，不得以借贷资金入股，不得以他人委托资金入股。三是地下钱庄股东或实际控制人的持股比例及资信要求。为促进地下钱庄纳入正规监管体系，放开村镇银行设立中最大股东为银行业金融机构的限制。地下钱庄的股东原则上不超过20个，并且要求股东均为本地注册企业法人或本地户籍自然人。最大股东及其关联方或实际控制人持股比例不得超过股本总额的20%，其他企业法人股东及关联方持股比例不得超过股本总额的10%，单个自然人持股比例不得超过股本总额的5%，所有自然人持股比例不得超过股本总额的20%。最大股东或实际控制人的净资产最低达到1亿（有限责任公司）或5亿（股份有限公司）。地下钱庄的所有法人股东应具有较长的发展期和稳定的经营表现，具有良好的公司治理结构和有效的组织管理方式，具有良好的社会声誉、诚信记录和纳税记录，具有较强的经营管理能力和资金实力，财务状况、资产状况良好，最近3个会计年度

---

① 根据《村镇银行管理暂行规定》，在地（市）设立的村镇银行，其注册资本不低于5000万人民币；在县（市）设立的村镇银行，其注册资本不得低于300万元人民币；在乡（镇）设立的村镇银行，其注册资本不得低于100万元人民币。《商业银行法》规定，设立城市商业银行的注册资本最低限额为一亿元人民币，设立农村商业银行的注册资本最低限额为5000万人民币。另据《关于小额贷款公司试点的指导意见》，有限责任公司的注册资本不得低于500万元，股份有限公司的注册资本不得低于1000万元。参照以上标准，私人钱庄的注册资本最低要求为1000万至5000万元。

连续盈利，年终分配后净资产达到总资产 30% 以上。地下钱庄的自然人股东应具有良好的个人声望，奉公守法、诚信敬业，有较强的资金实力。四是要有对地下钱庄剩余风险的制度安排。要求股东在地下钱庄出现流动性危机时要进行紧急救援，补充资本，承担剩余风险，股东要自愿接受银行业监管部门的监管。五是地下钱庄必须在本地经营，不能设立分支机构，不能向异地发放贷款。六是地下钱庄必须建立完善的组织架构和管理制度，有符合任职资格要求的董事和高级管理人员，其组织架构、管理制度及人员任职资格可以参照村镇银行的监管要求。七是地下钱庄的贷款利率一般不能超过 36%。

2. 市场退出法律制度

为了促进民间金融业的健康发展，有效保护债权人和投资者的利益，形成良好的激励机制，还必须建立西部农村民间金融市场退出法律制度。目前我国在法律层面还没有建立金融机构的市场退出机制，《破产法》并未将金融机构纳入其调节范围。当金融机构出现严重的流动性危机时，监管机构无法要求资不抵债、资本充足率严重不足（低于 4%）的金融机构股东追加资本金以克服流动性危机，或者强制无法克服流动性危机的金融机构退出金融市场，这将严重损害存款人和债权人的利益，其博弈结果是政府为了防止出现危机扩大而为这些问题金融机构承担损失，这会进一步形成严重的道德风险，不利于民间金融组织的稳健发展。所以，必须建立明确清晰的民间金融组织市场退出法律制度，以形成投资人、债权人、管理者之间良好的激励约束机制，充分发挥市场的约束监督机制。农村民间金融组织的市场退出包括两种情形，即自然退出和强制退出，下面将就农村资金互助社、合会和地下钱庄的市场退出分别予以分析。

（1）农村资金互助社的市场退出法律制度。一是农村资金互助社的自然退出。农村资金互助社的自然退出包括：互助社章程规定的解散事由出现；社员大会决议解散；因合并或分立需要解散。二是农村资金互助社的强制退出。农村资金互助社的强制退出指农村资金互助社违反了法律规定由资金互助社行业协会和地方金融监管机构依法强制其退出，其情形包括：依法被吊销营业执照或者被撤销；农村资金互助社的资本充足率持续未达到监管要求且未能在规定时间内补充资本金；农村资金互助社以非法占有为目的骗取资金，严重损害社会公共利益；农村资金互助社被行业协会或监管机构警告达到三次以上（不含三次），情节严重的。需要注意的是，《农村资金互助社管理暂行规定》中"资本充足率未达到2%且未能及时补充资本即强制解散"的规定是按照商业银行的监管要求制定的，对于属于农村合作金融机构的农村资金互助社显然过于苛刻，同时为了给农村资金互助社发放支农贷款提供激励，可以按照农村资金互助社支农贷款的比率设定市场退出的差别资本充足监管要求，具体为：支农贷款余额占贷款总余额小于60%的，强制解散的最低资本充足率比率为2%，追加资本金的宽限期为90天；支农贷款余额占贷款总余额比率在60%—80%的，强制解散的最低资本充足率比率为1.5%，追加资本金的宽限期为120天；支农贷款余额占贷款总余额比率在80%以上的，强制解散的最低资本充足率比率为1%，追加资本金的宽限期为180天。

（2）合会的市场退出法律制度。一是合会的自然退出。合会的自然退出包括合会存续到期，合会会员也均获得会金达到融资目的，合会会员一致同意解散合会；合会的某一会员因客观原因（无主观故意或恶意）出现资金困难，无法继续履行会金缴纳义务，造成合会无法继续运行。由于自然退出不涉及违规或违法行为，按合会章程进行资金清算并将合会注销即可。二是合会的强制退出。合会的强制退出是指会首与会脚违反了法律的强制规定由合会行业协会和地方金融监管机构依法强制其退出。导致行业协会和地方金融监管机构依法强制合会退出金融市场的情形包括：会首与会脚恶意透标，以非法占有为目的骗取、冒领会金，将所得的会金用于挥霍、赌博等违法行为或非法经营活动，导致无法继续缴纳会款；会首为维持合会资金流畅，采取"以会养会"的行为；会首为发起合会，在人数不足的条件下虚开会脚最终无力支付而倒会的行为以及会首利用合会形式，非法融资，严重扰乱市场金融秩序的行为。对于强制退出的，一是要对合会会员进行债权债务的清算，保护其他守法会员的合法权益；二是对涉嫌违法犯罪行为的会首和会脚追究刑事责任，如会首以非法占有为目的，将所得的会金用于违法行为导致无法继续缴纳会款的可以"集资诈骗罪"的罪名起诉。

（3）地下钱庄的市场退出法律制度。一是地下钱庄的自然退出。地下钱庄的自然退出情形一般包括：钱庄与其他金融机构购并或重组而解散；钱庄因经营业绩不佳导致持续亏损，股东一致决议而解散；钱庄股东死亡，无继承人或继承人不愿意继续经营而解散；董事或经理人因死亡或者其他原因无法继续经营，委托无人而解散。二是地下钱庄的强制退出。钱庄被宣告强制退出市场的法定情形包括：钱庄依法被吊销营业执照、责令关闭；钱庄因资不抵债而破产清算；钱庄的资本充足率持续未达到10%的要求且股东或出资人未能在规定时间内补充资本金；钱庄以合法组织形式实施了非法行为目的，或者以非法占有为目的骗取资金，严重损害社会公共利益；被钱庄行业协会或银行业监管机构警告达到三次以上（不含三次），情节严重的。在强制退出情形下，需要由钱庄行业协会聘请专业技术人员进行债权债务的清算。值得注意的是，要将钱庄纳入存款保险制度的参保对象，进而为钱庄提供一个与其他银行业金融机构同等的竞争平台，保护钱庄存款人的合法权益。

3. 市场交易法律制度

农村民间金融市场交易法律制度包括民间金融登记备案制度、民间金融信息披露与报告制度、民间金融年审制度等。

西部农村民间金融登记备案制度。民间金融登记备案是指民间金融的交易者向民间金融组织自律协会或者专门的第三方民间金融服务中心提供相关交易信息。通过对农村民间金融活动和交易进行登记备案，至少可以在两个方面降低信息不对称的程度，从而降低可能的逆向选择和道德风险。第一，监管者可以获得必要的民间金融交易数据，并以此制定更具效率的监管制度和引导政策。第二，通过民间金融交易登记制度可以汇聚区域内的民间金融机构和交易数据，逐步形成一个区域内的农村民间金融信用数据库，从而降低交易双方的信息不对称。由于农村民间金融交易双方对交易私密性的偏好以及登记备案给双方带来的额外成本，农村民间金融的交易者没有内在激励自愿登记，为此必须为民间金融交易者提供相应激励。借鉴一些地方性法规的相关条款[①]，并结合西部农村民间金融发展的实际情况，建立自愿与强制相结合的民间金融登记备案制度，具体包括：第一，各地民间金融协会根据当地民间金融发展水平确定一个合理的交易额度限值，在此限值以下的民间金融交易由交易者自愿选择是否登记备案，在此限额以上的民间金融交易则必须进行登记备案；第二，为促使农村民间金融交易者履行登记备案手续，对履行登记备案手续的农村民间金融交易给予税收优惠和优先受偿权（岳彩申，2013）；第三，对于履行登记备案的民间金融交易中的债权人，对其从正规金融机构获得的贷款提供利息补贴；第四，明确登记备案的相关材料可以作为法院审判的证据文件。通过以上激励工具的使用，可以有效提高民间金融交易中的债权人和债务人主动履行登记备案手续的可能性。民间金融登记备案服务通常由各地的民间金融自律性协会提供，在农村民间金融交易活跃的地区，可以设立专门的民间金融服务中心或类似服务机构，提供

---

① 如《温州民间融资管理条例》（2014）第30条规定："有关国家机关办理与民间融资活动相关案件时，应将民间融资备案、登记、报告的材料视为效力较高的证据和判断民间融资活动是否合法的重要依据。"

更加专业的第三方登记备案服务及其他民间金融服务。

民间金融信息披露与报告制度。建立民间金融信息披露与报告制度可以实现投资者的知情权并通过信息披露、报告与扩散进而提高市场约束的力量（陈蓉，2010）。民间金融市场主体应该定期向社会公众披露并向自律性行业协会报告的信息包括：组织基本情况的变更信息、经营情况、被投诉情况、违约情况、被处罚情况以及其他可能影响经营和资信状况的事项等。对非存款类民间金融组织和存款类民间金融组织（农村资金互助社、合会、地下钱庄）实行差别化的信息披露与报告制度，对非存款类民间金融组织的信息披露要求低于存款类民间金融组织的信息披露要求，对地下钱庄的信息披露与报告制度可参照商业银行信息披露的相关规定制定。为提高信息披露的有效性，提高信息披露的市场约束力，信息披露存在瑕疵的市场主体要承担相应法律责任，由监管机构（行业协会、地方金融监管部门、银监局等）做出相应处罚，对第三方造成损害的要承担赔偿责任。除了向监管部门报告外，民间金融交易中的债权人也可将债务人的违约情况（如贷款逾期信息）向第三方的民间金融服务机构、金融信用信息基础数据库和市场化征信机构报告，但必须事先对债务人履行告知义务。自律性行业协会需不定期对行业内机构进行现场抽查，以检验信息披露的质量，并对检查结果予以公布。

民间金融年度审查制度。民间金融年度审查制度赋予民间金融自律性协会对协会会员进行年度审查的权力。民间金融市场主体必须向民间金融自律性协会提交最近一年的交易资料（如累计交易额、资金流动状况等），自律性行业协会再结合年度内民间金融组织的未合规经营和违约情况（投诉、违约、处罚）对其进行综合评级，并将结果报送地方金融监管部门或银监局。年度评级报告可以作为民间金融组织未来续期经营、税收优惠、准备金政策偏向、从正规金融机构融资便利的参考依据，因此民间金融年度审查制度是促进农村民间金融可持续稳健发展的重要工具。

第九章 西部农村民间金融规范发展的政策框架

要实现西部农村民间金融规范发展的目标,除了进行必要的法律制度创新以达到政策规制的效果外,还需要包括财政政策、金融政策、产业政策以及其他配套政策在内的综合政策框架支持其健康发展。本章的中心任务就是对西部农村民间金融规范发展的综合政策框架进行系统和深入研究,以构建一个涵盖财政支持政策、金融支持政策、产业支持政策的有效政策框架,实现西部农村民间金融规范、健康、可持续发展的政策目标。

一、西部农村民间金融规范发展的财政政策设计

(一)西部农村民间金融规范发展的财政投资政策

为促进西部农村民间金融的规范化发展,首要的财政政策工具是财政投资,财政投资工具的设计主要表现在四个方面。

1. 财政投资参与设立西部农村民间金融服务机构

典型的投资渠道是政府参与设立农村民间融资服务中心(公

司）。①民间融资服务中心的主要业务是对资金需求双方提供撮合配对服务，包括 P2P 模式（个人对个人）和 P2B 模式（个人对大企业、大项目）。政府参与设立农村民间融资服务中心的意义表现在以下方面：第一，民间融资服务中心可以较好地满足社会需求。在县域经济发展较好的西部农村地区，存在着拥有较多剩余资金的农村富裕阶层，由于他们文化水平较低，可供他们选择的投资渠道比城市中产阶级更少，因此民间融资服务中心为西部农村的富裕阶层和面临巨大资金缺口的小微企业建立了有效的对接渠道，使丰富的民间资本流向实体经济。第二，政府参与设立的民间金融服务组织具有政府公信力支持，运行更加规范稳健。政府入股设立民间金融服务组织，并由地方金融监管部门领导担任董事长（总经理），以加强监督与引导，同时，政府的投资入股会吸引资金实力雄厚的龙头民营企业参与投资，从而提高民间融资服务中心的市场声誉。第三，政府参与设立的民间金融服务组织具有更广泛的资金来源和可持续经营能力。由于有多层次的声誉保障（政府、龙头民营企业、法院②）、较高的规范化运作水平和较高的社会公信力，此类民间融资服务中心可以吸引广大的社会民间资本。更重要的是，在资金配对出现缺口时，此类民间融资服务中心可以用较为充裕的自有资本予以补偿，这样既解决了传统民间融资组织资金直接配对时的金额、期限难以匹配的难题，又由于部分承担了客户选择、风险判断、风险承担的责任而大大提高了出借人的出借概率。第四，政府参与设立民间融资服务中心可以促进民间融资组织的阳光化发展。与政府参与设立的民间融资服务中心相比，完全民间资本性质的民间融资服务中心缺乏公信力和信誉，资金来源往往只限于一定人际圈层

---

① 政府只是参与设立民间融资服务机构，但该机构是实行市场化运营管理的，政府参与的主要功能在于引导作用和声誉保障。

② 对于通过此类民间融资组织达成的融资交易，自动在中心进行备案登记，一旦出现纠纷，法院将予以立案，并且债权人（相较于未登记的民间融资交易）享有优先受偿权。

内的亲朋好友，资金来源结构单一且不稳定，难以持续经营，另外由于缺乏政府监管，运营不规范，资金容易流入赌博、吸毒等非法领域，不利于民间融资组织金融功能的发挥和实体经济的健康运行。因此，政府参与设立的民间融资服务中心在声誉、资本与风险控制方面所具有的优势将吸引民间资本逐渐流入，从而促进民间融资组织的阳光化发展。

2. 财政投资加快西部农村公共产品供给

西部农村民间金融的健康发展需要一个良好的实体经济运行环境，特别是西部农村公共产品和服务的完善。然而，在重工业优先发展战略指导下长期实行的城市偏向的公共品供给政策使得农村居民在享受公共产品与服务上与城市居民相比存在着巨大的差距，这些歧视性的公共产品与服务政策体现在交通、通信、教育、医疗、社会保障等各个方面。公共产品与服务供给的严重不足，严重妨碍了农村经济的发展，使得西部农村民间金融缺少健康发展的外部经济环境，主要表现在两个方面：第一，在教育、医疗保障不足的情况下，农村民间金融事实上承担了部分财政职能[①]，这直接减缓了农户资本积累的速度，进而影响农村经济的发展和农村居民收入的提高；第二，农村公共产品和服务的缺乏将减少农村地区的投资机会，导致农村地区经济发展效率低下，民间资本由于缺少投资机会更易流向非法经营领域，民间金融组织难以规范化发展。因此，政府要建立城乡均等的公共产品供给政策，加大对农村公共产品的财政投资力度，加快推进西部农村的水利、交通、电力、通信等基础设施的建设速度，为西部农村经济发展和民间金融的规范运行提供良好的硬件设施。政府还要加大对西部农

---

① 西部农村地区（尤其是欠发达地区）广泛存在着用于治疗疾病、子女上学的非营利性农户借贷，由于农村正规金融机构较少提供此类小额贷款，因此就造成了农村民间金融实际上承担了财政的职能。

村地区公共卫生服务、医疗、教育等农村社会事业的投资，特别是切实提高对农村低收入家庭子女教育的财政支持力度，建立公平、有效、健全的农村社会保障体系，促使西部农村民间金融和农村经济的健康发展。

3. 财政投资加快西部农村金融基础设施建设

要促进西部农村民间金融的规范化发展，提高其经营效率，降低其经营风险，就必须加快推进西部农村金融基础设施建设，为农村民间金融发展提供一个公平的发展平台。目前迫切需要建设的农村金融基础设施包括农村网络支付结算系统、农村民间融资监测体系和农村金融信用信息基础数据库等。建设农村网络支付结算系统，将备案登记的农村资金互助社、私人钱庄等接入农村网络支付结算系统，可以极大提高农村民间金融组织的经营效率和市场竞争力，促进西部农村民间金融健康发展。农村金融信用信息基础数据库建设是提高农村金融交易效率、防范和控制农村金融风险的基础性工作，因此需要政府财政出资加快推进建设，为农村民间金融交易提供良好的交易环境。民间融资监测体系是对民间融资交易各方行为进行全面跟踪和记录，并综合分析和报告民间融资业务结构和风险的体系。民间融资监测体系由中国人民银行及其各地分支机构主导，汇总民间融资服务机构、各类民间金融行业协会提供的相关信息以及民间借贷观测点调查数据，形成全面反映民间融资的个体、行业和区域三个层面的综合交易信息，并与农村金融信用信息基础数据库链接共享，以满足民间融资市场交易主体、民间融资中介机构以及监管者的不同需要。综上所述，农村网络支付结算系统、农村金融信用信息数据库以及农村民间融资监测体系都是农村民间金融持续稳健发展的金融基础设施，具有极大的外部性，因此需要由政府财政出资建设。

4. 财政投资发展西部农村信用担保服务机构

西部农村地区经济发展滞后并且具有更大的内在脆弱性和运行风险，因此要降低西部农村民间金融的运行风险，吸引西部农村民间资金流向区域内的实体经济，就必须积极发展农村担保机构，为农村民间金融机构提供信用担保服务，具体方式包括：第一，由地方政府出资设立或参股融资性担保公司，并以奖励、风险补偿等方式引导融资性担保公司健康发展，促进其为民间金融交易提供担保服务；第二，由中央和地方政府共同出资设立政策性的信用担保机构，为商业性担保机构提供一般再担保和强制再担保服务。

（二）西部农村民间金融规范发展的税收政策

为促进西部农村民间金融规范发展，引导民间金融机构服务于农村经济，还需要合理设计税收政策，利用税收杠杆对西部农村民间金融机构的经营成本和收益进行调节。可资利用的税收工具包括：

第一，给予西部农村民间金融组织与正规金融机构同等的发展地位，统一二者的税率。对于支持农村经济和农业发展的西部农村民间金融机构，给予"支农支小"机构财税补贴。

第二，对在西部农村新设立并备案登记的民间金融组织，如私人钱庄、典当行等给予3—5年的税收优惠减免，以降低其开办初期的经营成本，促进西部农村民间金融交易的规范快速发展。

第三，对在西部乡镇设立的农村民间金融组织（在乡镇设立营业网点的农村民间金融组织）给予适当的税收减免政策，促进西部农村民间金融组织服务于真正的乡村经济。

第四，对积极到西部农村地区收购、整合农村民间金融组织的金融机构，适当降低其营业税率，并免除所收购民间金融组织的所得税。

第五，对西部公共民间金融组织，如民间融资服务中心给予三年的税收优惠减免，促进公共民间金融组织的发展，并更好地为民间金融发展提供支持和服务。

第六，对西部非金融企业民间融资的利息支出中不超过按照金融企业同类贷款利率计算的数额部分，准予在计算应纳税所得额时予以扣除。

第七，对不同法律形式、借款用途、借贷金额的民间融资交易，给予差异化的税收政策，对将资金投向非实体经济或者转移到城市的西部农村民间金融组织实行惩罚性的营业税税率。

（三）西部农村民间金融规范发展的转移支付政策

为支持西部农村民间金融的健康发展，提高其为农业和农村经济发展提供金融支持的积极性和主动性，降低其将农村资金转移到城市的动机，政府除了可以使用税收政策工具之外，还可以使用转移支付工具。可资使用的转移支付工具包括：

第一，由政府和各民间金融行业协会共同出资设立"农村民间金融发展风险基金"，对备案登记后陷于流动性危机的民间金融组织提供紧急救助，保护民间金融交易中投资人的利益。

第二，由政府出资设立"西部'三农'贷款风险基金"，当备案登记的农村民间金融机构出现政策性涉农贷款亏损时，由风险基金对亏损部分进行冲销，降低西部农村民间金融机构的支农风险。

第三，由政府出资设立西部小微企业专项扶持基金，对为小微企业（经营户）提供融资服务的西部农村民间金融组织给予资金支持和利差补贴，诱导农村民间金融组织支持小微企业发展。

第四，对开办初期经营亏损的西部农村民间金融组织，财政给予一定的资金补贴，以增强农村民间金融组织的持续经营能力。

二、西部农村民间金融规范发展的金融政策设计

西部农村民间金融规范发展的金融政策设计是指综合运用货币、利率及融资等政策手段，为西部农村民间金融的规范发展构建一个良好的金融政策环境，以实现西部农村民间金融的健康发展。鉴于农村正规金融机构在金融产品供给和金融服务提供上的严重不足，而内生的农村民间金融部门又因严格的政策限制而缺乏公平的金融政策环境，为此必须为西部农村民间金融的发展提供公平的金融政策环境，以保持农村民间金融的活力，促进其规范发展。

（一）法定存款准备金政策

农村经济的脆弱性导致农村金融比城市金融具有更大的风险，为了提高农村金融机构的安全性，农村金融机构应实行更高的法定存款准备金率。但是，为了提高对农村地区金融资源的供给，切实提升农村金融对"三农"的支持力度，国家实行的是差别存款准备金率制度，使农村金融机构的存款准备金率低于城市金融机构。需要注意的是，西部农村较东部农村更缺乏信贷资源，而农村民间金融机构较正规金融机构可以更好地利用有限的信贷资源，因此，对于备案登记的西部农村民间金融机构也应该实行较低的存款准备金率，并且可以依据其信贷投向和信贷资产质量进行一定程度的调节，以激励西部农村民间金融机构服务于农村经济发展。

（二）再贷款政策

再贷款（再贴现）是中央银行为金融机构提供信贷融资的政策手

段。当备案登记的西部农村民间金融机构信贷资金不足时，在符合监管标准的情况下，西部农村民间金融机构就可以向中央银行申请再贷款（再贴现）以增加信贷资金。因此，为了引导农村金融资源的合理流向，提高农村金融资源的有效供给，进而促进农村经济的可持续增长，中央银行可以灵活使用再贷款（再贴现）政策，向农村金融机构提供更多的信贷资金。需要注意的是，农村民间金融机构较正规金融机构在向小微企业提供信贷资金时更具有效率优势，因此中央银行在使用再贷款政策工具时，需要向农村民间金融机构特别是信贷资金更加缺乏的西部农村民间金融机构倾斜。可供选择的具体方式包括向西部农村民间金融机构提供信贷资金时规定较低的利率水平，以及给予西部农村民间金融机构更高的信贷资产质押再贷款额度。同时根据西部农村民间金融机构的信贷投向和信贷资产质量进行一定程度的调节，激励西部农村民间金融机构将更多资金投向农村，提高西部农村民间金融机构服务农业和农村经济的水平和质量。

（三）利率政策

利率是中央银行调控货币和信贷资金供求的重要杠杆，也是引导西部农村民间金融规范发展的重要政策工具。要发挥利率在促进西部农村民间金融规范发展中的作用，必须尊重农村二元金融结构的现实，厘清农村金融市场的利率形成机制，合理评估农村民间金融利率与正规金融利率的溢价水平以及这种相对溢价在东西部农村的差异。有鉴于此，应逐步放松对西部农村民间金融交易的利率管制，引导正规金融利率水平的市场化演进。同时，基于农村信贷需求主体多元化和差异化的现实，中央银行应鼓励西部农村民间金融机构实行差异化的定价策略，区分农户消费性贷款和经营性贷款、农户贷款和小微企业贷款、短期贷款和中长期贷款等并给予不同的信贷利率，提高西部农村民间金融机构的经营管理水平。

三、西部农村民间金融规范发展的产业政策设计

产业政策是指一国政府为促进本国经济发展，根据产业发展规律的客观要求，综合运用直接干预、间接诱导、法律规制等手段，对产业组织、产业结构、产业布局、产业发展进行调整，以促进经济资源优化配置，实现产业稳定、健康、可持续发展的政策体系。西部农村民间金融规范发展的产业政策设计是指政府根据西部农村民间金融发展的客观要求，通过产业政策来促进西部农村民间金融组织体系的健全、产业结构的完善、产业布局的合理，并实现西部农村民间金融与正规金融共同成长，进而推动西部农村金融产业与实体产业协调发展。西部农村民间金融规范发展的产业政策设计主要包括三个方面，即产业组织政策设计、产业结构政策设计以及产业布局政策设计。

（一）西部农村民间金融规范发展的产业组织政策

西部农村民间金融规范发展的产业组织政策是指为引导、规范和发展产业组织而制定的一系列政策的总称。实现西部农村民间金融规范发展的产业组织政策的路径是通过产业规划和引导，提高农村经济和农村金融活动（正规金融和民间金融）的组织化水平，充分发挥市场竞争和规模经济的优势，提高农村经济主体的经营效率和劳动生产率，从而推动西部农村经济的转型升级，提高西部农村经济金融资源的配置效率，提高西部农村居民的社会福利水平。

西部农村民间金融规范发展的产业组织政策可以分为三个方面：一是在农村实体经济层面积极培育各类新型农业经营主体，发展各类

新型农业产业组织。政府要扶持专业大户的发展壮大，引导民间资本兴办家庭农场，加快培育小微企业，发展农村新型合作经济组织和农业产业化龙头企业，大力推进发展"公司＋农户＋专业合作社"等农业经济组织模式。同时，发展多种形式的农业规模经营和社会化服务，有效克服现有农业经营主体经营规模小、方式粗放、组织化程度低的不足，构建适应现代农业和农村经济发展、合乎市场竞争要求的西部农业产业组织。二是在农村正规金融层面，政府要根据西部农村经济发展的客观需要，进一步构建和完善农村政策性金融组织，特别是政策性农业保险公司、小额扶贫信贷组织等；同时，政府要通过银监会、保监会和证监会的地方分支机构及地方金融监督管理部门对西部农村的各类正规金融组织，特别是小型金融机构加强合规监管，引导业务发展。三是在农村民间金融层面，政府要通过各种形式对西部农村民间金融组织进行业务辅导，并通过法律、经济和行政手段引导其规范经营，提高西部农村民间金融活动的组织化水平。

（二）西部农村民间金融规范发展的产业结构政策

西部农村民间金融规范发展的产业结构政策设计是指政府依据产业结构演进规律，根据农村经济资源禀赋选择具有比较优势的实体产业结构以及相应的最优金融产业结构，在此基础上确定西部农村实体产业和金融产业、正规金融与民间金融的构成比例、相互关系及优先发展序列，实现西部农村实体产业结构和金融产业结构、正规金融与民间金融产业结构的优化以及协调发展，降低西部农村民间金融的运行风险，促进农村经济金融资源的有效配置。

要实现西部农村实体产业结构和金融产业结构、正规金融与民间金融产业结构的优化和协调发展，主要措施包括：第一，地方政府要根据各地的资源禀赋，选择优先发展具有比较优势的产业，重点扶持和发展一批主导型企业，同时要淘汰不具有比较优势的落后产业；第二，地方政府根据确定的具有比较优势的产业发展特点，引导和设计与之匹配的最优金融产业结构和产融合作模式，以实现二者的协调发展和资源的有效配置；第三，要充分利用正规金融和民间金融各自的比较优势，探索二者合作竞争的机制和路径，以实现农村金融市场的健康发展，为西部农村民间金融的规范发展提供良好的实体经济环境和金融环境；第四，建立西部农村民间金融的市场准入与退出机制，控制和调节各类农村民间金融组织特别是存款类民间金融组织的数量及农村民间金融的内部结构，避免民间金融活动的野蛮增长，防范农村民间金融风险[①]。

（三）西部农村民间金融规范发展的产业布局政策

西部农村民间金融规范发展的产业布局政策设计是指政府根据产业区位理论以及西部农村民间金融发展的客观要求，对西部农村民间金融产业的空间布局进行规划设计和动态调整，以实现西部农村民间金融的区域协调发展。西部农村地域广阔，各地自然禀赋和经济发展水平的巨大差异决定了西部农村民间金融发展的区域差异。因此，要实现西部农村民间金融的规范发展，必须对农村民间金融发展的区域规划和各类民间金融组织的空间布局进行科学设计，以实现农村民间金融的专业化分工和区域协作发展，充分发挥农村民间金融自由灵活的特点和空间集聚形成的规模效应。

对西部农村民间金融进行产业布局设计，政府在总体规划的基础上要充分尊重各地农村经济发展的客观要求，通过各种财税政策引导

---

① 从实践来看，民间金融风险的集聚和爆发一般都发生在区域内民间金融活动的爆发式增长之后，因此需要对此予以调节和监测。

民间金融组织在落后村镇开展业务，为落后地区的农村民间金融组织提供技术和人力资本支持。必须注意的是，对西部农村民间金融的产业布局设计要以科学的农村正规金融产业布局设计为前提，实现正规金融与民间金融在融资过程中的合理分工，充分发挥各自的金融功能。政府要在实践的基础上总结适合本地的产业结构和风险特征的民间金融交易方式和组织形式，形成民间金融与农村经济高度契合的状态，充分发挥西部农村民间金融的活力，促进其规范发展。

综上所述，要实现西部农村民间金融的规范发展，政府需要通过产业组织政策设计、产业结构政策设计和产业布局政策设计来促进农村民间金融组织结构的优化和健康发展。其实现机制是：第一，政府通过培育和发展新型农村实体产业组织和金融产业组织，形成适度竞争的经济金融市场环境；第二，政府依据比较优势确定优先发展的产业并扶持重点企业的发展，形成竞争条件下的最优产业结构；第三，根据最优产业结构确定与之匹配的最优金融结构，并依据正规金融与民间金融的各自优势确定二者之间的最优结构，形成正规金融与民间金融的融合发展；第四，政府通过财税政策支持西部落后农村地区民间金融交易和民间金融组织的发展，引导西部农村金融资源向落后地区流动和配置，从而实现西部农村民间金融的区域协调发展。

四、西部农村民间金融规范发展的配套政策设计

要实现西部农村民间金融的规范发展，其政策框架设计除财政政策、货币政策和产业政策外，还需要其他相关政策予以配套和支持，实现政策之间的契合与协调，以充分发挥各种政策的综合效应。为促进西部农村民间金融的规范发展，需要的其他配套政策设计包括破产保护制度的完善和创新、存款保险制度的完善和创新、社会信用制度

的完善和创新以及民间金融升级制度的完善与创新。

（一）破产保护制度的完善与创新

广泛存在的农村民间金融活动使得农村居民和家庭被卷入了复杂的信用链条之中，经济波动、外部冲击会导致信用链条断裂从而导致民间金融发生区域性风险，经济个体陷入债务深渊之中，影响农村经济发展和社会稳定。然而，目前实行的《中华人民共和国企业破产法》（2006）的调整对象并不包括个人和金融企业；而基于个人信用关系的农村民间金融交易和民间金融组织与正规金融交易和正规金融组织有着明显不同的运行机制和特点，目前的破产立法制度不能简单适用于农村民间金融。因此，需要对目前的破产立法制度进行完善和创新。

为了适应西部农村民间金融的发展以及由此形成的复杂的信用关系，需要从两个方面对现有的破产制度予以完善和调整：一是将部分农村民间金融组织纳入企业破产制度的调整范围之内；二是建立个人破产制度。前者适用于组织化程度高的农村民间金融组织形式，如私人钱庄；后者适用于组织化程度低的农村民间金融组织形式，如资金互助社、合会等。建立个人破产制度的积极意义表现在以下三个方面：第一，可以为经营失败的债务人提供合理的市场退出渠道和基本财务保障，为债权人的财产权利提供了合法边界；第二，既能促进农村民间金融组织更加审慎地提供融资服务并控制风险，也能促进农村小微企业和农户根据自身的资金需求和偿还能力审慎借贷并按时履行偿债义务，从而可以为借贷双方提供更具市场化的借贷激励机制，提高农村民间金融的运行效率，促进农村民间金融的规范发展；第三，个人破产制度有助于减少因农村民间金融债务纠纷给农村经济社会和谐发展带来的潜在威胁。及时建立个人破产制度可以遏制和消除农村社会广泛存在的因民间借贷纠纷而引致的恶劣行为和现象，如暴力逼债、涉黑讨债、霸道拒债、恶意逃债、消极避债等，有助于维持农村经济社会的和谐稳定。

在个人破产制度的政策设计上，可以借鉴国外的个人破产立法方式和实践经验，从以下三个方面进行设计：第一，建立自由财产制度、破产免责制度和人格破产制度。自由财产制度可以保证债务人在偿债后还有基本的生活费用和重新复业的可能，也体现了一国（地区）社会福利的水平。构建自由财产制度的关键是确定债务人自由财产的范围，从自由财产制度的建立目的出发，自由财产应以维持破产人和其家庭基本生活的物质条件以及继续从事生产的物质条件为限。破产免责制度是一种激励性破产制度安排，其目的是为了鼓励破产人在破产后仍积极工作为社会创造物质和精神财富。其具体制度设计是，破产人破产后的未清偿债务余额部分由破产人在破产后一定期限内的收入进行偿还，超出规定期限仍未偿还的部分，可以完全免除或者以一定比例进行减免。为了减少可能的逆向激励风险，要为破产人偿还的债务总额占债务总额的比例规定一个最低限额，超出这一比例后才可以获得债务减免。这样的制度设计既保障了债权人的合法权益，又对债务人具有激励作用，同时兼顾了公平与效率原则。人格破产制度反映了社会公平原则，也是破产惩戒主义的主要表现。其核心是破产人虽然可以进行破产，但是作为债务人，他必须为自身的破产行为对债权人的利益侵害付出一定成本，这种成本主要表现为债务人的失权，即一定期限内对债务人各种权利和资格的限制，包括限制破产人的身份资格和日常行为。人格破产制度的威慑效应将促使债务人努力经营，履行偿债义务，从而提升全社会的经济效率以及信用水平。

第二，合理界定个人破产制度规制的主体。为了规范农村民间金融的发展，要将农村居民纳入个人破产制度规制范围。由于农村居民在收入结构、所拥有的财产权利等方面的特殊性，使其在破产制度适用上存在一系列困难。因此在将农村居民纳入个人破产程序时，首先要对农村居民的收入进行分解并合理评估,以确定其偿债能力;其次,要通过制度创新,建立农村集体土地使用权和土地承包权的转让市场,以便将农村居民的主要财产权利如土地承包经营权、宅基地使用权纳入破产财产;再次,要合理区分农村居民个人财产收入和家庭财产收入,对于以家庭为单位拥有的财产权利(如土地承包经营权、宅基地使用权、在村集体及村办企业中的股份)以及以家庭为单位获取的收入(如土地承包经营所得、征地补偿所得、村集体及其所办经济实体的分红),可以按照家庭成员数确定相应份额直接作为破产财产或者将份额折现作为破产财产。

第三,合理界定个人破产制度的债务范围、门槛和违约缘由。由于我国的社会信用体系特别是个人信用制度建设还比较落后,西部农村居民的社会保障和福利水平还比较低,而农村民间金融活动活跃,类型多样,由此导致的个人债权债务纠纷数量庞大,关系复杂,因此在个人破产申请上应采取较为严格的指导原则,以防止个人破产制度被滥用,节约司法和社会资源。就违约缘由而言,只有在个人或家庭发生重大变故,经济状况极度恶化时才可申请破产保护,包括重大疾病、重大自然灾害、重大意外事故等情形。同时,设立较窄的可申请个人破产的债务类型范围。在个人破产制度建立初期规定以经营为目的而形成的借贷债务和普通债务的债务人方可申请破产保护。此外,在个人破产申请数额上设置较高的门槛,此数额可随各地经济发展水平予以适当调整,体现出东西部的地区差异和城乡差异。

(二)保险与信用担保制度的完善与创新

为有效降低西部农村民间金融的运行风险,提高西部农村民间金融的运行效率,保障农村经济的稳定发展,需要建立和完善一系列保险与信用担保制度,具体包括存款保险制度、民间金融机构存款基金、农业信贷保险制度、小额信贷保险制度、农村中小微企业信用担保制度、农村民间借贷人担保制度等。

第一，完善存款保险制度。存款保险制度的确立将有利于提升民间金融组织的社会信用水平，形成有效的民间金融组织市场退出机制，避免出现区域性金融风险，保持社会经济稳定和安全。而《存款保险条例》（2015）规定的投保机构为商业银行、农村合作银行、农村信用合作社等吸收存款的银行业金融机构，对于吸收存款类的农村民间金融组织并未明确规定，如吸收内部成员存款性质的合会、资金互助社和吸收公众存款性质的私人钱庄。为了保持民间金融机构与正规金融机构相同的市场竞争地位，存款保险条例应该将符合条件的吸收存款的民间金融组织也作为合格投保人，纳入存款保险制度的管理。同时，在保险费率（基准费率和风险差别费率）的确定上，对正规金融机构和民间金融机构应平等对待，严格按照事先确定的技术标准进行测度。

第二，建立民间金融机构存款基金。在上述存款保险制度实行之初，考虑到正规金融机构（有隐形的政府信用）与民间金融机构在金融市场上的地位悬殊，存款保险机构在保费测定上可能存在事实上的身份歧视，因此为了提高农村民间金融组织的社会信用水平，增强社会公众对其安全的信心，可由民间金融行业协会牵头成立省级的民间金融存款保险基金，由吸收存款类的民间金融组织（包括合会、私人钱庄、农村资金互助社等）作为其成员缴纳保费，在成员机构发生经营危机时提供财务救助或直接向存款人支付一定限额内的存款。建立民间金融机构存款保险基金后，吸收存款类的民间金融组织比正规金融机构将多一层风险保护机制，由此可提高其在农村金融市场上的竞争力。

第三，完善农业信贷保险制度。通过在农业信贷中引入保险机制，可以有效解决农民因无担保、无抵押而面临的贷款难、贷款贵的问题，提高农村生产经营主体的融资能力。为了促进西部农村民间金融的健康发展，首先，要加大力度支持政策性农业保险的投入力度，充分发挥政策性农业保险的托底作用，从而降低农村民间金融的信贷风险和利率；其次，探索建立西部农村民间金融的小额信贷保险制度。通过政策引导，支持商业保险机构与民间金融机构开展业务合作，具体合作方式是当农村民间金融机构向符合一定条件的新型农业经营主体、家庭农场发放贷款时，商业性保险公司为借款人提供贷款保险，当借款人未按合同约定履行还款义务时，由保险公司按照相关约定承担贷款损失赔偿责任的保险业务。同时，建立新型农业生产经营主体贷款保证保险风险补偿专项基金，为贷款保证保险及相关信贷业务提供风险保障。最后，要根据西部各地农村新型农业经营主体的发展特征，探索建立包含农村民间金融的信保合作机制，提高各类新型农业经营主体的抗风险能力和融资能力。

第四，完善农村企业信用担保体系，创新民间借贷担保方式，探索建立农村民间借贷人担保制度。首先，要按照"政策性基金、市场化运作、法人化管理"的原则，建立政策性中小微企业信用担保机构，完善担保机构风险补偿机制，为农村民间融资交易提供信用担保服务。其次，政府通过政策引导鼓励各类信用担保机构积极开展符合西部农村特点的担保业务，组建行业性的融资担保机构和乡镇级融资担保机构。再次，扩大合法担保物范围，创新民间融资担保方式并探索建立农村民间借贷人担保制度。根据我国农村经济发展的实际状况，将农产品的成品和半成品、农地生产经营权纳入合法担保物范围，促进民间借贷交易中灵活设置抵押物。同时，根据各种农业经营主体的业务模式特点建立民间融资的联保服务机制，充分发挥借贷人联合群体的互保要约及连带责任约束，建立农村民间借贷人互联担保制度。最后，探索建立西部农村民间借贷与信用担保的合作机制。在利用农村信用联社实施财政专项基金为农户提供贷款担保的基础上，引入民间借贷机构，充分发挥农村信用联社和民间借贷机构的各自优势以及财政专项基金的引导作用，以充分满足新型农业经营主体及农户的信贷需求，支持农业产业结构调整和农村个体私营经济发展。

（三）农村社会信用体系的完善与创新

建立完善的农村社会信用体系，打造高质量的农村金融生态环境，是促进西部农村民间金融规范发展的重要条件，为此，需要从农村社会信用信息数据库建设、社会信用激励与惩戒机制构建、农村社会信用意识和信用文化培育等方面入手，推动西部农村社会信用体系建设这一系统工程。

第一，建设覆盖全社会的农村社会信用信息数据库。社会信用信息数据库是社会信用体系建设的基础性工程，只有建立起覆盖全社会的信用信息数据库，社会信用体系才可能发挥作用。可以考虑先建立县级的农村信用信息系统平台，在此基础上合并建立省级农村社会信用信息数据库。为此，首先，要整合各单位分散的信用信息，建立信用信息归集的标准化流程，分别建立个人、农户和企业三个层次的信用信息基础数据库，为三者分别创建各自的信用档案，在此基础上形成县一级的公共信用信息平台。其次，构建基于部门端口的信用信息数据库。政府各部门依据各自的管理职能，对相关信用信息进行记录、归集和应用，形成部门信息系统建设的标准化流程，逐步实现部门和县级公共信用信息系统的链接。再次，要加强金融监管机构与地方政府部门的合作，探索县级公共信用信息系统与人民银行征信数据库的信息共享机制。最后，还要推动社会信用服务机构的信用信息数据库建设。社会信用服务机构要根据市场信用需求，依法采集公共信用信息和商业信用信息，建立社会信用服务机构的信用信息数据库，提供包括信用查询、信用评级在内的专业化信用信息服务，从而逐步形成覆盖农村各信用主体的信用信息数据库，并依法向社会有序开放。

第二,构建完善的社会信用激励和惩戒机制。构建守信者受益、失信者受罚的信用运行机制,综合运用行政、市场和社会性奖惩手段,引导和规范农村生产经营主体的信用行为,为西部农村民间金融发展创造良性的信用运行机制。首先,要完善行政性信用奖惩机制。行业监管部门(市场监督、税务、公安等)要结合各自监管对象的失信性质和程度,在市场准入、资质审定、政策扶持等方面进行差异化监管,对失信者进行必要的惩戒。同时,政府对守信主体要提高扶持力度,金融、财政、税务、质检等部门对守信者要提供监管便利和倾斜的公共服务。其次,要完善市场性信用惩戒机制。通过行业协会制定行业自律规则并监督会员遵守,对违规失信者予以惩戒。同时,在合法前提下,完善失信行为记录和披露制度,使失信者在市场交易中受到极大制约,形成市场性惩戒。再次,完善社会性信用奖惩机制。充分利用互联网工具和传统乡村宣传媒介(报纸、广播、公告栏等),加强对失信行为的披露和曝光,使失信行为受到全社会的道德谴责。最后,金融主管部门或金融机构要加强与相关部门的沟通和联系,建立严格有效的信用奖惩机制,对失信者进行经济和名誉处罚,对诚实守信的企业和农户给予鼓励的政策和措施。加强对不良贷款的清收力度,建立跨部门的不良贷款清收联席会,利用农村基层组织的信息优势,依法查处和打击农村恶意逃废债务行为。

第三,培育农村社会信用意识和信用文化。要通过广泛深入的宣传教育,大力培育西部农村的社会信用意识和信用文化,全面提升农村市场主体的诚信意识,打造"诚实守信"的农村社会环境。首先,要抓好社会公众的信用意识培育。党政部门和农村基层组织要结合工作职能,通过制定和完善职业道德规范、村规民约、学生守则等,开展"守合同重信用""诚信纳税日""信用乡村""诚信家庭"等诚信主题活动,在全社会兴起"守信光荣、失信可耻"的良好社会氛围。其次,要加强对各类农村市场经营主体的信用知识培训和诚信宣传工作,引导教育各类农村市场经营主体自觉遵守"不制售假冒伪劣商品，不欺诈消费者，诚实缴纳税费，按时偿还债务"等基本商业行为规范，促进企业逐步树立诚信经营的理念，努力建立讲诚信、讲公平、讲秩序的农村市场经济环境。最后，要把农村信用体系建设与社会主义新农村建设相结合，将农村社会信用体系建设工作作为新农村建设的重要内容并纳入乡（镇）年度工作目标进行考核。要将村级主要领导（村委会主任和党支部书记）作为农村社会信用知识培训的重点对象，推动农村信用意识和信用文化的培育。

（四）农村民间金融转制升级制度的完善与创新

为各类民间金融机构主体提供可期待的升级发展空间，是促进农村民间金融稳健运行和可持续发展的前提条件。在金融业特许经营的条件下，民间金融资本为了达到更大的经营规模并获取更多的利润都期望能发展升级为可以公开吸收公众存款的银行业金融机构。目前农村民间金融组织按其业务性质可分为不能吸收存款的金融机构（民间放贷人），可以吸收内部成员存款并向成员放贷的金融机构（资金互助社），以及可以吸收公众存款并自由放贷的金融机构（私人钱庄），对其准入门槛和监管要求需依次提高。因此，为合法经营的各类别民间金融机构设计合乎其经营发展实际的转制升级的制度路径[1]，将有助于使具有成熟组织形态的农村民间金融机构确立长远的发展目标，并自愿接受正规制度的监管，进而得以规范发展。

考虑到西部农村民间金融的具体实践，拥有较高转制升级期望的民间金融机构主要包括合会、农村资金互助社和私人钱庄，它们转制

---

[1] 《小额贷款公司改制设立村镇银行暂行规定》和《村镇银行管理暂行规定》对小额贷款公司转型为村镇银行提供了理论上的可行性，但是其制度设计还存在身份歧视，使得小额贷款公司的升级发展道路受阻。

升级的适宜目标是小额贷款公司和社区性的村镇银行。相较于大中型商业银行，社区性的村镇银行对区域内经济金融发展状况以及区域内中小微企业、新型农业经营主体和农户具有更好的信息优势，从而可以提供大中型商业银行无法提供的灵活的金融服务。借鉴小额贷款公司转制升级为村镇银行的经验，可将私人钱庄转制升级为村镇银行的门槛条件界定为：合法经营并被纳入监管达 3 年以上，最近两个会计年度连续盈利；资产风险分类清晰合规，不良贷款率不高于区域内农村信用社或农村商业银行的平均水平；足额计提呆账准备，贷款损失准备充足率在 120% 以上；净资产大于实收资本；转制为村镇银行必须要吸收银行业金融机构为股东，且最大银行业金融机构股东持股比例不低于 15%，单个自然人股东及其关联方持股比例不得超过 25%，单一非银行金融机构或单一非金融机构企业法人及其关联方持股比例不得超过 25%，为私人钱庄的大股东继续拥有转制后村镇银行的控股权提供制度上的可能性。

同时，为鼓励更多民间资本进入金融行业，地方政府可通过设立专门的优惠政策措施，鼓励民间资本所有者依法设立或参股农村资金互助社、小额贷款公司和村镇银行等新型农村金融组织，为农村民间金融的发展和农村多层次借贷市场的形成注入新鲜的活力。

参考文献

中文著作

1. 陈雨露、马勇：《中国农村金融论纲》，北京：中国金融出版社，2010年。

2. 陈蓉：《"三农"可持续发展的融资拓展》，北京：法律出版社，2010年。

3. 冯兴元、何广文、赵丙奇：《民间金融风险研究》，北京：中国社会科学出版社，2013年。

4. 韩俊：《中国农村金融调查》，上海：上海远东出版社，2009年。

5. 何广文、冯兴元、郭沛：《中国农村金融发展与制度变迁》，北京：中国财政经济出版社，2005年。

6. 胡士华：《非正规金融在完善农村金融体系中的功能及机制研究》，北京：中国农业出版社，2012年。

7. 黄鉴晖：《中国典当业史》，太原：山西经济出版社，2006年。

8. 黄鉴晖：《中国钱庄史》，太原：山西经济出版社，2005年。

9. 江曙霞：《中国"地下金融"》，福州：福建人民出版社，2001年。

10. 姜旭朝：《中国民间金融研究》，济南：山东人民出版社，1996年。

11. 凯文·多德：《竞争与金融》，丁新娅等译，北京：中国人民大学出版社，2004年。

12. 李建军：《未观测金融与经济运行》，北京：中国金融出版社，2008年。

13. 李建军：《中国地下金融规模与宏观经济影响研究》，北京：中国金融出版社，2005年。

14. 刘玲玲、杨思群：《清华经管学院中国农村金融发展研究报告（2006—2010）》，北京：中国金融出版社，2010年。

15. 刘梅英：《民间金融机构与政府：上海钱庄研究（1843—1953）》，北京：中国社会科学出版社，2013年。

16. 罗培新：《温州金融实践与温州调研报告》，北京：法律出版社，2013年。

17. 罗彤华：《唐代民间借贷之研究》，北京：北京大学出版社，2009年。

18. 冉光和：《现代农村金融制度构建与创新》，北京：科学出版社，2013年。

19. 王曙光：《普惠金融：中国农村金融重建中的制度创新与法律框架》，北京：北京大学出版社，2013年。

20. 王晓毅、蔡心怡、李仁庆：《农村工业化与民间金融》，太原：山西经济出版社，2004年。

21. 燕小青：《民间金融发展的理论与实证》，北京：中国社会科学出版社，2012年。

22. 杨农、匡桦：《非正规金融：根源、运行及演进》，北京：北京师范大学出版社，2012年。

23. 叶世昌：《中国金融通史·第一卷》，北京：中国金融出版社，1999年。

24. 俞如先：《清至民国闽西乡村民间借贷研究》，天津：天津古籍出版社，2010年。

25. 张国辉：《晚清钱庄和票号研究》，北京：社会科学文献出版社，2007年。

26. 张元红、张军：《中国农村民间金融利率研究》，北京：社会科学文献出版社，2011年。

中文论文

27. 安起雷：《构建多层次民间借贷监管体系》，《中国金融》2011年第24期。

28. 白崇建、乔建祥、王鹏军：《对民间借贷规范和发展的政策建议》，《经济研究参考》2013年第71期。

29. 班涛：《弱关系型民间借贷的运行逻辑与实现机制——以山西田村调查为例》，《北京社会科学》2016年第3期。

30. 毕德富：《宏观调控与民间借贷的相关性研究》，《金融研究》2005年第8期。

31. 蔡四平：《规范我国民间金融发展的路径选择》，《中央财经大学学报》2011年第2期。

32. 蔡晓明：《民间借贷纠纷案件处理的思路新探》，《法律适用》2014年第6期。

33. 曹冬媛：《民间借贷利息的法律问题》，《河北法学》2012年第12期。

34. 车丽华：《我国非正规金融现状与规制的法律思考》，《求索》2011年第10期。

35. 车丽华、陈晓红：《我国非正规金融规制外在效应的实证研究》，《系统工程》2012年第1期。

36. 陈氚：《理解民间金融的视角转换：从经济学反思到金融社会

学》,《福建论坛(人文社会科学版)》2014年第4期。

37. 陈春良、曲东:《需求冲击、价格虚高与制造业挤出——对当前民间借贷困局的一个解读》,《浙江社会科学》2011年第12期。

38. 陈德球、胡晴、梁媛:《劳动保护、经营弹性与银行借款契约》,《财经研究》2014年第9期。

39. 陈耿、刘星、辛清泉:《信贷歧视、金融发展与民营企业银行借款期限结构》,《会计研究》2015年第4期。

40. 陈经伟:《小企业民间借贷行为与制度安排》,《财贸经济》2005年第10期。

41. 陈蓉:《法与金融理论的发展与民间借贷法制化的路径选择》,《求索》2010年第6期。

42. 陈蓉、张继红:《民间借贷监管的主体选择与框架构建》,《学习与实践》2015年第3期。

43. 陈蓉:《法与金融学视域下民间借贷法律规制的反思与完善》,《求索》2015年第6期。

44. 陈硕:《民间金融发展中的社会资本作用机制及其效应研究》,《云南财经大学学报》2014年第6期。

45. 陈霄、丁晓裕、王贝芬:《民间借贷逾期行为研究——基于P2P网络借贷的实证分析》,《金融论坛》2013年第11期。

46. 陈瑜、杨林娟:《甘肃省农村民间借贷问题研究——基于250户农户的调查分析》,《安徽农业科学》2011年第7期。

47. 陈志武、林展、彭凯翔:《民间借贷中的暴力冲突:清代债务命案研究》,《经济研究》2014年第9期。

48. 程昆、潘朝顺、黄亚雄:《农村社会资本的特性、变化及其对农村非正规金融运行的影响》,《农业经济问题》2006年第6期。

49. 仇晓光、杨硕:《民间金融信用危机与法律机制建设——传统与现代信用比较为中心的考察》,《社会科学研究》2015年第4期。

50. 崔百胜：《非正规金融与正规金融：互补还是替代？——基于DSGE模型的相互作用机制研究》，《财经研究》2012年第7期。

51. 崔慧霞：《农村民间金融的脆弱性与相机治理》，《经济体制改革》2005年第5期。

52. 崔慧霞：《农村民间金融的绩效分析》，《中央财经大学学报》2005年第5期。

53. 崔慧霞：《农村民间金融的内生机制分析》，《统计研究》2006年第8期。

54. 戴菊贵、王伟：《民间金融改革的制度创新研究——基于法、经济学与组织分析的视角》，《现代经济探讨》2015年第7期。

55. 单美姣、邓戎：《正规金融与非正规金融自金融伦理视角的比较分析》，《兰州大学学报（社会科学版）》2014年第1期。

56. 邓大才：《需求诱导性制度变迁与农村民间金融的制度化》，《人文杂志》2004年第5期。

57. 邓路、谢志华、李思飞：《民间金融、制度环境与地区经济增长》，《管理世界》2014年第3期。

58. 丁骋骋、邱瑾：《民间借贷利率期限结构之谜——基于温州民间借贷利率监测数据的解释》，《财贸经济》2012年第10期。

59. 丁骋骋、冯金玲：《民间借贷政策规制的社会福利效应：一个分析框架》，《财经论丛》2015年第11期。

60. 丁冬、傅晋华、郑风田：《社会资本、民间借贷与新生代农民工创业》，《华南农业大学学报（社会科学版）》2013年第3期。

61. 丁俊峰、刘惟煌、钟亚良：《民间融资市场与金融制度》，《金融研究》2005年第12期。

62. 杜朝运：《制度变迁背景下的农村非正规金融研究》，《农业经济问题》2001年第3期。

63. 杜金向、董乃全：《农村正规金融、非正规金融与农户收入增长效应的地区性差异实证研究——基于农村固定点调查 1986—2009 年微观面板数据的分析》,《管理评论》2013 年第 3 期。

64. 杜伟:《我国农村民间金融发展路径剖析》,《农村经济》2009 年第 11 期。

65. 杜颖洁、杜兴强:《银企关系、政治联系与银行借款——基于中国民营上市公司的经验证据》,《当代财经》2013 年第 2 期。

66. 范香梅、朱彩慧:《农村正规金融与非正规金融垂直合作的绩效及激励机制设计》,《统计与决策》2013 年第 22 期。

67. 方先明、孙利、吴越洋:《江苏民间金融风险及其形成机理》,《河海大学学报(哲学社会科学版)》2014 年第 3 期。

68. 方先明、孙利:《民间金融风险:形成、传染与演化》,《中央财经大学学报》2015 年第 7 期。

69. 冯辉:《论"嵌入式监管":金融监管的理念创新及制度应用——以民间借贷的法律监管为例》,《政治与法律》2012 年第 8 期。

70. 冯兴元:《民间金融:经济增长与就业的自我稳定器》,《中国金融》2008 年第 13 期。

71. 高晋康:《民间金融法制化的界限与路径选择》,《中国法学》2008 年第 4 期。

72. 高圣平、申晨:《论民间借贷利率上限的确定》,《上海财经大学学报》2014 年第 2 期。

73. 高鑫:《区域差异视角下我国所有制结构与非正规金融关系研究》,《经济问题探索》2015 年第 11 期。

74. 高彦彬:《基于熵权 TOPSIS 的河南民间金融模式比较与优选》,《科学经济社会》2012 年第 1 期。

75. 高彦彬:《民间金融组织经营策略的 SWOT 模型分析》,《科学经济社会》2011 年第 1 期。

76. 高彦彬:《特殊主义、普遍主义与民间金融规制建设》,《农村经济》2012 年第 3 期。

77. 高艳：《我国农村非正规金融的绩效分析》，《金融研究》2007 年第 12 期。

78. 顾海峰：《规范我国民间非正规金融发展的创新路径研究》，《经济体制改革》2013 年第 1 期。

79. 顾海峰、李智：《民间借贷危机的形成机理及治理路径研究——基于对温州市利率双轨制的分析》，《南方金融》2013 年第 8 期。

80. 官兵：《企业家视野下的农村正规金融和非正规金融》，《金融研究》2005 年第 10 期。

81. 郭昊：《民间资本借贷问题及解决方案——以温州民间借贷危机为例》，《人民论坛》2012 年第 2 期。

82. 郭丽华、陈立铭：《我国民间金融发展的宏观政策分析》，《宏观经济管理》2014 年第 7 期。

83. 海鸣：《中小企业民间金融支持及其创新研究》，《理论月刊》2011 年第 2 期。

84. 韩克勇：《我国非正规金融监管方式研究》，《福建论坛（人文社会科学版）》2009 年第 4 期。

85. 韩秀兰、樊志民：《论"迁村并居"与农村民间借贷的扩张》，《理论探索》2012 年第 4 期。

86. 何宏庆：《我国西部资源富集地区民间借贷的现状、风险与防范》，《学术交流》2013 年第 2 期。

87. 河北省高级人民法院课题组：《审理民间借贷纠纷案件相关问题研究——以河北法院系统为样本》，《法律适用》2015 年第 7 期。

88. 胡斌、夏立安：《地方司法"试错"的可能、路径与限制——基于地方司法回应民间金融创新的一种思考》，《浙江社会科学》2012 年第 5 期。

89. 胡春生：《利率弹性与信息特征：民间金融与制度金融市场分

析》,《江西社会科学》2015 年第 3 期。

90. 胡金焱、张博:《民间金融、产业发展与经济增长——基于中国省际面板数据的实证分析》,《中国工业经济》2013 年第 8 期。

91. 胡琴:《我国民间金融立法之反思》,《法学杂志》2010 年第 7 期。

92. 胡戎恩:《民间金融研究高被引论文分析》,《政法论坛》2014 年第 2 期。

93. 胡宗义、陈俊、唐李伟:《我国农村非正规金融发展收敛性的空间计量研究》,《统计与决策》2014 年第 17 期。

94. 胡宗义、李鹏:《农村正规与非正规金融对城乡收入差距影响的空间计量分析——基于我国 31 省市面板数据的实证分析》,《当代经济科学》2013 年第 2 期。

95. 胡宗义、刘灿、刘亦文:《农村正规金融和非正规金融发展的农村居民收入效应研究》,《经济地理》2014 年第 12 期。

96. 胡宗义、苏静:《金融"新政"视角下农村非正规金融发展水平收敛性研究》,《经济与管理研究》2012 年第 12 期。

97. 胡宗义、唐李伟、苏静:《农村非正规金融发展对农民收入差异影响的实证研究》,《广东金融学院学报》2012 年第 3 期。

98. 黄寰、刘小丽:《对民间金融促进区域自主创新的思考》,《社会科学家》2007 年第 4 期。

99. 黄儒靖:《基于理性回归视角的我国民间金融规范发展的路径选择》,《云南财经大学学报》2012 年第 6 期。

100. 纪莺莺:《关于中国非正规金融的政治经济学》,《社会》2012 年第 5 期。

101. 江振娜、谢志忠:《农户借贷交易费用的比较分析及启示——基于正规金融与非正规金融的视角》,《农村经济》2016 年第 2 期。

102. 蒋伏心、周春平:《交易成本、非正规金融与中小企业融资》,《世界经济与政治论坛》2009 年第 2 期。

103. 蒋晓妍：《我国民间金融服务机构立法研究》，《经济问题》2013 年第 10 期。

104. 蒋志芬：《中小企业选择民间金融的可行性分析及政策建议》，《学海》2007 年第 1 期。

105. 金烨、李宏彬：《非正规金融与农户借贷行为》，《金融研究》2009 年第 4 期。

106. 孔繁荣、谭运进：《民间借贷对农户大病风险应对研究——来自农村贫困地区的证据》，《农业技术经济》2013 年第 11 期。

107. 孔繁荣：《大病风险下民间借贷对农户家庭消费影响研究》，《求索》2013 年第 9 期。

108. 孔令学：《民间借贷规范发展路径辨析》，《河北法学》2013 年第 3 期。

109. 雷鹏、孙国茂：《中国非正规金融的庞氏融资特征》，《社会科学》2012 年第 5 期。

110. 雷新途、林素燕、祝锡萍：《民间借贷缓解了中小微企业融资约束吗？——来自温州的证据》，《审计与经济研究》2015 年第 6 期。

111. 黎四奇：《民间金融规范化发展的法哲学解析》，《社会科学辑刊》2015 年第 2 期。

112. 黎志刚：《宋代民间借贷与灾荒救济》，《思想战线》2012 年第 3 期。

113. 李富有、韩国栋、董天信：《民间金融进入我国银行业的模式研究——一个新的分析框架》，《当代经济科学》2013 年第 2 期。

114. 李富有、匡桦：《隐性约束与非正规金融市场融资——基于借款人选择的解释》，《南开经济研究》2010 年第 2 期。

115. 李富有、苏韶华：《民间借贷对银行信贷和银行体系稳定性的影响》，《华东经济管理》2015 年第 5 期。

116. 李富有、孙晨辉：《经济增长受企业寻租及非正规金融的影响研究——基于金融管制的分析》,《经济科学》2012 年第 4 期。

117. 李富有、孙晨辉:《银行信贷资金变相流入民间借贷市场的影响效应——基于存在寻租行为的分析》,《西安交通大学学报(社会科学版)》2013 年第 3 期。

118. 李富有:《基于声誉约束的民间金融组织风险及其防范》,《财贸研究》2010 年第 2 期。

119. 李继翠:《民间金融管制的理论基础探讨》,《东岳论丛》2009 年第 11 期。

120. 李健、卫平:《民间金融、城市化与创新能力实证》,《中国人口·资源与环境》2015 年第 2 期。

121. 李健、卫平:《民间金融和全要素生产率增长》,《南开经济研究》2015 年第 5 期。

122. 李健、卫平:《民间金融与区域创新能力——基于中国省际动态面板数据的经验分析》,《经济体制改革》2015 年第 6 期。

123. 李世财:《"金融二元主义"框架民间金融的风险解构》,《江西社会科学》2013 年第 11 期。

124. 李伟毅、胡士华:《农村民间金融:变迁路径与政府的行为选择》,《农业经济问题》2004 年第 11 期。

125. 李有星、徐雅婷、李龙政:《把脉浙江民间融资,引导现代法治金融——"民间融资引导与规范"研讨会综述》,《浙江社会科学》2011 年第 2 期。

126. 李有星:《民间金融监管协调机制的温州模式研究》,《社会科学》2015 年第 4 期。

127. 李雨纱、张亚光:《近代中国民间金融契约整理与制度解析》,《经济科学》2015 年第 6 期。

128. 李元华:《共生视角下民间金融研究——基于共生经济视角的机理解释和对策建议》,《经济学动态》2012 年第 4 期。

129. 李源、杜知霖、宋亚兰：《区域民间借贷风险传导——基于自激点过程方法的分析》，《南方金融》2015 年第 11 期。

130. 李智、程娟娟：《民间借贷风险的法律防范》，《重庆大学学报（社会科学版）》2013 年第 1 期。

131. 廖振中、高晋康：《我国民间借贷利率管制法治进路的检讨与选择》，《现代法学》2012 年第 2 期。

132. 林毅夫、孙希芳：《信息、非正规金融与中小企业融资》，《经济研究》2005 年第 7 期。

133. 林展、陈志武：《阶级身份、互联性交易、季节性与民间借贷——基于民国时期北方农村家计调查》，《清华大学学报（哲学社会科学版）》2015 年第 5 期。

134. 刘纯彬、桑铁柱：《农村非正规金融：存在基础、效率机制与演进趋势》，《江汉论坛》2010 年第 12 期。

135. 刘道云、曾于生：《综合立法规制民间借贷研究》，《河北法学》2013 年第 1 期。

136. 刘海应、蒲舟军、王含笑：《基于登记制度的民间借贷阳光化路径探析》，《上海金融》2012 年第 6 期。

137. 刘江日：《民间金融发展路径和趋势的制度分析》，《金融论坛》2013 年第 9 期。

138. 刘璐、曾媛媛：《民间借贷纠纷正当当事人的判断》，《政治与法律》2013 年第 12 期。

139. 刘民权、徐忠、俞建拖：《信贷市场中的非正规金融》，《世界经济》2003 年第 7 期。

140. 刘明远：《熟人社会、抱团取利与中国民间金融的稳定性发展》，《学术研究》2011 年第 6 期。

141. 刘启明、李晓晖：《以社区管理为基础的农村非正规金融作用分析——基于宁夏盐池县 Z 村的调查》，《公共管理学报》2011 年第 2 期。

142. 刘荣茂、陈丹临：《江苏省农户贷款可获得性影响因素分析——基于正规金融与非正规金融对比分析的视角》，《东南大学学报（哲学社会科学版）》2014年第1期。

143. 刘西川、陈立辉：《风险防范中的非利率条件、业缘型社会关系和关联性交易——基于温州民间借贷的经验考察》，《财贸研究》2012年第5期。

144. 刘小红：《政府角色与制度回应：以民间金融的法治化路径为视角》，《重庆大学学报（社会科学版）》2013年第1期。

145. 刘钰、孔令辉：《我国民间金融发展过程中的经济效应及对策》，《云南社会科学》2015年第1期。

146. 龙著华：《民间借贷风险的法律规制》，《南京社会科学》2014年第11期。

147. 鲁钊阳、李树：《农村正规与非正规金融发展对区域产业结构升级的影响》，《财经研究》2015年第9期。

148. 鲁钊阳：《正规金融发展、非正规金融发展对城乡收入差距的影响——基于地级市层面数据的分位数回归分析》，《技术经济》2016年第2期。

149. 吕臣、林汉川、王玉燕：《我国民间金融监管协调机制研究》，《上海经济研究》2014年第10期。

150. 马光荣、杨恩艳：《社会网络、非正规金融与创业》，《经济研究》2011年第3期。

151. 马鑫媛、赵天奕：《非正规金融与正规金融双重结构下货币政策工具比较研究》，《金融研究》2016年第2期。

152. 马永强：《中国农户融资现状与民间借贷偏好分析——来自全国农户借贷调查问卷》，《经济学家》2011年第6期。

153. 穆玲芝：《民间借贷法律制度完善》，《人民论坛》2015年第36期。

154. 潘朝顺：《农村信贷需求与非正规金融供给的耦合——广东的实证》，《农业经济问题》2009 年第 9 期。

155. 潘海英：《农村非正规金融研究：一个综述》，《经济问题探索》2009 年第 6 期。

156. 潘黎、钟春平：《去教堂祷告还是去银行借款？——宗教与金融行为内在关联的微观经验证据》，《经济学（季刊）》2016 年第 1 期。

157. 彭芳春、耿康顺：《中国民间金融与正规金融的交互作用研究》，《广东金融学院学报》2011 年第 1 期。

158. 彭佳、朱巧玲：《民间金融制度变迁与经济绩效》，《金融论坛》2015 年第 2 期。

159. 彭文平、肖继辉：《非正规金融的成长：社会转型角度的分析》，《财经研究》2008 年第 10 期。

160. 彭向升、祝健：《农村民间金融对正规金融的替代效应分析——基于农户借贷成本的视角》，《福建论坛（人文社会科学版）》2014 年第 3 期。

161. 钱水土、陆会：《农村非正规金融的发展与农户融资行为研究——基于温州农村地区的调查分析》，《金融研究》2008 年第 10 期。

162. 钱水土、翁磊：《社会资本、非正规金融与产业集群发展——浙江经验研究》，《金融研究》2009 年第 11 期。

163. 钱水土、俞建荣：《我国农村非正规金融制度：演进路径与政策规范》，《商业经济与管理》2007 年第 2 期。

164. 邱润根：《金融权利视角下民间金融的法律规制》，《法学论坛》2015 年第 2 期。

165. 曲小刚、池建宇、罗剑朝：《正规借贷与民间借贷对农户生产的影响》，《农业技术经济》2013 年第 9 期。

166. 任芃兴、陈东平：《非正规金融机构向正规金融机构流动性危机传染机制研究——基于存款者全局博弈视角》，《中央财经大学学报》2015 年第 12 期。

167. 邵传林、王莹莹：《非正规金融正规化的制度逻辑》，《华东经济管理》2012 年第 12 期。

168. 邵传林、赵明霄、王莹莹：《农村非正规金融的兴起逻辑、现实困局与合法化难题》，《经济体制改革》2012 年第 6 期。

169. 邵传林：《产权界定、市场禁入与农村非正规金融——由我国第一家私人钱庄兴衰引发的思考》，《当代经济科学》2011 年第 6 期。

170. 邵传林：《农村非正规金融转型中的制度创新——以富平小额贷款公司为例》，《中南财经政法大学学报》2011 年第 5 期。

171. 石晓军、李杰：《商业信用与银行借款的替代关系及其反周期性：1998—2006 年》，《财经研究》2009 年第 3 期。

172. 史晋川：《人格化交易与民间金融风险》，《浙江社会科学》2011 年第 12 期。

173. 宋建华：《我国企业的融资行为研究——基于正规金融和非正规金融的考察》，《中国经济问题》2011 年第 5 期。

174. 苏虎超：《民间借贷活动与金融犯罪相关问题探析》，《中国刑事法杂志》2011 年第 6 期。

175. 苏静、胡宗义、唐李伟：《农村非正规金融发展减贫效应的门槛特征与地区差异——基于面板平滑转换模型的分析》，《中国农村经济》2013 年第 7 期。

176. 苏静、胡宗义、唐李伟：《农村非正规金融发展的减贫效应非线性研究——基于 PSTR 模型的分析》，《农业技术经济》2014 年第 1 期。

177. 苏静、胡宗义、朱强：《非正规金融视角下我国农村内部收入差距研究》，《财经问题研究》2012 年第 7 期。

178. 孙晨辉、李富有：《民间金融与正规金融的比较优势与均衡发展——基于 Logistic 模型的研究》，《大连理工大学学报（社会科学版）》2014 年第 1 期。

179. 孙晨辉、李富有：《基于 AHP 和模糊综合评价的民间金融风险判定与评估》，《经济管理》2014 年第 2 期。

180. 孙玉奎、冯乾：《我国农村金融发展与农民收入差距关系研究——基于农村正规金融与非正规金融整体的视角》，《农业技术经济》2014 年第 11 期。

181. 谭正航、尹珊珊：《论民间金融阳光化的法理基础与法律对策》，《科学经济社会》2011 年第 4 期。

182. 田振洪：《唐代契约实践中的国家法律与民间规则：以民间借贷契约违约责任为视角》，《东南学术》2012 年第 4 期。

183. 童列春：《民间金融纠纷解决机制探索》，《中国农村观察》2011 年第 6 期。

184. 汪丽丽：《竞争法视野下的民间金融》，《山西财经大学学报》2012 年第 S1 期。

185. 汪丽丽：《多维视角下民间金融生成逻辑分析》，《华东经济管理》2012 年第 12 期。

186. 王红丹：《关于民间借贷纠纷案件审理情况的报告》，《山东社会科学》2013 年第 A1 期。

187. 王惠萍、龙冬、唐嵩：《我国民间金融透析与制度构想》，《软科学》2010 年第 8 期。

188. 王建文、黄震：《论中国民间借贷存在的依据、问题及规制路径》，《重庆大学学报（社会科学版）》2013 年第 1 期。

189. 王林清、陈永强：《民间借贷的事实审查与举证责任分配之法理》，《政治与法律》2013 年第 12 期。

190. 王林清：《民间借贷利率的法律规制：比较与借鉴》，《比较法研究》2015 年第 4 期。

191. 王明琳、金波：《区域经济转型视角下民间金融与民营企业研究——民间金融、民营企业与区域经济转型升级（2013）研讨会综述》，《经济研究》2013年第5期。

192. 王晟先、黄健洋、马赛：《温州民间金融阳光化问题研究》，《现代管理科学》2016年第2期。

193. 王曙光、邓一婷：《民间金融扩张的内在机理、演进路径与未来趋势研究》，《金融研究》2007年第6期。

194. 王曙光、邓一婷：《民间金融内生成长机制与政府规制研究》，《农业经济问题》2009年第3期。

195. 王松、庞永：《从国家"新政"的视角看我国民间金融的涅槃重生》，《湖南社会科学》2010年第6期。

196. 王肃元：《我国农村民间金融法律制度创新研究》，《兰州学刊》2010年第12期。

197. 王彦超、林斌：《金融中介、非正规金融与现金价值》，《金融研究》2008年第3期。

198. 魏源：《我国农村民间信用状况及促进其健康发展的基本条件——基于广东农村民间借贷实地调查》，《社会科学家》2011年第2期。

199. 吴亮、邓明：《金融生态视角的正规与非正规金融共生成长研究》，《财经论丛》2010年第5期。

200. 吴少新、王国红：《中国农村非正规金融的履约机制与管制政策研究》，《财贸经济》2007年第7期。

201. 吴旭莉：《民间借贷案件证明过程之分析》，《现代法学》2014年第3期。

202. 席月民、岳彩申：《民间借贷规制的重点及立法建议》，《中国法学》2011年第5期。

203. 向静林、张翔：《创新型公共物品生产与组织形式选择——以温州民间借贷服务中心为例》，《社会学研究》2014年第5期。

204. 肖本华：《论我国农村非正规金融的合法化与正规化问题——基于诺思的制度起源理论》，《经济体制改革》2008 年第 4 期。

205. 肖世杰：《从吴英案看我国民间金融的监管困局与改革路径》，《法学论坛》2012 年第 6 期。

206. 熊进光、潘丽琴：《中国民间金融的法律监管问题》，《重庆大学学报（社会科学版）》2013 年第 1 期。

207. 徐博、张树升：《民间金融演进路径与信用风险传导机制研究》，《金融论坛》2013 年第 9 期。

208. 徐龙志、赵凯、吴春梅：《充分发挥内生性民间金融对民营企业的支持作用》，《江淮论坛》2006 年第 2 期。

209. 徐璋勇、郭梅亮：《转型时期农村非正规金融生成逻辑的理论分析——兼对农村二元金融结构现象的解释》，《经济学家》2008 年第 5 期。

210. 薛晴、刘湘勤、马光辉：《资源开发、民间金融与资源富集地区经济转型发展——基于四部门内生增长模型的理论分析及实证研究》，《西北大学学报（哲学社会科学版）》2013 年第 6 期。

211. 薛晴、刘湘勤：《资源富集地区民间金融系统性风险的成因、影响及治理》，《经济学家》2014 年第 4 期。

212. 薛晴：《资源开发、民间金融与产业结构转型升级——基于西部新兴资源富集地区的研究》，《统计与信息论坛》2015 年第 5 期。

213. 燕小青、张琴：《民间金融、农户增收与二元经济结构转换》，《社会科学战线》2015 年第 7 期。

214. 杨春柏：《小微企业民间金融支持与制约研究》，《山东社会科学》2013 年第 1 期。

215. 杨坤、曹晖、孙宁华：《非正规金融、利率双轨制与信贷政策效果——基于新凯恩斯动态随机一般均衡模型的分析》，《管理世界》2015 年第 5 期。

216. 杨立新：《民间借贷关系法律调整新时期的法律适用尺度——〈最高人民法院关于审理民间借贷案件适用法律若干问题的规定〉解读》，《法律适用》2015年第11期。

217. 杨利华：《论我国民间金融的法律规制》，《兰州学刊》2016年第1期。

218. 杨农、匡桦：《隐性约束、有限理性与非正规金融的扩张边界》，《国际金融研究》2013年第6期。

219. 杨汝岱、陈斌开、朱诗娥：《基于社会网络视角的农户民间借贷需求行为研究》，《经济研究》2011年第11期。

220. 姚辉：《关于民间借贷若干法律问题的思考》，《政治与法律》2013年第12期。

221. 姚佳：《甘肃省非正规金融发展与农村经济增长的关系研究：理论模型与实证检验》，《兰州学刊》2013年第10期。

222. 姚耀军：《非正规金融市场：反应性还是自主性？——基于温州民间利率的经验研究》，《财经研究》2009年第4期。

223. 姚耀军：《非正规金融发展的区域差异及其经济增长效应》，《财经研究》2009年第12期。

224. 姚耀军：《温州民间金融危局之根源解读》，《浙江社会科学》2011年第12期。

225. 叶航：《民间金融的逆选择机制与改革的时机》，《浙江社会科学》2011年第12期。

226. 叶茜茜：《影响民间金融利率波动因素分析——以温州为例》，《经济学家》2011年第5期。

227. 叶永刚、余巍：《中国民间金融聚集区发展模式分析》，《学习与实践》2013年第12期。

228. 殷俊华：《金融缺口、非正规金融与农村金融制度改革》，《金融研究》2006年第8期。

229. 尹希果、杨陈静:《中国所有制结构变迁对非正规金融发展的影响》,《经济体制改革》2013 年第 5 期。

230. 余官胜:《民间金融发展对民营企业对外直接投资的影响——基于温州企业层面数据的实证研究》,《商业经济与管理》2015 年第 6 期。

231. 余丽燕:《非正规金融支持农民专业合作社有效模式的探索》,《东南学术》2012 年第 6 期。

232. 俞伯阳、沈庆劼:《金融自由化条件下我国非正规金融问题研究——兼论二元金融之间关系及其经济影响》,《财经问题研究》2012 年第 4 期。

233. 袁力:《隐性成本、民间金融利率与宗族网络》,《金融论坛》2015 年第 11 期。

234. 岳彩申:《民间借贷的激励性法律规制》,《中国社会科学》2013 年第 10 期。

235. 张兵、陈浛:《民间借贷市场上农户资金供给行为研究——基于江苏省农户的调查》,《南京农业大学学报(社会科学版)》2014 年第 2 期。

236. 张兵、张宁:《农村非正规金融是否提高了农户的信贷可获性?——基于江苏 1202 户农户的调查》,《中国农村经济》2012 年第 10 期。

237. 张兵、张宁、李丹:《农村非正规金融市场需求主体分析——兼论新型农村金融机构的市场定位》,《南京农业大学学报(社会科学版)》2013 年第 2 期。

238. 张博、胡金焱:《民间金融发展能缩小城乡收入差距吗?——基于中国省际面板数据的实证分析》,《山东大学学报(哲学社会科学版)》2014 年第 6 期。

239. 张海洋、平新乔:《农村民间借贷中的分类相聚性质研究》,

《金融研究》2010 年第 9 期。

240. 张建伟：《法律、民间金融与麦克米伦"融资缺口"治理——中国经验及其法律与金融含义》，《北京大学学报（哲学社会科学版）》2013 年第 1 期。

241. 张宁、张兵：《农村非正规金融、农户内部收入差距与贫困》，《经济科学》2015 年第 1 期。

242. 张庆亮、张前程：《中国民间金融利率研究的文献综述》，《经济学动态》2010 年第 3 期。

243. 张仁寿：《民间借贷与制度性公共品供给》，《浙江社会科学》2011 年第 12 期。

244. 张涛：《民间借贷风险的法律防范》，《法制与社会》2015 年第 8 期。

245. 张婉苏、黄伟峰：《民间借贷利息裁判标准研究——基于南京地区十年间终审判决书的整理与分析》，《江苏社会科学》2012 年第 3 期。

246. 张雪、尚绪芝：《从法律经济学角度论民间金融的规制》，《山东社会科学》2013 年第 A1 期。

247. 张雪春、徐忠、秦朵：《民间借贷利率与民间资本的出路：温州案例》，《金融研究》2013 年第 3 期。

248. 张雪樵：《当前民间借贷引发刑事犯罪的调查分析——以浙江省为样本》，《中国刑事法杂志》2013 年第 9 期。

249. 赵丙奇：《农户民间借贷信贷配给：来自 600 农户融资的实证考察》，《社会科学战线》2010 年第 4 期。

250. 赵丙奇：《基于弱关系的民间借贷声誉形成机制和担保机制研究》，《社会科学战线》2013 年第 10 期。

251. 赵丙奇：《基于弱关系的生产性民间借贷信号传递机制研究》，《社会科学战线》2014 年第 9 期。

252. 赵丙奇、廖红燕：《民间金融：融资效率、风险及防范》，《农村经济》2012 年第 5 期。

253. 赵建梅、刘玲玲：《信贷约束与农户非正规金融选择》，《经济理论与经济管理》2013 年第 4 期。

254. 赵晓菊、刘莉亚、柳永明：《正规金融与非正规金融合作会提高农户期望收益吗？——理论分析和实证检验》，《财经研究》2011 年第 4 期。

255. 赵莹、雷兴虎：《新加坡〈放贷人法案〉及其对我国民间借贷立法的启示》，《江汉论坛》2014 年第 6 期。

256. 朱海城：《浙江民间金融研究述评》，《理论月刊》2016 年第 2 期。

257. 朱荫贵：《论近代中国民间金融资本的地位和作用》，《北京大学学报（哲学社会科学版）》2012 年第 3 期。

258. 卓凯：《非正规金融契约治理的微观理论》，《财经研究》2006 年第 8 期。

259. 祖彤：《论我国民间借贷的法律风险及其防控对策》，《学术交流》2013 年第 5 期。

外文论文

260. Alabi, G., Alabi, J., Akrobo, S. T., "The Role of 'Susu' a Traditional Informal Banking System in the Development of Micro And Small Scale Enterprises (MSEs) in Ghana", *International Business & Economics Research Journal*, vol. 6, no. 12, 2011.

261. Allen, F., Qian, J., Qian, M., "Law, Finance, and Economic Growth in China", *Journal of Financial Economics*, vol. 77, no. 1, 2005.

262. Andreas, Madestam, "Informal finance: A theory of Moneylenders", *Journal of Development Economics*, vol. 107, 2014.

263. Aryeetey, E., "Informal Finance for Private Sector Development in Sub-Saharan Africa", *ESR Review*, vol. 7, no. 1, 2005.

264. Asongu, S. A., "Financial Ssector Competition and Knowledge Economy: Evidence from SSA and MENA Countries", *Journal of the Knowledge Economy*, vol. 6, no. 4, 2015.

265. Asongu, S., "Liberalisation and Financial Sector Competition: A Critical Contribution to the Empirics with an African Assessment", *South African Journal of Economics*, vol. 83, no. 3, 2015.

266. Ayyagari, M., Demirgüç-Kunt, A., Maksimovic, V., "Formal Versus Informal Finance: Evidence from China", *Review of Financial Studies*, vol. 23, no. 8, 2010.

267. Beck, T., Demirgüç-Kunt, A., "Access to Finance: An Unfinished Agenda", *The World Bank Economic Review*, vol. 22, no. 3, 2008.

268. Beck, T., Demirguc-Kunt, A., "Small and Medium-Size Enterprises: Access to Finance as a Growth Constraint", *Journal of Banking & Finance*, vol. 30, no. 11, 2006.

269. Beck, T., Demirgüç-Kunt, A., Honohan, P., "Access to Financial Services: Measurement, Impact, and Policies", *The World Bank Research Observer*, vol. 24, no. 1, 2009.

270. Beck, T., Demirgüç-Kunt, A., Maksimovic, V., "Financing Patterns Around the World: Are Small Firms Different?" *Journal of Financial Economics*, vol. 89, no. 3, 2008.

271. Beck, T., Lu, L., Yang, R., "Finance and Growth for Microenterprises: Evidence from Rural China", *World Development*, vol. 67, no. 4, 2015.

272. Besley, T., Levenson, A. R., "The Role of Informal Finance in

Household Capital Accumulation: Evidence from Taiwan", *The Economic Journal*, vol. 434, no. 1, 1996.

273. Cai, W., Zhao, H., "Verification for Mediating Effect of Informal Finance Between Social Capital and Entrepreneurship: Empirical Analysis Based on China's Provincial Panel Data", *SSRN 2759411*, 2016.

274. Callier, P., "Informal Finance: The Rotating Saving and Credit Association–An Interpretation", *Kyklos*, vol. 43, no. 2, 1990.

275. Christian, A., Alfredo, C., "Remittances and the Use of Formal and Informal Financial Services", *World Development*, vol. 77, no. 7, 2016.

276. Cull, R., Li, W., Sun, B., "Government Connections and Financial Constraints: Evidence from a Large Representative Sample of Chinese Firms", *Journal of Corporate Finance*, vol. 32, 2015.

277. Cull, R., Xu, L. C., Zhu, T., "Formal Finance and Trade Credit During China's Transition", *Journal of Financial Intermediation*, vol. 18, no. 2, 2009.

278. Dabla-Norris, E., Gradstein, M., Inchauste, G., "What Causes Firms to Hide Output? The Determinants of Informality", *Journal of Development Economics*, vol. 85, no. 1, 2008.

279. Degryse, H., Lu, L., Ongena, S., "Informal or Formal Financing? Or both? First Evidence on the Co-Funding of Chinese Firms", *BOFIT Discussion Paper*, no. 14, 2013.

280. Demirgüç-Kunt, A., Levine, R., "Finance, Financial Sector Policies, and Long-Run Growth", *World Bank Policy Research Working Paper Series*, no. 4469, 2008.

281. Donoso, S. B., Altunbaş, Y., Kara, A., "The Rationale Behind Informal Finance: Evidence From Roscas in Bolivia", *The Journal of Developing Areas*, vol. 45, no. 1, 2011.

282. Edirisinghe, M., "Factors Associated with People's Reliance

Towards Informal Financing Methods in Rural Community of Sri Lanka", *Global Journal of Management And Business Research*, vol. 15, no. 11, 2016.

283. Eroğlu, S., "Informal Finance and the Urban Poor: An Investigation of Rotating Savings and Credit Associations in Turkey", *Journal of Social Policy*, vol. 39, no. 3, 2010.

284. Estrin, S., Prevezer, M., "The Role of Informal Institutions in Corporate Governance: Brazil, Russia, India, and China Compared", *Asia Pacific Journal of Management*, vol. 28, no. 1, 2011.

285. Firth, M., Lin, C., Liu, P., "Inside the Black Box: Bank Credit Allocation in China's Private Sector", *Journal of Banking & Finance*, vol. 33, no. 6, 2009.

286. Fungáčová, Z., Weill, L., "Understanding Financial Inclusion in China", *China Economic Review*, vol. 34, 2015.

287. Ghate, P. B., "Interaction Between the Formal and Informal Financial Sectors: The Asian Experience", *World Development*, vol. 20, no. 6, 1992.

288. Ghosh, P., Ray, D., "Information and Enforcement in Informal Credit Markets", *Economica*, vol. 83, no. 329, 2016.

289. Giné, X., "Access to Capital in Rural Thailand: An Estimated Model of Formal vs. Informal Credit", *Journal of Development Economics*, vol. 96, no. 1, 2011.

290. Guariglia, A., Liu, X., Song, L., "Internal Finance and Growth: Microeconometric Evidence on Chinese Firms", *Journal of Development Economics*, vol. 96, no. 1, 2011.

291. Guirkinger, C., "Understanding the Coexistence of Formal and Informal Credit Markets in Piura, Peru", *World Development*, vol. 36, no. 8, 2008.

292. Hsu, S., "Is Informal Finance Faster, Cheaper, and Better Than Formal Finance? A Study of Small and Medium Enterprises in Shanghai and Nanjing", in Jianjun Li and Sara Hsu, eds., *Informal Finance in China: American and Chinese Perspectives*, Oxford: Oxford University Press, 2009.

293. Irwin, D., Scott, J. M., "Barriers Faced by SMEs in Raising Bank Finance", *International Journal of Entrepreneurial Behavior & Research*, vol. 16, no. 3, 2010.

294. Jian, C., "Fiscal Federalism, Informal Finance and Government Debt", *Journal of Finance and Economics*, vol. 52, no. 3, 2007.

295. Jones, J. H. M., "Informal Finance and Rural Finance Policy in India: Historical and Contemporary Perspectives", *Contemporary South Asia*, vol. 16, no. 3, 2008.

296. Kadiri, I. B., "Small and Medium Scale Enterprises and Employment Generation in Nigeria: The Role of Finance", *Kuwait Chapter of the Arabian Journal of Business and Management Review*, vol. 1, no. 9, 2012.

297. Kamath, R., Ramanathan, S., "Informal Businesses and Micro-Credit–Evidence From Financial Diaries: A Study in Ramanagaram, India", *IIMB Management Review*, vol. 27, no. 3, 2015.

298. Khan, M. M., "Sources of Finance Available for Sme Sector in Pakistan", *International Letters of Social and Humanistic Sciences*, vol. 47, no. 6, 2015.

299. Kinda, T., "Investment Climate and FDI in Developing Countries: Firm-Level Evidence", *World Development*, vol. 38, no. 4, 2010.

300. Kochar, A., "An Empirical Investigation of Rationing Constraints in Rural Credit Markets in India", *Journal of Development Economics*, vol. 53, no. 2, 1997.

301. Konstantinos, E., Petrakis, P., "Informal Financing of Small-

Medium Enterprise Sector: The Case of Greece", *Journal of Service Science and Management*, vol. 2, no. 4, 2009.

302. Lu, Y., Guo, H., Kao, E. H., "Shadow Banking and Firm Financing in China", *International Review of Economics & Finance*, vol. 36, 2015.

303. Madestam, A., "Informal Finance: A Theory of Moneylenders", *Journal of Development Economics*, vol. 107, 2014.

304. Mersland, R., "The Governance of Non-Profit Micro Finance Institutions: Lessons from History", *Journal of Management & Governance*, vol. 15, no. 3, 2011.

305. Ngalawa, H., Viegi, N., "Interaction of Formal and Informal Financial Markets in Quasi-Emerging Market Economies", *Economic Modelling*, vol. 31, 2013.

306. Ngwu, F. N., "Promoting Formal Financial Inclusion in Africa: An Institutional Re-Examination of the Policies with a Case Study of Nigeria", *Journal of Banking Regulation*, vol. 16, no. 4, 2015.

307. Nicole Bolleyer, Evelyn-Bytzek., "Beyond Duverger: Party Ideology, Party-State Relations and Informal Finance Strategies in Advanced Democracies", *European Political Science Review*, vol. 6, no. 4, 2014.

308. Okurut, F. N., Botlhole, T., "Informal Financial Markets in Botswana: A Case Study of Gaborone City", *Development Southern Africa*, vol. 26, no. 2, 2009.

309. Passas, N., Hsu, S., Li, J., "Development and Legitimacy of Chinese Informal Finance", *The Pacific Review*, vol. 25, no .4, 2012.

310. Pham, T. T. T., Lensink, R., "Household Borrowing in Vietnam a Comparative Study of Default Risks of Formal, Informal and Semi-Formal Credit", *Journal of Emerging Market Finance*, vol. 7, no. 3, 2008.

311. Raj, R., Sen, K., "Finance Constraints and Firm Transition in

the Informal Sector: Evidence From Indian Manufacturing", *Oxford Development Studies*, vol. 43, no. 1, 2015.

312. Saidi, F., "Informal Finance, Risk Sharing, and Networks: Evidence From Hunter-Gatherers", *Working Paper*, University of Cambridge, 2015.

313. Sebastian, D., Yener, A., Alper, K., "The Rationale Behind Informal Finance: Evidence From Roscas in Bolivia", *The Journal of Developing Areas*, vol. 45, no. 1, 2011.

314. Seibel, H. D., "Informal Finance: Origins, Evolutionary Trends, and Donor Options", *Journal of Developmental Entrepreneurship*, vol. 6, no. 2, 2001.

315. Seibel, H. D., "Rural Finance: Mainstreaming Informal Financial Institutions", *Journal of Developmental Entrepreneurship*, vol. 6, no. 1, 2001.

316. Shah, D., Panigrahi, S., "Determinants of Participation of Women in Self-Help Groups (SHGs) and Credit Delivery From Formal and Informal Sources to BPL Households in Odisha", *Indian Journal of Agricultural Economics*, vol. 70, no. 3, 2015.

317. Steel, W. F., Aryeetey, E., Hettige, H., "Informal Financial Markets Under Liberalization in Four African Countries", *World Development*, vol. 25, no. 5, 1997.

318. Su, J., "Informal Finance, Trade Credit and Private Firm Performance", *Nankai Business Review International*, vol. 2, no. 4, 2011.

319. Szerb, L., Rappai, G., Makra, Z., "Informal Investment in Transition Economies: Individual Characteristics and Clusters", *Small Business Economics*, vol. 28, no. 2, 2007.

320. Thomas, J., "Informal Finance: Some Findings From Asia", *The Journal of Asian Studies*, vol. 52, no. 3, 1993.

321. Tsai, K. S., "Imperfect Substitutes: The Local Political Economy

of Informal Finance and Microfinance in Rural China and India", *World Development*, vol. 32, no. 9, 2004.

322. Vlcek, William, "Alongside Global Political Economy: A Rhizome of Informal Finance", *Journal of International Relations and Development*, vol. 13, no. 4, 2010.

323. Waight, H., "Informal Household Finance and Kinship Networks in Rural China", 28th Annual Meeting, Sase, 2016.

324. Wu, J., Si, S., Wu, X., "Entrepreneurial Finance and Innovation: Informal Debt as an Empirical Case", *Strategic Entrepreneurship Journal*, 2016.

325. Yiting, W. S. D., "A Study of the Expanding Mechanism, Transition Path and Future Evolution of Informal Finance", *Journal of Financial Research*, vol. 18, no. 6, 2007.

326. Yuan, Y., Gao, P., "Farmers' Financial Choices and Informal Credit Markets in China", *China Agricultural Economic Review*, vol. 4, no. 2, 2012.

327. Yuan, Y., Xu, L. H., "Are Poor able to Access the Informal Credit Market? Evidence from Rural Households in China", *China Economic Review*, vol. 33, 2015.

328. Zhang, G., "The Choice of Formal or Informal Finance: Evidence from Chengdu, China", *China Economic Review*, vol. 19, no. 4, 2008.

后 记

本书是在我主持的 2010 年度国家社科基金项目"西部农村民间金融发展与政策规制研究"的基础上经过重大修改完成的，也是近年来研究工作的总结。

在书稿付梓之际，不免生出唏嘘之感，虽然从课题立项之时就知道，完成这一课题的研究任务必将艰辛曲折，但对知识的热切渴求还是不断鞭策着我奋力向前。回首过去的研究与写作过程，思绪万千，从课题研究刚开始时的雄心万丈，到研究中途收集资料时的举步维艰，从窗前灯下的苦思冥想，到成果发表时的欣喜若狂……然而，对于农村民间金融这一现实课题，本书只是对相关领域进行了初步的探索，书中的部分观点还尚待商榷，倘若本书能为相关研究做出一点"边际贡献"，我将倍感欣慰。

感谢国家社科基金西部项目（10XJY012）为本课题提供的资助！感谢西南政法大学经济学院、西南政法大学科研处为课题研究提供的宝贵帮助！感谢重庆市社科规划办有关领导、专家对课题组的巨大支持！衷心感谢重庆大学冉光和教授，西南政法大学李树教授、余劲松教授、陈刚教授、刘苓玲教授、罗本德教授、韩振国教授、陈屹立教授、鲁钊阳教授、肖忠意副教授、刘万副教授、张小波副教授、陈志英副教授、王涛副教授等对课题研究提供的无私帮助！感谢那些没有在这里列举的为我提供过帮助的师友！

最后，感谢我的家人多年来对我工作的默默支持和鼓舞！